KB108229

비즈니스 블로그

기획에서 구축, 운영까지

Business Blog

▶ 소셜미디어 컨설턴트가 이야기하는

비즈니스 블로그
기획에서 구축, 운영까지

DL 바이런 & 스티브 브로백 지음 | 박찬우 옮김

圖書出版 오래

DL 바이런

이 책을 나의 가족 팜, 라이언, 엔젤라, 캡틴 퍼그 그리고 내가 언젠가 책을 쓰게 될 것이라고 항상 알고 있었던 나의 부모님께 바칩니다.

스티브 브로백

정신이 팔린 아버지를 잘 참아준 비키, 돌턴, 엠마, 그리고 브로드에게…

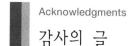

Acknowledgments
감사의 글

■ DL 바이런

이 책은 Teresa Valdez Klein, Davina Baum, Kristin Kalning, Michael Nolan, Kim Larsen Erin Kissane 그리고 피치핏Peachpit의 직원들의 도움으로 저술하게 되었습니다.

클립앤실Clip-n-Seal의 Scott Benish와 Wesley Pierce와 Timothy Appnel, Eric Rice, Cameron Barrett, Drew McLellan, Mike Davidson, Anil Dash, Lenn Pryor, Jason Fried, Jim Coudal, Doug Manis, Shaun Inman, Toby Malina, Matthew Oliphant, Frank Steele, Jason Swihart, Mie Yaginuma, Jeremy Wagstaff, D. Keith Robinson, Nick Finck 그리고 Shel Israel, 이 모든 분들과 함께 한 근거 확인, 아이디어 토론, 메신저 대화는 저에게 큰 버팀목이 되어 주었습니다.

이 책을 시작하게 한 Jeffrey Zeldman과 블로그 비즈니스 서밋Blog Business Summit의 다른 분들, 공동 창설자 Brian Alvey, Glenn Fleishman, Molly E. Holzschlag, Robert Scoble와 Dave Taylor에게 특별한 감사를 드립니다. 또한 보잉사의 Chris Brownrigg, Dave Weitz, Jim Condoles, Shannon Fowler 그리고 Fritz Johnston에 감사합니다.

물론, 나의 공동 저자 스티브 브로백과 블로고스피어blogosphere가 없었다면 이 책은 없었을 것입니다.

리치랜드 공공 도서관에서 책을 읽으며 옥스퍼드 영어 사전으로 불분명한 단어를 공부한 모든 시간들에 감사함을 느낍니다.

■ 스티브 브로백

블로깅의 놀라운 세계로 나를 이끌어 준 Robert Scoble, Glenn Fleishman과 Molly E Holzschlag에게 특별한 감사를 드립니다. 이 책은 그들의 친절한 가르침이 없었다면 결코 있을 수 없었을 것입니다.

블로그 비즈니스 서밋 팀 Kim Larsen, DL Byron, Maryam Scoble, Krista Carreiro, JasonPreston, Eric Anderson, David Lake와 Teresa Valdez Klein.

나를 지도한 서밋 발표자들과 블로깅 권위자 Jeffrey Zeldman, Buzz Bruggeman, Debbie Weil, Halley Suitt, Dave Taylor, Biz Stone, Mary Hodder, Matt Mullenweg, Lenn Pryor, Janet Johnson, Eric Rice, Dori Smith, Jeff Angus, Anil Dash 그리고 Mie Yaginuma.

우리의 블로그와 이벤트 서포터즈들 Shannon Fowler, Fritz Johnston, Jason Swihart, Tom Peters, Margaret Cobb, Dean Hachamovitch, Alan Nusbaum 그리고 같은 방식으로 우리를 도와주신 다른 수십 명의 서포터즈와 조직들.

오랫동안 함께한 공모자들과 가족, 부모님, Julie와 Kip Myers, Jim

Heid, Toby Malina, Steve Roth, Jon Fitch 그리고 Larry Westfall.

피치핏의 제작과 편집팀 Marjorie Baer, Michael Nolan, Kristin Kalning, Erin Kissane, Rebecca Ross, Davina Baum, Tracey Croom, Ted Waitt, Diana Van Winkle와 Joanne Gosnell.

또한 나의 공동 저자인 DL 바이런에게 감사의 말을 전합니다. 그의 통찰력과 지식으로 이 책이 만들어졌으며 나는 그와 함께 작업을 같이 하게 된 것에 대해 자랑스럽게 생각합니다.

마지막으로 이 책그리고 우리의 많은 블로그 사이트을 현실화하는 데 열심히 일하고 기여한 Teresa Valdez Klein에게 특별한 감사를 드립니다.

역자의 말

'한국지엠 톡', '소니, 스타일을 말하다', '윈도우, 익숙하지만 새로운 이야기', '듀오 愛피소드' 등 국내에서도 많은 기업들이 비즈니스 블로그 운영에 뛰어들고 있습니다.

그러나, 증가하고 있는 비즈니스 블로그들에 비해 대부분의 비즈니스 블로그 운영자들은 그들의 비즈니스 블로그를 기획하고 개설하여 운영하는 데 참고자료나 가이드가 부족하여 많은 시행착오를 거쳐 경험적으로 운영 노하우를 쌓아가고 있는 것이 현실이기도 합니다.

〈비즈니스 블로그 기획에서 구축, 운영까지〉의 원문 'Publish and Prosper: Blogging for Your Business'는 비즈니스 블로그를 기획하고 개설하고 운영하는 데 도움이 될 수 있는 내용으로 구성된 훌륭한 참고 가이드입니다. 실제 역자가 기업 블로그를 컨설팅하면서 많은 부분이 책의 도움을 받았습니다. 기본적인 비즈니스 블로그의 이론과 실제 현업에서 활용할 수 있는 사례로 구성된 이 책은 비즈니스 블로그를 준비하고 운영하는 많은 분들에게 도움이 될 것을 확신합니다.

비즈니스 블로그는 일반적인 웹사이트와 달리 지속적으로 만들어 가는 것이기에 저자의 많은 실무 경험들이 많은 도움을 줄 것입니다.

비즈니스 블로그 컨설팅을 시작하면서 많은 도움을 주었던 의미있는 이 책을 직접 번역하게 되어 영광스럽고 기쁩니다. 이 책이 번역되어 출간되어 나오기까지 많은 도움과 격려를 주시었던 홍성태 교수님께 특별한 감사를 드립니다. 또한 역자와 함께 오랜 시간을 같이 비즈니스 블로그 운영에 참여해 주신 많은 비즈니스 블로그 담당자분들에게도 이 자리를 빌어 다시한번 감사를 드립니다.

마지막으로 가장 가까이서 물심양면으로 격려해 준 경아와 긴긴밤을 같이 지새워 준 지금은 하늘나라에서 이 책의 출간을 지켜볼 뮤에게 진심으로 특별한 감사를 드립니다.

What Is Next

박 찬 우

추 천 사

온라인 시대를 넘어 모바일 시대가 되면서 SNS의 범위가 날로 확대되고 있다. 그렇지만 블로그의 활용도나 파워는 그 어느 도구보다 편리하고 강력하다. 블로그의 용도는 다양하여 단순한 웹사이트의 역할에서 마케팅 도구로서의 기능에 이르기까지 광범위하다.

이 책은 블로그에 대해 들어보긴 했으나 그 중요성을 잘 인식하지 못했던 사람들은 물론, 블로그의 필요성을 느끼긴 하지만 어떻게 시작하고 관리해야 하는지 궁금한 사람, 그리고 기존의 블로그를 업그레이드 하는데 관심이 있는 사람에 이르기까지 광범위하게 정보를 얻을 수 있는 교과서와 같은 책이다.

우선, 블로그에 대해 아무 것도 모르는 사람들이라도 차근차근 그 의미에서부터 활용에 이르기까지 세심한 가이드를 하고 있어 이해가 어렵지 않을 것이다.

블로그를 하고는 있되 왜 하는지 모르고 운영하기 때문에 그 효능을 충분히 느끼지 못하는 사람도 많다. 이 책은 블로깅을 하는 목적이 판매를 위한 것인지, 홍보를 위한 것인지, 또는 고객 서비스를 위한 것인지 등을 정하는 것이 스타팅 포인트임을 지적해 준다. 그리고 블로그를 만드는 관점뿐만 아니라 블로그를 보는 사람의 관점에서 고려해야 할 사항들을 꼼꼼하게 가르쳐 준다. 또한 실제 블로그를 실행하기 위해 어떤 도구를 선택해야 하는지에 대해서도 친절한 설명을 붙이고 있다. 블로그에서는 나의 의견을 올리기 때문에 인터넷 양식의 글을 안 써 본 사람은 부담을 가질 수 있다. 이 책은 블로그에서 글쓰는 방법까지도 알려주고 있다.

블로그 운영에 있어 간과하지 말아야 할 것이 모니터링이다. 이 책에서는 트래픽 살펴보기부터 댓글에 대응하는 방법에 이르기까지 운영에 있어서의 유의점을 상세히 설명하고 있다. 이 책을 번역한 박찬우 대표는 우리나라 블로깅업계의 선구자이다. 그와 동시에 수많은 실무 경험을 가지고 있다. 워낙 꼼꼼한 성격에다가 책임감이 투철해 번역 작업도 매우 정성껏 한 것을 알 수 있다. 실무를 잘 알고 있는 사람이 번역한 것이어서 읽기에 부담이 없이 술술 잘 읽힌다.

온라인 시대의 총아인 블로그는 파워풀한 커뮤니케이션 및 마케팅 도구이다. 그러나 블로그에 익숙지 않은 사람들에게는 그림의 떡이다. 또한 블로그를 단순한 자기 과시나 재미로 하기엔 아깝다. 이 책을 읽는 독자들도 부디 블로그의 본질을 잘 이해하여, 소정의 목적을 달성하길 기원한다.

한양대학교 경영학부 교수 홍 성 태

블로그라는 서비스는 이제 인터넷 사용자들에게 너무나 익숙하고 친근한 말이 되었다.

또 산업 측면으로도 다양한 기업 Marketing의 수단이자 채널이 되고 있다. 이러한 관점에서 전통적 마케팅이 접근하지 못했던 블로그를 통한 Viral Marketing에 대한 방법론 탐구는 기업들에게는 보다 새롭고 다양하고 적확하게 고객에게 접근하는 기회를 제공하게 되고 또 광고를 기획하는 다양한 Agency 회사들에게는 새로운 아이디어의 창출과 수익 창출의 공간이 될 것이다. 그런 관점에서 〈비즈니스 블로그 기획에서 구축, 운영까지〉는 블로그를 활용한 마케팅의 교본서 같은 역할을 할 것으로 기대되며 이후 블로그를 활용한 기업 마케팅 활성화에 큰 기여를 할 것이라 믿어 의심치 않는다.

판도라TV 대표 / (사) 한국 인터넷 마케팅 협회장 최 형 우

웹 2.0시대를 맞아 소셜 미디어의 영역이 나날이 커가고 있는 시점에 소셜 미디어의 가장 기본이 되는 블로그에 대한 체계적이고, 실천적인 책이 나와서 기쁩니다. 〈비즈니스 블로그 기획에서 구축, 운영까지〉라는 이름처럼 단계별로 기업 담당자가 블로그를 이해하기에 안성맞춤인 책입니다. 특히 비즈니스 블로그에 대한 경험이 많은 역자의 현실감이 번역한 곳곳에 묻어나 한국적 실정을 잘 반영하고 있으며, 블로그에 대한 실전 이해가 필요한 분이라면 꼭 읽어보아야 할 교과서라 할 수 있습니다.

메타브랜딩BBN CBO 박 항 기(전 마케팅공화국 대표)

기업의 마케팅 커뮤니케이션에서 소셜 미디어가 차지하는 비중이

점차 높아지면서 블로그를 기반한 고객접점 및 관계 구축이 무엇보다 중요해지고 있다. 이러한 시점에 이 책은 기업들의 비즈니스 블로그를 구축함에 있어 필요한 전략적인 방향에 관한 고민을 쉽게 해결할 수 있도록 도와주고 있다. 더불어 블로그 설계부터 디자인, 운영까지 상세한 가이드 제공해 기업 블로그 실무 담당자가 꼭 참고해야만 하는 활용서이다.

마켓캐스트 대표 김 형 택

When you stop in a bookshop these days, you quickly realize that there are books talking about blogging, but many of these offer theoretical analysis or study social impacts that could be generated by blogging. I do not think these are nearly as useful as books offering a hands-on approach to blogging. I'd like to congratulate Mr. Park on the publication of "Blogging for Your Business" - Korean edition. This little handbook provides readers with real, useful, 'down to earth guidelines and ideas'such as how to open your own blog and where to go in terms of the internet world. As a blogger myself (GM Korea Talk), I warmly welcome this book with a firm belief that Mr. Park's helpful hints and thoughtful analysis are not only practical, but will benefit anyone thinking of blogging as well as new bloggers and the experts as well.

최근 여러분들은 서점에 들르게 되면 쉽게 블로깅에 관한 책들을 만날 수 있을 겁니다. 그러나 이러한 책들의 대부분은 블로깅이 사회에 끼치는 영향에 대한 이론적 분석 또는 연구를 제공해 주지만 블로깅을 실질적으로 이해함에 있어서는 크게 유용하지 못하다고 생각합니다.

저는 'Blogging for Your Business'를 한국어으로 발간해 주신 박찬우 님에게 감사를 전하고 싶습니다. 이 한국어판 블로깅 안내서는 인터넷상에서 블로그 개설방법 등 독자들에게 유용하면서도 실질적인 안내와 아이디어를 제공합니다. 저 역시 '한국지엠 톡'의 블로거로서 박찬우 님의 블로깅 안내서를 진심으로 환영하며, 안내서가 제공하는 유익한 조언과 사려깊은 분석은 실용적일 뿐만 아니라 블로깅을 시작하시는 분들은 물론 전문가들에게도 도움이 될 것이라 확신합니다.

한국지엠 톡 블로거 / 전 한국지엠 홍보부문 부사장   제이쿠니

마케팅의 트렌드가 빠르게 변화 되고 있는 현재 마케팅의 화두인 소셜 마케팅의 핵심으로 떠오른 비즈니스 블로그는 가장 중요한 트렌드로 자리잡고 있다.

현재 성공한 기업 비즈니스 블로그의 지식은 대부분 이 책에 기반을 두고 있다.

비즈니스 블로그를 이해하고 활용하도록 이끄는 지침서로서 비즈니

스 블로그를 담당하는 기업 담당자를 위한 길잡이 이며, 마케터라면 반드시 읽어야 할 책이다.

애다트커뮤니케이션 대표이사　김 상 지

비즈니스 블로그를 시작하기 전이라면 자신감을 주고, 이미 시작했다면 맞는 방향으로 가고 있는지 점검할 수 있는 필독서이다

모토로라 마케팅총괄이사　김 덕 봉

블로그는 더 이상 새로운 것은 아니다. 하지만 마케팅으로서의 블로그는 여전히 어렵고 새롭다. 블로그를 통한 마케팅을 수년간 통찰해온 저자는 마케팅뿐 아니라 홍보, 서비스, 그리고 효과측정까지 현장감있게 설명하고 있다. 블로그 속에서 어디로 갈지 헤맬 때, 답답한 모든 이들에게 해답을 줄 수 있을 것이다.

SK플래닛 매니저　서 민 정

Chapter 06 블로그에서 글쓰기

Chapter 07 블로그의 시작 그리고 홍보

BUSINESS BLOG

Chapter 01

블로그란?

BUSINESS
BLOG

요 즘 주위 어딜가나 다들 블로그에 대해 이야기하고 관심을 갖는
다. 뉴스 블로그, 여행 관련 블로그, 스포츠 블로그, 유명인 블
로그 등 그 종류도 다양하다. 웹로그Weblog(이후 Blog로 줄여 부름)라는 말은
1997년 처음 등장하였으나 2000년까지 대중에게 널리 사용되지는 않
았다. 이후, 2004년에 메리엄 웹스터Merriam-Webster 사전에 '올해의 단어'
로 선정되었고 현재는 주요 일간지나 비즈니스 매거진에 자주 등장하
고 있다. 최근에는 블로깅blogging의 잠재적 효과를 비즈니스 측면에서
검토하기 시작했다. 사실 블로그는 기업들이 고객과 소통할 수 있는
기회를 제공해서 신제품에 대한 리서치와 제품의 판매, 브랜드의 확장
과 고객들의 참여를 유도해 기업을 도울 수 있기 때문이다.

01. 블로그란 무엇인가?

블로그는 웹사이트와 어떻게 다른가? 그리고 왜 대기업은 물론 중소기업까지 전세계에 걸쳐 블로그를 시작하려 할까? 가장 중요한 궁금증은 과연 블로그가 비즈니스에 어떠한 도움을 주는가 일 것이다.

염려마시라. 이번 장에서는 무엇이 진정한 블로그를 만드는지 뿐만 아니라 블로그를 적용했을 때 어떻게 비즈니스에 도움을 주는지를 차근차근 알아볼 것이다. 또한 블로그가 당신의 비즈니스에 고객을 끌어들여 강력한 사회적 네트워크를 연결하는 것과 전 세계에 걸쳐 사용되고 있는 주요 검색엔진들의 관심들을 보여 줄 것이다.

대부분의 블로그는 웹사이트와는 다른 특성을 가지고 있다. 그림 1.1에서 보이는 바와 같이 블로그는 다음과 같은 전형적인 특성을 포함한다.

- "컨텐츠 엔트리(content entries)" 또는 "포스트(post)"

각 포스트는 독립 주소permanent URL[1]를 가지며 최신의 포스트가 최상에 위치하는 연대순으로 보여진다. 독립 주소를 가진 각 포스트는 다

---

1 독립 주소는 인터넷에서 특정 페이지의 고유한 URL 주소를 뜻한다. 이 주소는 어떤 상황에도 관계없이 항상 동일한 내용을 가지는 페이지로 링크된다는 의미에서, 고유한 (permanent) 주소라는 뜻의 퍼머링크(permalink), 고유 링크, 고유 주소 등으로 불리우기도 한다. 이러한 주소는 특히 블로그에서 자주 사용된다. 블로그 프로그램의 특성 상 페이지에 대한 주소 변화가 심한 경우가 많은데, 이런 경우 원하는 문서에 접근하기가 힘들기 때문에 각각의 주소로 접근할 수 있는 주소를 제공하는 것이다. (참조: www. wikipedia.org)

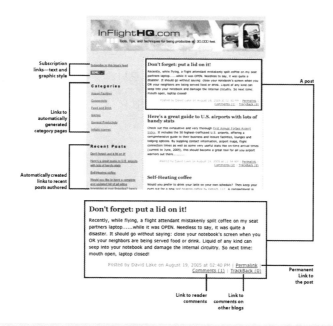

그림
1.1
*www.inflighthq.com*을 예시로 본 블로그의 구조. 상자 안의 영역은 블로그의 본질적 특성과 2칼럼 레이아웃 구조를 보여준다.

른 블로거Blogger들이 당신의 포스트로 연결될 수 있게 한다. 포스트에는 독립주소 이외에 포스트의 작성자, 작성일, 카테고리 또한 볼 수 있다. 제 6 장 '블로그에서 글쓰기'에서 포스트 컨텐츠와 스타일에 대해서 알아볼 것이다.

■ 독자 코멘트 영역

독자 코멘트 영역은 독자와의 대화를 가능하게 한다. 물론 독자 코멘트 영역은 운영자에게 잠재적인 책임과 의무를 요구하지만 독자와

생동감 있는 대화를 가능하게 한다.

독자 코멘트의 위험과 이익에 대한 자세한 탐구는 제 4 장 '독자를 위한 블로그 설계'에서, 독자 코멘트의 모니터링에 대한 조언은 제 8 장 '블로그의 운영과 모니터링'을 참조한다.

■ "RSS(Really Simple Syndication)" 또는 "신디케이션(Syndication)"

RSS[2] 또는 신디케이션[3] 기능은 독자가 구독 신청한 블로그의 내용이 업데이트 될 때 자동으로 독자에게 이 사실을 알려 준다. 신디케이션은 당신의 구독자를 늘려 줄 것이며 이에 대한 자세한 내용은 제 4 장 '독자를 위한 블로그 설계'를 참조한다.

■ 아카이브(Archive)

아카이브[4]는 등록된 컨텐츠를 체계화시킨다. 천 개 이상의 포스트를 보유한 대형 블로그에서도 월, 년 그리고 키워드로 구조화할 수 있다. 또한 검색 기능은 독자들에게 자신이 원하는 내용의 포스트를 쉽게 찾을 수 있도록 도와 준다. 이런 모든 아카이브들은 당신의 블로그 소프

---

2 Really Simple Syndication, Rich Site Summary, RDF Site Summary등의 약칭으로 온라인상의 컨텐츠 배포를 위한 정보 전달 방식으로 사용자들의 구독신청을 통해 업데이트 되는 정보를 쉽게 제공 할 수 있는 서비스를 말한다.

3 신디케이션은 웹사이트 컨텐츠의 일부 또는 전체를 다른 서비스에서 이용할 수 있도록 제공하는 것을 말한다.(한국전자통신연구원 표준연구센터, 2003.11)

4 아카이브란 원래 정부, 관공서 및 기타 조직체의 공문서와 사문서를 소장, 보관하는 문서관 또는 기록 보존소를 의미하는 보존 문서관(archives)에서 유래되었다. 블로그는 지난 글들을 볼 수 있도록 다양한 방식으로 분류하고, 목록화하는데 이것을 아카이브라고 한다.

트웨어에서 자동으로 제공된다. 제 4 장에서 이 아카이브 전략에 대해 살펴보기로 한다.

이 밖에도 전형적인 웹사이트와 블로그를 구분시켜 주는 미묘한 차이가 더 많이 있다. 이 중 컨텐츠의 유형과 비 전형적인 집필 스타일에 대해서는 제 6 장에서 알아보도록 한다.

이러한 모든 특징은 블로그가 아닌 웹사이트에도 적용할 수 있지만, 블로그 소프트웨어는 특정 목적을 위해 제작되었다. 전문화된 블로그 소프트웨어의 장점은 적은 비용으로 프로그래머나 디자이너가 아닌 비전문가들이 블로그의 특징을 이용하여 쉽게 운영할 수 있도록 설계되었다는 점이다.

02. 블로그의 종류

당신은 회색 배경의 검은색 텍스트, 그리고 푸른색의 링크로 구성된 초기 웹사이트를 기억할 것이다. 그 당시에도 이미지, 사운드, 애니메이션 등이 등장하였으나 기본적으로는 여전히 정적인 화면을 벗어날 수 없었다. 심지어 데이터베이스를 이용하여 프로그램 코드로부터 컨텐츠를 분리한 동적인 화면을 창조한 몇몇 사이트들 조차도 여전히 누군가에 의해 업데이트될 때에만 컨텐츠들이 바뀌었다.

게다가 관리 작업 공정 상의 문제도 있었다. 만약 당신이 스텝 멤버들에게 전체 페이지 중 특정 페이지만 편집하도록 권한을 주고 싶다면? 만약 당신이 기술자가 아닌 사람에게 컨텐츠를 사이트에 추가하기를 지시한다면? 실제로 뉴욕타임즈와 같이 매일 최신의 정보가 업데이트되는 대형 사이트에서 각각 페이지를 일일이 제작하여 업데이트하는 것은 불가능한 일이다.

대부분의 대규모 조직에서는 이러한 문제들을 데이터베이스에 저장된 컨텐츠를 특별한 기술이 없는 직원들도 쉽게 편집할 수 있도록 CMSContent Management System[5]를 도입하여 해결하였다. 기업은 CMS 시스템 사용법을 직원들에게 교육한 후에, 직원들에게 템플릿을 기본으로 새로운 페이지를 제작하는 것과 하나의 파일을 변경함으로써 여러 페이지를 변경할 수 있는 권한을 주었다. 그러나, 이러한 대부분 CMS의 단점은 개인이나 소규모 사업자들이 유용하게 사용하기 위해서는 많은 비용이 소요된다는 점과 사용법을 배우기가 어렵다는 것이었다.

■ 블로그의 등장

1990년대 말, 웹에 접속한 누구라도 웹사이트를 만들어 자주 업데이트하는 작업을 쉽게 할 수 있도록 하는 블로그 소프트웨어와 서비스가 등장했다. HTML을 이용하여 페이지를 설계하고 수동적으로 컨텐츠를 배치하는 대신 사람들은 새로운 컨텐츠를 블로그 소프트웨어에서 가장 최상위에 자동적으로 생성되는 페이지에 입력하기만 하면 되었다. 그것은 빠르고, 쉬우며, 비용이 매우 적게 들었다.

5　Content Management System의 약칭으로 웹사이트의 콘텐츠를 디자인, 제작, 검사, 승인, 스테이징, 배포 등의 과정을 처리하고 배포된 콘텐츠에 대해서는 유지, 모니터링, 업데이트, 폐기 등의 과정을 관리하고 또한 콘텐츠 생성의 참여자들 간의 역할정의 및 워크플로우를 정의하고 관리해 주는 역할을 수행하는 소프트웨어 또는 시스템을 말한다.

사실 이러한 블로그 서비스의 대부분은 매우 정교해서 현재 우수하고 저렴한 CMS로도 활용이 가능할 정도이다. 또한 몇몇 무료 블로그 시스템은 수천 달러 비용이 소요되는 시스템에서도 놓치고 있는 중요한 특징들을 제공하기도 한다.

■ 블로그의 종류

블로그는 단지 사람들이 고양이와 가족, 휴가와 같은 사적인 이야기만을 표현하는 방법일까? 이제 더 이상은 그렇지 않다.

초기 블로거들은 그들의 개인 관심사와 웹브라우징 습관을 반영하는 개인 블로그를 개설하였다. 이러한 블로그들의 화제는 하나의 블로

그림 1.2a 캠월드CamWorld(*www.camworld.com*)는 초기 개척 블로그로 여러 가지 웹 디자인 뉴스, 개인적인 생각들, 그리고 추천 사이트 링크들을 포함하였다.

**그림
1.2b**   다른 개인 블로그의 예 – 레베카의 포켓*(www.rebeccablood.net)*

그 내에서 기술적인 뉴스부터 뜨개질 방법까지 다양했다.

대부분이 온라인의 일지로서 개인적인 관심사를 다루었던 반면 그
림 1.2a와 1.2b에서 보이는 것처럼 일부는 작가로서또는 그룹 블로그에서는 작
가들로서 자신의 전문적인 관심사를 다루기도 하였다.

많은 비즈니스 그룹과 조직들은 최근에 블로깅이 그들의 내부와 외
부 커뮤니케이션 목표를 달성하는 데 도움을 줄 수 있다는 사실을 발
견하였다. 비록 그들이 동일한 소프트웨어를 개인 블로거로서 사용한
다 할 지라도 기업들은 전혀 새로운 목표와 관심 분야를 가지고 있
다. 게다가 비즈니스 블로그는 그 목적이나 방향, 기능들이 첨예하게

다르다.

다음은 우리가 보아왔고 참여했던 일반적인 종류의 비즈니스 블로그들로 각각의 특징을 살펴보자.

■ 기업 블로그(Company Blogs)

기업 블로그그림 1.3a와 1.3b과 같는 일반적인 비즈니스에 관한 것이다. 기업 홍보사이트와 비슷한 역할뿐만 아니라 뉴스, 공고, 그리고 다른 새로운 컨텐츠를 위한 블로그 역할을 수행한다. 이러한 기업 블로그의 컨텐츠는 일반적으로 기업 그 자체에 대한 것으로 제한된다.

그림 1.3a 보잉사의 블로그(www.boeing.com/randy/)는 일반적인 기업 블로그의 좋은 예이다.

그림 1.3b 엘리베이터를 설비하는 소기업 리프트포트LiftPort 그룹의 블로그*(www. liftport.com/progress/wp/)*

■ 제품 블로그(Product Blogs)

제품 블로그는 명확하게 상품 또는 서비스를 프로모션 한다. 제품 블로그는 브랜드 블로그와 중복될지도 모르지만, 제품 블로그의 주요한 목적은 제품의 프로모션과 판매이다.

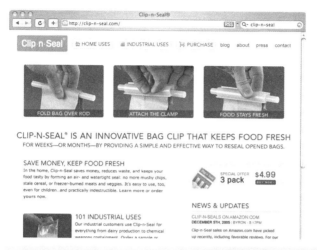

그림 1.4a 클립엔실Clip-n-Seal(www.clip-n-seal.com)은 블로그를 통하여 제품의 밀봉 (백클로져Bag-closure) 장치를 홍보하고 있다.

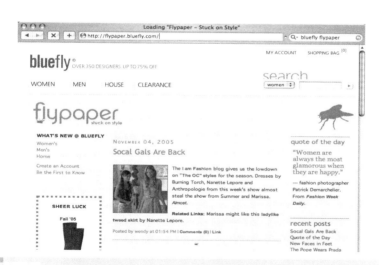

그림 1.4b 의류소매업체 블루플라이Bluefly는 블로그(www.flypaper.bluefly.com)를 통해 플라이페이퍼Flypaper(파리잡는 끈끈이)를 판매하고 있다.

■ 브랜드 블로그(Brand Blogs)

브랜드 블로그그림 1.5a와 1.5b에 보이는 바와 같이는 새로운 시장과 고객들에게 마케팅 메시지들을 전달하고 회사의 브랜드를 홍보하기 위해 사용된다. 보잉사, GM의 페스트레인, 마이크로소프트사, 그리고 썬사는 모두 브랜드 블로그를 개설하였다. 몇몇의 브랜드 블로그는 외부 블로거들의 블로그를 후원하는 것으로 대체하기도 한다.

그림 1.5a

그림 1.5a 마이크로소프트사는 직원인 로버트 스코블Robert Scoble이 운영하는 블로그(www.scoble.weblogs.com)를 통해 성공적으로 홍보 메시지들을 전달하였다. 마이크로소프트 커뮤니티 블로그(http://www.microsoft.com/communities/blogs)의 특정 블로그 검색 기능이 얼마나 중요한지를 살펴보라.

그림
1.5b
보잉사는 블로깅 없이 인플라이트inFlightHQ 블로그(www.inflighthq.com)의 후원을 통해 다른 블로그들과 관계를 맺고 있다.

■ 비즈니스로서의 블로그(Blogs as a Business)

일부 블로그들그림 1.6a, 1.6b, 1.6c에 보이는 바와 같이은 아예 자체적인 비즈니스 모델로 변신하였다. 코우달The Coudal(www.coudal.com)과 심플바이츠 SimpleBits(www.simplebits.com) 블로그는 초기에는 컨텐츠에 집중했고 현재는 광고영역과 제품을 판매하는 블로그의 좋은 사례이다. 딜버트Dilbert의 창조자 스코트 아담스Scott Adams는 만화를 홍보하고 정기구독을 유치하기 위하여 블로그를 시작하였다. 이렇듯 블로깅이 성장하고 비즈니스 모델들이 속속 나타남에 따라 앞으로 직장을 그만두고 블로깅에 전념하는 더 많은 전업 블로거들이 등장하게 될 것이다.

그림
1.6a
코우달Coudal은 디자인과 광고회사인 코우달 파트너즈를 위한 웹사이트
(www.coudal.com)와 블로그이다. 이 사이트는 사이트와 블로그에 형성된
독자 커뮤니티로부터 구축된 몇몇의 추가적인 비즈니스 벤처에 대한 론
칭 소개 역할로 발전하였다. 디자인의 관점에서 볼 때 코우달의 블로그
는 더 큰 규모의 사이트에 완벽히 통합된다.

그림
1.6b
심플바이츠SimpleBits는 웹 디자이너 겸 저자인 댄 씨더홈Dan Cederholm에
의하여 설립된 웹 디자인 스튜디오이다. 심플바이츠 블로그는 현재 책들과
다른 제품들을 홍보하는 사적이면서 또한 전문가적인 성격이 조합된 블
로그이다.

그림
1.6c

웹디자인 잡지인 어 리스트 어파트A List Apart(www.alistapart.com)는 메일링 리스트에서 시작하여 현재는 광고주와 상점을 보유하고 있고 또한 컨퍼런스들을 개최하고 있다.
(ALA는 신디케이션, 정기적인 포스팅 및 코멘트와 같은 블로그의 기능을 제공하긴 하지만, 문자 그대로 블로그의 정의에 꼭 들어맞는 것은 아니다. 제4장에서 기존 사이트에 블로그 특성을 통합하는 방법에 대해 토론해 보도록 하자.)

이미 알고 있듯이, 많은 비즈니스 블로그들은 여러 개의 카테고리에 걸쳐 있고 비즈니스와 고객 요구에 맞추어 변화하고 있다.

지금까지 블로그가 무엇인지, 어떻게 블로그가 등장하고 비즈니스에 사용되는지에 대해 알아보았다. 이제 중요한 질문 하나가 남았다. 왜 블로그가 당신에게 중요한가?

사업가들은 종종 "왜 내가 비즈니스 블로그를 해야 하는가?"라고 묻는다. 좋은 계획 그리고, 명확한 전략과 함께 한다면 블로깅으로 얻을 수 있는 이익은 예상되는 위험보다 확실하게 훨씬 더 많을 것이다. 따라서, 실제로 질문은 "왜 블로그를 하면 안되는가?"로 바뀌어야 한다.

03. 왜 블로그를 해야 하는가?

비슷한 예를 들어 보자. 만약 당신이 한적한 골목길에 커피숍을 운영하고 있다고 가정해보자. 이때 당신의 건물주가 더 적은 임대료로 중심가에 더 큰 상점으로 이전을 제안한다면? 게다가 최고급 신제품 에스프레소 기계를 무료로 제공한다면? 당신이 미치지 않은 한, 이 제안을 거부하지 않을 것이다.

대부분의 비지니스에서 블로깅을 채택하는 결정은 앞의 커피숍 사례와 상당히 유사하다. 적은 비용으로 더 많은 노출, 더 많은 방문자, 그리고 고가의 CMS에 상응하는 기능을 누릴 수 있다.

하드웨어 또는 소프트웨어 부문에 거의 제로에 가까운 투자로 뉴스 리더 소프트웨어를 사용하는 수백만 명의 잠재적인 고객들에게 당신의 컨텐츠를 알릴 수 있는 블로그를 제작할 수 있다. 게다가 구글google 검색엔진에 친화적인 블로그의 구조는 당신이 발행하는 컨텐츠에 검색엔진이 더 많은 관심을 보일 것이 확실하다.

또 다른 이익은 당신의 고객과 미래의 고객이 사이트 컨텐츠에 그들의 의견을 남기는 등의 직접 참여를 할 수 있다는 것이다. 블로그는 당신의 비즈니스에 대한 입소문을 수십만 명에게 배포할 수 있는 블로고스피어Blogosphere[6]의 참여와 링크 교환을 통한 블로그 커뮤니케이션

---

6 블로고스피어는 커뮤니티나 사회적인 네트워크 역할을 하는 모든 블로그들의 집합을

에 참여할 수 있는 기회를 제공한다.

그린씨네GreenCine는 온라인으로 DVD를 대여해 주는 회사로 영업실적의 상당부분을 블로그에 의존하고 있다. 그린씨네 데일리The GreenCine Daily 블로그 www.daily.greencine.com 는 매일 그들의 서비스 분야인 독립영화와 대안영화에 관심을 갖는 2,500명 이상의 방문자를 끌어 들인다. 데니스 우Dennis Woo 사장은 처음에는 블로깅이 그들의 순익을 향상시킬 것이라는 생각에 대해 회의적이었지만, 지금 그는 블로깅이 "우리의 핵심 전략"이라 말하며, 2004년 회사의 매출을 두 배로 만든 일등공신이라고 이야기한다.

랜드페어 가구Landfair Furniture는 오리건주의 포틀랜드에서 마이크Mike와 베브 랜드페어Bev Landfair가 운영 중인 작은 회사이다. 마이크Mike와 베브Bev는 그들의 온라인 사이트 트래픽[7] 증가와 상점의 인지도를 높이기 위해 블로깅을 시작하였다. 랜드페어 가구는 포스팅을 시작한 몇 개월 이내에 블로그 www.landfairfurniture.blogspot.com 를 통해 매출이 명확히 높아졌다.

말한다. 수많은 블로그는 매우 촘촘하게 연결되어 있으며, 이를 통해 블로거는 다른 사람의 블로그를 읽거나, 링크하거나, 참고해서 자신의 글을 쓰기도 하고, 댓글을 달기도 한다. 이렇게 서로 연결된 블로그가 블로그 문화를 성장시키는 근본이 된다. 블로그스피어는 원래 제품 이름이지만 그것과 상관없이 국내에서는 블로고스피어와 블로그스피어를 같은 의미로 사용하고 있다.(참조: www.wikipedia.org)

7 일반적으로 '통신장치나 시스템의 걸리는 부하'를 의미하며 웹사이트나 블로그에서 트래픽 분석이라 함은 웹사이트나 블로그에 얼마나 많은 사람들이 얼마나 자주 방문하나를 확인함을 말한다.

마이크 랜드페어Mike Landfair는 "여전히 경기가 안 좋지만, 우리 본점 블로그의 방문자는 증가하였고, 판매도 작년보다 상승했습니다."라고 말한다.

콜로라도의 예술가 니콜 하이드Nicole Hyde는 그녀가 블로그 *www. nhydefineart.typepad.com* 를 시작한 처음 3개월 동안, 실제 갤러리를 통한 판매의 3배에 해당하는 매출을 블로그를 통해 올렸다고 말한다. 갤러리와 온라인 판매점을 비교해 달라는 질문에 "지금까지는 블로그의 승리"라고 이야기한다.

이러한 성공 사례를 더 자세히 살펴보면서 블로깅을 통해 당신의 비즈니스에 이익이 되는 방법을 찾아보도록 하자.

04. 블로깅은 쉽다

우리가 강연에서 비즈니스 블로깅의 이점에 대해 설명할 때 사람들은 실제로 블로그를 통해 컨텐츠를 발행하는 것이 얼마나 쉬운지 시연을 보여 줄 때까지 의심에 가득찬 눈빛으로 바라본다. 그러나, 블로그는 믿기 어려울 정도로 사용이 쉽기 때문에 거의 혁명적이라고 할 수 있다.

사실 웹 컨텐츠를 발행한다는 것이 지금처럼 쉬운 적이 없었다. 최근 BBC 인터뷰에서 인터넷 선구자인 팀 버너 리Tim Berners-Lee경은 어떻게 지금 우리가 현재 사용하는 웹사이트보다 블로깅이 그가 생각하는 이상적인 웹에 더 가까운지를 설명하였다. "블로그와 위키피디아

Wikipedia[8] 처럼 편집할 수 있는 웹 공간은 더욱 더 단순해졌습니다. 당신이 블로그에 글을 쓰고자 한다면, 복잡한 하이퍼 텍스트Hypertext를 사용하지 않고 그냥 글만 작성하면 됩니다. 나는 지금 그것이 더욱 더 창조적인 도구로 향해 가는 것을 보는 것이 너무 기쁩니다."(블로그와 근접한 관계가 있는 위키피디아는 제 9장 '블로그를 넘어'에서 알아보자.) 팀 버너 리 경이 언급했듯이, 블로그는 창조성을 향상시킨다. 비즈니스 측면에서 보면, 블로그는 회사가 전달하고자 하는 메시지나, 제품 출시에 대한 홍보 혹은 시장과의 소통에 전념할 수 있게 하는 장점이 있다. HTML이나 CMS를 위한 비용을 들일 필요 없이 오로지 비즈니스에 대해서 이야기하고 또 고객과의 커뮤니케이션을 원활히 하기 위해서만 비용을 사용할 수 있다는 이점도 있다.

■ 쉽고 빠르게 컨텐츠를 추가하고 업데이트한다

대부분의 블로거들은 블로깅이 얼마나 신속하고 자동화되어 있는지에 대해 알고 있다. 포스트 입력 양식을 채우고, 저장 버튼을 클릭하면, 당신의 블로그의 새로운 정보가 업데이트된다. 그리고 부가적인 작업 없이 블로그 아카이브에 새로운 컨텐츠가 추가되며 새 코멘트 영역이 생기고, (만약 당신이 신디케이션을 적용하였다면) 당신의 독자들에게 그들이 기다리는 새로운 컨텐츠가 등록되었음을 알려 줄 것이다.

---

8 2001년 1월 15일 지미 웨일스(Jimmy Wales)가 설립하여 비영리단체인 위키미디어재단이 운영하는, 누구나 자유롭게 글을 쓸 수 있는 사용자 참여의 온라인 백과사전이다. 전 세계 200여 개 언어로 만들어 가고 있으며 한국의 경우 2002년 10월부터 시작되었다.

이렇게 업데이트 과정이 너무 쉽기 때문에 당신은 컨텐츠에 집중할 수 있다. 그리고 그렇게 해야만 한다. 신선한 컨텐츠야말로 블로그가 다른 웹사이트와 구분되는 최고의 요소이기 때문이다. 일반적인 웹사이트의 분기별 업데이트와는 달리 블로그는 새로운 컨텐츠를 매일매일 제공한다. 또한, 일주일에 한두 번 새로운 컨텐츠가 추가되는 다른 사이트들과는 달리 대부분 하루에 한번 또는 서너 번 업데이트된다.

신선한 컨텐츠들 덕분에 독자나 검색엔진이 특정 정보가 필요할 때만 블로그를 방문하지 않고 정기적으로 사이트를 찾아오게 된다. 따라서, 컨텐츠는 모든 비즈니스 블로그 성공의 핵심이며 우리가 논의할 블로그의 다른 특징들은 당신의 컨텐츠에 독자 참여가 최대화되도록 고안된 것이다.

■ 적은 비용으로 고성능의 기능을 활용한다

CMS를 구입한다는 것은 노트북을 들고 다니는 IT 컨설턴트나 수십만 달러가 들어간 시스템, 혹은 직원들이 싫어해서 결코 사용된 적이 없는 시스템을 떠올리게 한다. 블로그는 비록 대형 CMS를 대체하지는 못하지만 유연하게 저비용의 방법으로 CMS의 많은 기능들을 제공한다.

블로그에 포스팅하거나 기고하는 것의 장점 중 하나는 그것이 교육이나 훈련을 조금도 필요로 하지 않는다는 점이다. 이것은 관련된 모든 사람에게 일반적으로 훈련이 요구되는 최고급 CMS와는 아주 대조적이다. 블로거들은 새로운 글을 포스팅하는 것이 이메일을 작성하고 보내는 것만큼 쉽다는 것을 알고 있다. 심지어 일부 블로그 시스템에서는 실제로 당신이 선호하는 이메일 프로그램을 이용하여 포스팅하는 것이 가능하다. 만약 제목과 메시지를 쓰고 전송 버튼을 클릭할 줄 안다면 당신은 블로그에 포스팅을 할 수 있는 것이다. 이러한 점에서 사람들은 종종 블로깅을 '세상에 이메일을 보내는 것'과 같다고 한다.

블로그는 필요에 따라 앞선 CMS의 기능을 차용하기 위해 새로운 기능의 플러그인Plug-in프로그램[9]과 모듈들을 추가하여 더 나은 블로그 시스템으로 확장하는 것이 가능하다. 이런 방법으로 포스트 발행 승인 관리 기능 및 프로세스 작업과 같은 추가 기능들을 CMS 디자인과 유사하게, 마치 레고 블록 방식과 같이 나중에 추가할 수 있다.

아마도 블로그로 대규모 전자상거래 사이트나 매거진 사이트를 운영할 수는 없겠지만 신규 사이트의 추가나 사이트의 확장은 쉽고 빠르게 할 수 있다.

■ 당신의 컨텐츠를 자동으로 배포한다

블로그는 컨텐츠를 'RSS feedsRSS 피드[10]'를 통해 배포한다. RSS는

---

9 플러그인(plug in)의 본 의미는 '플러그를 꽂다'이지만, 컴퓨터 분야에서는 플러그를 꽂으면 작동하는 것처럼 쉽게 설치되고 사용될 수 있는 기능을 강화시키기 위해 만들어진 프로그램을 말한다.

10 RSS 컨텐츠의 배포 방식을 RSS 피드라고 한다. 헤드라인이나 콘텐츠를 간단하게 요약한 텍스트로 구성된 원본 소스로 연결하는 링크를 제공하며 이런 RSS 피드의 종류는 매우 다양하다. 또한 RSS 피드는 완전한 콘텐츠를 포함할 수 있고 거의 모든 형식의 첨부 파일도 포함할 수 있다. RSS 피드는 웹 피드, XML 피드, RSS 채널, 신디케이티드 콘텐츠라고도 한다.

Really Simple Syndication을 의미하고 여기서 키워드는 'Simple'이다. 대부분의 블로그 시스템과 어플리케이션에 적용된 이 기술은 사람들이 당신의 블로그에 뉴스레터 구독 신청하는 것과 같은 방식으로 별도의 추가 작업이나 구독 신청자의 리스트를 관리하는 작업 없이 운영할 수 있게 한다.

신디케이션을 이해하기 위해서 기업들이 발행하는 이메일 뉴스레터를 연상해보면 된다. 기업은 변화무쌍한 신청자 리스트를 만들고 관리하며 특별한 뉴스레터 컨텐츠를 작성하여 이메일을 통해 컨텐츠를 발송하고 구독 신청한 사람들이 그것을 받아 읽기를 원한다.

신디케이션 기능을 갖춘 블로그를 시작할 때 가장 흥미로운 점 중에 하나는 방문자를 모으는 속도이다. 블로그를 개설하고 시스템이 정상적으로 작동하는지 초기 포스트를 테스트한 지 10분 후, 페이지의 레이아웃과 색상에 관한 작업을 하고 있을 즈음 방문자 측정 도구를 통해 이미 블로그에 방문객이 다녀간 것을 알고 놀라게 될 것이다.

블로그 신디케이션은 당신의 포스트를 좋아하는 고객들이 당신 블로그의또는 그들이 관심 있는 특별한 주제 구독 신청을 할 수 있게 한다. 이러한 고객들은 당신의 블로그가 업데이트될 때 웹 브라우저나 별도의 뉴스리더 프로그램을 통해 내용을 받게 된다. 당신의 메시지는 이메일처럼 사라지거나 스팸으로 잘못 알려지지 않고 고객이 원할 때 읽을 수 있다. 그리고 그것은 곧 당신의 블로그 방문으로 연결된다.

신디케이션은 계속해서 더 많은 브라우저가 리더의 기능을 내재함으로써 더욱 주류가 될 것이다.

파이어폭스Firefox 브라우저 또한 RSS 리더 기능을 지원하며 인터넷 익스플로러Internet Explorer 7.0 이상 버전에서도 RSS를 지원한다.

05. 블로그는 마케터들의 꿈이다

블로그의 대중 반응을 분석하고, 코멘트를 읽고, 블로그와 '블로고스피어'라고 알려진 블로거들의 세상에 직접 참여함으로써 기업은 자신들에 대한 시장의 평가에 관해 광범위한 정보를 얻을 수 있다. 코멘트에 답변하고, 블로그를 후원하거나 호스팅을 지원하거나, 직접 자신의 기업 블로그를 운영함으로써 기업은 그들의 브랜드를 구축하고, 환기시키고 확장할 수 있다.

상대적으로 새로운 형식이겠지만 비즈니스 블로그에서 브랜딩의 성공사례를 많이 찾아볼 수 있다. 보잉사의 기내 인터넷서비스 커넥션은 블로거들을 기내 인터넷서비스의 테스터로 참여시켜 블로고스피어에게까지 마케팅 범위를 확장하였고 GM사의 패스트레인Fastlane 블로그 www.fastlane.gmblogs.com는 독자들이 글로벌 상품개발 부서의 부회장과 직접 대화할 수 있도록 하였으며 마이크로소프트사는 블로그를 이용해 개발자들이 직접 고객과 대화에 나서면서 부정적이었던 관계를 개선하였다.

앞으로 우리는 블로그를 활용한 기업들의 사례와 그들의 주요한 브랜딩의 새로운 비즈니스에 관하여 더 논의할 것이다. 첫 번째로 블로그가 마케팅이나 PR 도구로, 많이 활용되는 이유를 살펴보자.

■ 독자들은 블로그를 좋아해

정보의 홍수 시대에서 짧게 응축된 대화체 헤드라인들과 뉴스 광고는 온라인 독자로부터 많은 관심을 받는다. 또 대부분의 사람들은 검색엔진을 통해 질문에 대한 답을혹은 편하게 읽을거리를 찾는다. 블로그의 단순한 구조, 강력한 네트워크 링크, 자주 업데이트 되는 새로운 컨텐츠들이 검색엔진들에 유리하기 때문에 동일한 정보를 포함한 일반 웹사이트들보다 블로그의 컨텐츠가 더욱 쉽게 노출된다. 이러한 이유로, 많은 블로거들은 자신들이 작성한 포스트가 구글에서 관련된 내용의 웹사이트나 웹페이지보다 상위 노출되는 것을 종종 발견한다.

우리가 PC매거진 사이트 사설에 관한 포스트를 발행했을 때 이런 사실을 실제로 경험하게 되었다. 유명한 칼럼니스트 존 드보르작John Dvorak은 블로거들에 관해 사설을 PC매거진 사이트에 기고 하였고 우리는 우리의 블로그에 관련 포스트로 대응하였다. 나중에 구글에서 그의 기사와 우리 블로그의 포스트에 동시 사용된 세 단어인 '드보르작', '유토피아니스Utopianist', '블로거'라는 키워드를 검색해보니 우리 블로그의 포스트가 최상위로 노출되었고 그의 기사는 7위에 노출되는 것을 알게 되었다. 그 사이 5개의 다른 블로그들의 포스트도 노출되었다. 이것은 분명 구글이 기사에 대해 논평하는 6개의 블로그 포스트가 기사 그 자체보다 더 주제에 적합하다고 생각하였기 때문이다. 우리는 만약 본래 기사가 일반적인 웹사이트에 게재되지 않고 블로그에 포스트 되었다면 다른 블로그의 포스트보다 더 상위에 랭크되었을 것이라

확신한다.

이러한 경우의 또 다른 쉬운 테스트 방법은 구글에서 'Genuine'을 검색 해 보는 것이다. 검색 결과, 상위 랭크된 마이크로소트사Genuine Microsoft Software의 페이지를 포함하여 5,800만개의 페이지가 검색 결과로 나타난다. 어떤 것이 최상위에 랭크 되었을까? 물론 개인이 운영하는 블로그이다.

마지막 사례는 2004년에 개최된 수백 여명의 검색엔진 컨설턴트와 전문가가 참가하여 정해진 기간 동안 참가자들이 만든 페이지가 구글에서 누가 상위에 랭크되는지 경쟁하는 경합에서 찾아볼 수 있다. 두 달 동안 여러 가지 공격적인 수법이 총동원된흥미를 유발하기 위해 eBay에 가짜 경매를 만들어 내는 방법 같은 치열한 경쟁 후 우승자가 발표됐다. 예상대로 우승자는 블로그 참가자였다. 다른 참가자들과 달리 블로거 애닐 대쉬Anil Dash는 그의 블로그 www.dashes.com 에 특별한 최적화 작업을 하지 않았다. 단지 그는 블로그 독자들에게 자신의 블로그에 링크를 연결해 달라고 요청했을 뿐이다.

가장 중요한 것은 전세계, 적어도 2천만 명 이상의 사람들이이 숫자는 빠르게 증가 중임 그들에게 전달된 RSS를 통해 정보를 얻고 있다는 점이다. 블로그들은 구독 신청자들에게 그들의 정보를 RSS를 통해 배달하고 있으나 웹사이트는 그렇지 못하다.

여기에 적합한 사례가 있다. 오토auto 블로그 www.autoblog.com[11]는 블로

---

11 2004년 개설되어 편집장 존네프와 전세계 십여 명의 전담팀이 24시간 내내 자동차 업계의 소식을 전달하는 블로그로 카테고리 내에서 가장 인기있는 사이트이다.

그의 특성인 많은 방문자를 유입하는 효과가 인증된 RSS, 독자 코멘트, 타 사이트로의 링크 연결서비스를 제공하였다. 이러한 블로그의 특징은 소기의 성과를 달성한 것으로 보인다. 웹사이트 트래픽 평가 서비스 업체인 알렉사 닷컴Alexa.com에서 최근 오토 블로그가 먼저 설립한 경쟁자를 능가했다는 결과를 보여 주었기 때문이다.

■ 진실한 대화

또한 블로그는 진실한 대화를 위한 편리한 포럼을 제공하기 때문에 독자들을 참여시킬 수 있다. 성공적인 블로그는 커뮤니케이션을 토대로 한다. 일단 당신의 새로운 포스트가 독자의 마음을 끌면 당신은 커뮤니케이션에 독자들의 참여가 유지되길 원할 것이다. 블로그는 이것을 지원할 많은 방법들을 제공한다.

대화에 참여하기

블로고스피어에는 매일 상상 가능한 모든 주제에 대한 대화들이 많이 있다. 대화를 찾아 내고 참가하기 위해서는 블로그 검색엔진인 테크노라티(Technorati)(www.technorati.com)와 블로그 자동 트랜드 분석 시스템인 인텔리시크(Intelliseek)의 블로그펄즈(Blogpulse(www.blogpulse.com))를 활용해 보자. 우리는 제 8 장에서 블로고스피어에서 대화에 참여하는 좋은 방법에 대해 알아 볼 것이다.

역자의 댓글

국내에서 블로고스피어의 대화들을 살펴보기 위해서는 다음 뷰(view.daum.net)와 올블로그(allblog.net) 등과 같은 메타블로그 서비스를 모니터링하는 것을 추천한다.

▣ 독자 코멘트

블로그 형식이 아닌 대부분의 일반적인 웹사이트에서는 등록된 컨텐츠에 다른 사람들이 의견을 작성할 수 있는 방법이 없다. 끈질긴 사람들은 당신의 이메일 주소를 찾아 내서 그들의 의견을 표현할 지는 모르겠지만 이러한 대화는 대부분 사적으로 진행되기 때문에 당신의 사이트에 생명력을 불어 넣을 수가 없다. 물론 토론 포럼은 수년 동안 있어 왔지만 블로그는 토론과 대화의 흐름을 지켜 주는 나레이터의 장점을 가지고 있다.

블로그 코멘트는 당신의 포스트에 독자의 소리를 추가시켜 당신이 기업과 제품에 관한 시장의 견해에 대해 귀중한 관점을 얻을 수 있는 기회를 제공한다. 부수적으로 독자들의 토론은 검색엔진에 유리하게 작용하고 새로운 독자를 이끌어 낸다.

고객들과 다른 독자들의 공개 토론은 기업의 입장에서 매우 위험한 것처럼 보일지도 모르지만 이것으로 얻는 보상은 크다. 성공적인 커뮤니티를 만들기 위해 독자 코멘트의 위험을 줄이면서 관리하는 방법에 대해서는 추후 더 논의하기로 한다.

▣ 다른 블로거들과의 대화

블로깅 문화는 하나의 블로그에서 시작하여 다른 블로그들로 퍼져 나가는 커뮤니케이션을 만들어 나간다. 블로그 A는 블로그 B의 포스트에 대해 토론하고 링크를 연결한다. 그리고 양쪽 블로그의 독자들은 다른 사이트로 연결되는 코멘트를 남기고 이 대화는 더 많은 독자들에게 퍼져나가 블로거들 사이에 입소문을 만들어 낸다.

블로그에는 이러한 커뮤니티의 상호 커뮤니케이션를 북돋게 하는 사소하지만 중요한 방법들이 많이 있다. 독립 주소Permanent URL는 다른 블로거들이 당신의 포스트에 링크를 연결할 수 있게 해 주고 신디케이션 구독 신청 시스템은 앞에서 언급한 바와 같이 블로거들에게 당신의 새로운 포스트를 알려 준다. 그 결과 다른 블로거들이 당신의 포스트에 코멘트를 달 수 있고 더 확산시켜 줄 수 있다.

개인적인 특징과 더불어 당신의 블로그를 쉽게 설계하는 것을 명심하고, 무엇보다도 양질의 컨텐츠를 자주 포스팅함으로써 다른 블로거들과또는 블로거가 아닌 사람들과 상호 대화를 촉진할 수 있도록 하라. 우리는 제 4 장과 제 6 장에서 중요한 두 가지 요소 모두를 각각 알아보기로 한다.

■ 검색엔진은 블로그를 선호한다

구글과 같은 검색엔진들은 정기적인 업데이트를 하는 사이트들에 대해 편향적이다. 이러한 검색엔진의 특성이 블로그를 트래픽 유도의 강자로 만드는 것이다.

블로그 포스트의 잦은 업데이트와 대화체의 사용은 검색엔진에 친화적인 컨텐츠를 제공하고, 독립 주소와 타 블로그의 링크 연결과 같은 블로그의 특성들은 사람들이 사용하기에 쉽게 만들어 준다. 또한 검색엔진과 블로그를 사용하는 사람들에게 매혹적인 관심을 유발한다. 우리는 블로깅이 검색엔진 상에서 얻는 이득을 제 3 장과 제 6 장에서 소개하고 또한 블로그의 검색엔진 친화력을 최대화하는 블로그 구조와 글 쓰는 방법에 대해 더 자세히 살펴볼 것이다.

06. 왜 블로그를 하지 않는가?

많은 기업들은 직원들이 블로그를 운영하는 것에서 무분별하고 통제 불능의 정보 공유 상태를 떠올리며 기업의 영업비밀과 취약점이 폭로될 것이라는 두려움 때문에 블로깅을 피하고 있다. 이것은 어떤 조직의 경우에는 당연한 우려이며 심지어 공공기업체는 SEC[12] 규칙 위반에 몰릴 수 있는 사실들을 특히 경계해야 한다.

하지만 기업들조차도 기본 블로깅의 변형적 접근을 선택할 수 있고 커뮤니케이션의 큰 재앙의 위기 없이 블로그의 장점과 블로고스피어의 이익을 취할 수 있다.

■ 비즈니스 블로그의 다양한 접근 방법

비즈니스 블로깅 접근의 범위는 매우 광대하고 기업의 위험수위 정도 또는 인력 활용의 정도 등의 관점에서 다양하다.

가장 기본적인 접근 방법으로 블로고스피어에서 당신의 기업과 관련된 포스트와 코멘트 등을 모니터링하는 것이다. 또한 회사 대변인을

---

12 Securities and Exchange Commission는 미국의 증권거래 위원회의 약칭으로 1934년 미국 증권거래법 제 4 조에 의해 증권시장을 규제하고 일반 투자가들을 보호하기 위하여 창립된 대통령 직속의 독립된 증권감독관청이다.

통해 현재 거론되고 있는 것에 대해 이메일이나 코멘트를 통해 적절한 답변을 하도록 하는 것이다. 이것은 당신이 실제 블로깅을 하는 것이 아닌 블로고스피어에 기고로써 참여하는 것이다. 이러한 접근은 별다른 위험을 포함하지 않는다.

또 다른 낮은 위험의 접근 방법은 당신의 잠재적인 고객 또는 현재의 고객에게 호소할 수 있는 컨텐츠를 포함한 블로그를 후원하거나 호스팅하는 방법이다. 이 방법은 우리가 보잉사 '인플라이트' 블로그에 적용한 방법이기도 하다. 인플라이트는 보잉사나 보잉사의 제품에 대한 컨텐츠를 담은 블로그가 아니라 비행 조종사의 흥미를 끌 만한 포스트를 중심으로 하고 있다. 이러한 접근 방법으로 기업이 직접 블로그를 운영할 필요가 없으며 위험 수위를 낮출 수 있다.

아직 많은 위험을 감당하기 어려운 기업들이 블로그를 갖는 방법은 회사의 공식 웹사이트에 게시된 중요한 정보를 참조한 블로그를 개설하는 것이다. 보도자료들과 제품 정보 같은 아이템은 이러한 블로그 타입에 아주 적합하다. 이러한 새로운 복제 블로그는 현재 웹사이트보다 궁극적으로 많은 트래픽을 유발할 것이다.

이런 방법들은 거의 위험 요소 없이 최소한의 비용과 시간만 투자해도 큰 이익을 얻을 수 있다. 상기의 방법들은 장기적으로는 대부분의 기업들이 필수적인 변화라 생각하는 고객과의 완전한 소통 블로그로 변화하기 위한 기본적인 훈련 과정이 될 수 있다.

가장 위험한, 그러나 잠재적으로 가장 효과적인 접근 방법은 회사와 직원의 활동을 논의하는 하나의 블로그 또는 다수의 블로그를 운영하는 것이다. 많은 조직들이 이를 통해 거대한 노출과 홍보효과를 얻고 있다. 이러한 접근 방식은 사실상의 블로깅을 요구하고 위험을 낮추기 위한 주의 깊은 사고와 실행이 필요하다. 따라서 이 방법은 토론의 여지가 있고 위험할 수 있으므로 각별한 관심과 노력이 필요하다.

블로고스피어의 방식에 따라 블로깅을 시작하라

웹 상에서 가장 숙련된 블로거는 지난 8년 동안 블로깅을 해 왔다. 인터넷의 가속력을 감안한다면, 평생 동안으로도 볼 수 있는 기간이다. 블로그는 독자적인 에티켓을 확립할 만큼 충분한 시간을 보냈고, 무례하게 불쑥 끼어들어 확립된 방식을 무시한다면 당신은 많은 대중의 경멸을 받게 될 것이다.

그러나, 다행히도 그것은 복잡한 시스템이 아니다. 그리고 블로거들은 초기의 실수를 용서하는 편이다. 블로거와 블로그 독자들은 기업이 블로그를 시작한다면 기자회견이나 홍보사이트가 아닌 블로그다운 블로그를 개설하고 운영하길 기대할 것이다.

보잉사가 '랜디(Randy)의 저널'을 론칭하였을 때, 많은 블로거들은 신디케이션이나 코멘트 같은 기대했던 기능을 제공하지 않았기 때문에 가짜 블로그라 비판하였다. 보잉사는 이러한 비판에 정면으로 대응하였고 우리들의 도움으로 많은 변화가 있었다. 그들은 자신들의 비즈니스 목표가 블로고스피어의 기대치와 균형을 이루는 방법에 대해 많은 결정을 내렸다. 그 결과, 이전 보잉사를 비판했던 독자들은 보잉사가 공개적으로 그들의 비판에 적극적으로 대응한 것을 높이 평가했고, 보잉사는 블로고스피어에서 어떻게 커뮤니케이션해야 하는지를 배웠다.

다음 장에서 우리는 블로그 활동의 기대와 비즈니스 상의 요구들 사이에서 균형을 잡기 위해 어떻게 계획을 설정해야 하는지에 대하여 조언할 것이다.

07. 당신의 블로그는 무엇에 집중하는가?

우리는 지난 몇 년 동안 같이 일했던 많은 기업들과 블로고스피어를 이용하기 위해 무수히 많은 전략과 전술을 논의하고 추진하였다. 그러나 그들은 모두 실적이란 한 가지 공통점을 가지고 있었다. 모든 경우에서 똑똑한 블로그 전략을 실행했을 때 투자 수익률은 기업의 다른 어떤 마케팅을 시도했을 때보다 높았다.

블로깅을 배우는 가장 쉬운 방법은 블로그 세상에 뛰어들어 관심을 기울이기 시작하고 참여하는 것이다. 우리는 언제나 기업들에게 작은 것부터 시작할 것을 조언한다. 예를 들어 기존 블로거들의 대화에 주의를 기울이는 것처럼 말이다. 그리고 참여 정도를 단계적으로 높여가라고 조언한다.

블로그의 매력 중 하나는 거창한 웹 설계 과제를 요구하지 않는다는 점이다. 블로그는 작고, 빠르고, 단순한 구조여서 몇 시간 내에 시작할 수 있고 또 즉시 사용할 수 있다. 다음 장에서 우리는 블로깅을 위한 접근 방법의 선택과 블로그를 디자인하고 발전시키는 것에 대하여 더 구체적으로 논의할 것이다.

기업의 소셜 미디어 활용의 의의

이제 굳이 숫자나 통계자료를 제시하지 않더라도 국내 대부분의 기업들은 블로그, 트위터, 페이스북 등의 소셜 미디어를 실제 비즈니스에 적극적으로 활용하고 있다.

그러나, 다양한 소셜 미디어를 활용하면서도 활용의 목적으로 대부분 기업들은 아직도 막연하게 고객과의 소통을 이야기 한다. 틀린 말은 아니지만 실제 "소통"이라는 궁극의 목적을 달성하기 위해서는 세부적이고 단계적인 목표 설정이 필요할 것이다.

그래서, 잠시 국내 기업들이 소셜 미디어를 활용하기 시작한 초기 단계를 떠올리며 기업의 소셜 미디어 활용의 의의를 살펴보도록 하자.

먼저 기업이 소셜 미디어의 관심을 가지게 된 것은 웹 2.0의 우수한 기술의 발전에 힘입어 고객들의 커뮤니케이션이 변화된 시점이 될 것이다. 고객들은 누구나 쓰기 가능한 웹 상에서 검색과 공유를 통해 서로의 경험과 이야기를 직접 공유하게 되어 더 이상 기업 웹사이트의 정보를 얻거나 신뢰하지 않게 된 것이다. 기업이나 브랜드, 그리고 제품에 대한 고객들의 정보 습득 과정은 검색과 공유가 이루어지는 검색엔진으로 이동하게 되었고 이에 기업들은 검색엔진 최적화SEO와 검색엔진 마케팅SEM을 통해 그들의 메시지를 적극적으로 노출하게 되었다.

여기에 적극적으로 활용된 소셜 미디어 매체가 바로 블로그이다. 초기에는 파워 블로그를 활용한 단편적인 메시지 확산에서 점차 기업의 브랜드와 제품 등의 이야기를 전달하는 기업 블로그가 속속 등장하게 되었다.

기업들이 초기 검색엔진 최적화를 통해 기업의 메시지를 확산할 때 전달하는 매체의 최적화에는 많은 부분 신경을 썼으나 정작 전달하는 메시지는 이전 웹사이트를 통해 전달하는 메시지와 별다른 차이가 없어 효과적 전달에 실패하곤 했다.

새로워진 고객 커뮤니케이션에서 환영받는 메시지는 누구에게나 쉽고, 재미있으면서 실제 경험이 담겨 있는 메시지다. 따라서, 이러한 형식과는 거리가 먼 기업의 메시지는 상업적이라는 평가를 받으며 확산되지 않고 사라져갔다.

그 후 기업들도 고객들과 눈높이를 맞춘 다양한 형식의 컨텐츠를 제작 배포하기 시작했고 조금씩 조금씩 고객들의 공감을 얻기 시작했다. 이러한 공감들이 지속적으로 쌓여가면서 일부 선도적인 기업들은 소셜 미디어의 당당한 일원으로서 고객들과 소통하기 시작하고 있다.

결국 기업이 소셜 미디어를 활용한다는 것은 변화된 고객 커뮤니케이션에 맞추어 그들의 메시지의 눈높이를 고객들과 맞추고 고객들이 교류하는 검색엔진, 그리고 소셜 네트워크 서비스SNS에 효과적으로 노출 전달하는 상태를 지속적으로 진행하여 기업이나 브랜드의 팬들을 확보하는 것이다.

BUSINESS BLOG

Chapter **02**

블로그의 주제를 결정하라

BUSINESS BLOG

블로그의
주제를 결정하라

제 1장 '블로그란?'에서 우리는 비즈니스 영역에서 블로그 효과에 대해 알아보았다. 이번 장에서는 한 단계 더 나아가 기업이 효과적으로 블로그를 운영하는 방법에 대해 알아본다.

이제 블로그는 당신의 고객과 소통하고 연결해 주는 이상적인 매체가 되었다. RSS, 댓글과 같은 블로그의 특성과 함께 검색엔진의 블로그에 대한 편애 덕분에 대부분의 성공적인 비즈니스 블로그는 고객과 소통의 창구 역할을 목표로 한다. 우리와 블로그로 만나게 된 대부분의 기업들은 그들의 타겟 시장을 포괄하는 블로그를 창조하길 바라고 있었다. 그것은 놀라운 일도 아니다. 그러나, 블로그의 개설은 아주 쉽고 포스트는 어떠한 화제에 대해서도 다룰 수 있기 때문에 우리가 블로그를 통해 얻을 수 있는 것에 대해 심사 숙고하는 것은 아주 중요한 일이다. 그래서, 우리는 이번 장에서 고객과 잠재 고객 그리고 시장에 영향을 미치는 사람들과의 대화를 창조하는 전략에 집중할 것이다.

서로 다른 두 사람이 운영하는 두 개의 블로그는 똑같지 않다. 각자 그 자신만의 개성, 타겟 독자 그리고 운영 목적을 가진다. 따라서, 당신의 시간과 노력을 헛되지 않게 하기 위해서라도 블로그를 적용했을 때의 가능성을 조사하고 올바른 방향을 설정하는 것, 즉 블로그의 주제를 결정하는 것은 당신과 당신의 팀을 위해 매우 중요하다.

비즈니스 블로그는 일반적으로 다음과 같이 3가지 주제로 분류된다.

- 마케팅 중심의 블로그는 트래픽, 인지도 그리고 판매를 도모하기 위해 고안된다.
- 홍보 PR 중심의 블로그는 이미지를 강화하고 대중의 인지도에 영향을 준다.
- 고객 서비스 중심의 블로그는 기존 고객은 물론 잠재 고객들에게 도움을 주거나 정보를 제공한다.

하나의 블로그는 확실히 위와 같은 주제를 모두 포함하거나 또는 어느 한 가지만을 중심으로 한 포스트들을 가질 수 있으므로 당신과 당신의 팀을 위해 핵심 주제를 결정하는 것은 좋은 생각이다. 중심 주제를 결정하는 것은 컨텐츠의 화제를 유지시켜 주고 적합한 독자들을 목표로 하는 것에 도움을 준다. 블로깅은 운영하는 블로거나 그들의 독자에게 모두 흥미롭고 재미있어야 하므로 모두가 이해할 수 있는 분명한 주제를 선정하는 것은 달갑지 않은 예상 밖의 일들을 피할 수 있게 해 준다.

비즈니스 블로그의 분류에 따른 각각의 중심 주제에 대한 사례를 살펴보자. 여기서 당신의 조직에 가장 적합한 블로그 모델에 대한 몇 개의 아이디어를 얻기를 희망한다.

01. 마케팅 중심의 블로그

대부분의 기업들은 그들의 시장을 이해하고 기업과 판매 상품에 대한 정보를 널리 알리는 데 자원을 사용한다. 성공한 많은 기업의 경우에, 블로깅은 이러한 인지도를 높이는 데 결정적인 역할을 하였다.

웹은 마케팅, 판매, 그리고 서비스를 위한 중요한 채널이다. 2005년 중소기업 1,000명 이상의 리더들을 대상으로 인터랜드Interland가 조사한 설문에 의하면 조사 대상 기업의 87%가 그들의 웹사이트로부터 월간 수익을 얻고 있었다. 또한, 그 중 제품 판매에 집중한 블로그는 대부분의 경우 수익 발생에 효과적인 것으로 나타났다.

현재의 고객을 관리하는 것은 중요한 일이다. 현재의 고객층은 미래의 판매 실적을 높이는 데 바탕이 되는 중요한 자산 중에 하나라는 것은 이미 잘 알려진 사실이다. 전략 컨설팅 기업인 베인 앤 컴퍼니Bain & Company의 프레드릭 F. 라이크헬드Fredrick F. Reichheld 이사의 말에 따르면 일반적인 기업에서 고객 유치 5% 증가는 25% 이상의 이익을 증가시킬 것이라 한다. 더불어 만족감을 느낀 고객은 신규 고객에 강력한 영향을 주는 긍정적 입소문을 퍼트린다. 그리고, 블로그는 당신의 고객들이 제품을 구입한 후에또는 재구매 전에 그들을 지원할 가장 좋은 방법

으로 판명되고 있다. 이러한 마케팅 중심의 블로그에서 고려해야 할 4
가지 핵심 분야를 아래에서 좀 더 심도 있게 다룰 것이다.

- 시장에 대한 이해와 상호 작용을 돕는 블로그
- 인지도를 높이는 블로그
- 제품 판매를 위한 블로그
- 기존 고객과 미래의 고객을 지원하는 블로그

■ 고객 상호 작용을 장려한다
우리는 블로그가 신규, 현재, 미래의 고객들과 기업이 대화할 수 있
고 계속 유지할 수 있으며 당신의 새로운 포스트를 더 쉬운 방법으로
제공함으로써 보다 직접적인 상호 작용을 할 수 있다고 이야기한다.
이러한 교류는 기업의 인지도를 높여 주고 제품을 직접적으로 판매할
수 있게 한다. 또한 이처럼 고객들이 알려 주는 블로그의 댓글로 당신
은 시장이 원하는 것에 대해 더 배울 수 있다.
브라이언 스테인버그Brian Steinberg 기자는 2005년 월스트리트 저널 기
사에서 블로그와 독자들의 상호 작용을 통해 블로거들은 '토론의 쟁점
을 수렴하는 것'이 가능하다고 보도했다. 이 점을 활용한다면 기업이
고객의 의견을 듣고 코멘트에 대응하는 등 그들의 제품과 지원을 향상
시키기 위해 활용하는 '가상 포커스 그룹'의 운영도 블로거들을 참여시
키면 더욱 효과적일 수 있다.
우리 역시 이와 같은 경험을 했다. 사실 클립엔실Clip-n-Seal의 성공은

상품의 새로운 용도를 발견한 구매자의 의견에서부터 시작됐다. 개봉된 봉투를 다시 밀봉하기 위한 클립엔실 제품을 어떻게 진공 성형과 가구 미장 붙임을 위해서도 사용하였는지를 고객이 먼저 말해 준 것이다.

이러한 성격의 포커스그룹의 피드백을 얻으려면 당신은 단지 블로그에 제품에 대해 포스팅하고 그들의 의견을 남기도록 요청하면 되는 것이다. 일반 시민 기자들이 발행하는 뉴스를 제공하는 웹 신설 기업 뉴스바인Newsvine은 그들의 사이트가 초기 베타 오픈을 시작했을 때 이러한 방법을 사용했다. 그들은 베타 서비스가 시작됨과 동시에 공식 블로그를 운영하여 독자들에게 서비스 테스트 참여를 요청했다. 실제로 공식적인 론칭 이전에 독자들의 의견을 듣고 일부 서비스를 크게 변경하기도 했다.

뉴스바인Newsvine의 CEO 마이크 데이비슨Mike Davidson은 "뉴스바인 블로그blog.newsvine.com는 가상 포커스 그룹의 활동을 위해 개설되었고 그들의 의견은 매우 소중했다"라고 말한다.

뉴스바인의 성공적인 서비스 론칭에 대해서는 제 7 장 '블로그의 시작 그리고 홍보'에서 더 자세히 알아볼 것이다. 또한 입소문을 어떻게 유지하는지에 대해서도 배우게 될 것이다.

결국 많은 코멘트와 독자 참여를 유도하기 위해서는 블로그에 대한 신속하고 지속적인 모니터링이 필요하다. 글쓰기의 권한을 부여하고, 부적절한 글들은 삭제하고, 토론에 블로그의 운영자가 참여하고 있음을 확실하게 보여 주는 것은 대화 진행 유지에 매우 중요하다. 그림 2.1은 우리가 블로그 비즈니스 서밋에서 얻은 코멘트들을 보여 준다.

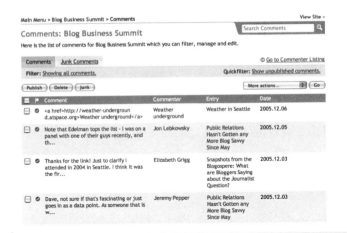

| 그림 2.1 | 대부분의 블로그 서비스 관리자 프로그램은 독자로부터 접수된 댓글들을 승인하여 게시할 수 있게 해 준다. |

Tip 고객과의 대화를 당신의 블로그의 주 목표로 설정하는 경우에는 블로그를 적절하게 운영할 수 있는 운영 인력과 시간을 확보해야 한다. 블로그 비즈니스 서밋과 같은 블로그를 위해 매일 한두 시간의 관심과 코멘트에 언급된 사항을 체크하는 것은 블로거들의 참여를 올바르게 관리하는 데 큰 효과가 있다. 제 3 장 '블로그 소요 비용, 소요 시간'에서 더 자세히 살펴보도록 하자.

■ 인지도와 노출도를 향상시킨다

영리한 마케터들은 인터넷에서 검색하거나 서핑하는 사람들에게 그들의 컨텐츠가 더 자주 보이도록 하는 궁극의 목표를 가지고 그들의 회사와 제품이 웹상에서 화제가 되도록 열심히 뛰고 있다.

많은 방문자트래픽를 보유한 블로그는 두 가지의 특성, 즉 노출도

visibility와 파인더빌러티findability를 가진다.

노출도가 높은 사이트는 자주 화제로 언급되며 대부분의 경우, 많은 웹사이트에 링크로 연결되어 있다. 가장 노출도가 높은 사이트 중에 하나인 아마존Amazon은 고객을 유치하면 수당을 지급하는 제휴affiliate 프로그램의 혜택을 보았다. 만약 당신의 블로그에 아마존의 특별한 링크와 그래픽을 삽입한다면 아마존은 당신에게 약간의 여유 자금과 노출도를 강화해 주는 '빌보드billboard'라는 가상 프로그램을 제공할 것이다. 수백만의 블로그 페이지는 이러한 작은 아마존 빌보드들을 가지고 있고 그것은 아마존닷컴Amazon.com의 트래픽을 증가시키는 데 중요한 역할을 한다.

사람들의 클릭과 방문의 기회가 많아질수록 더 많은 클릭과 방문으로 이어질 것이 분명하다. 이와 마찬가지로 블로그에서도 당신의 기업에 대해 언급하는 사이트가 많거나 당신의 포스트를 참조하는 사이트가 많아질수록 노출도가 증가할 것이다.

파인더빌러티가 높은 사이트는 구글과 같은 검색엔진들이 적합하다고 판단해 검색 결과 페이지 상단에 표시하는 것들이다. 사람들이 검색 결과 페이지 상단에 나타나는 사이트를 하단의 것보다 더 많이 클릭한다는 것은 명백한 사실이다. 온라인 마케팅 전문가에 의하면 상단에 위치한 사이트는 높은 '구글주스Google Juice'[1]를 가진다고 한다.

---

1 구글주스는 페이지랭크 1레벨의 페이지가 1개의 아웃바운드 링크를 가지고 있을 때 그 링크가 가지고 있는 가치를 1이라고 정하고 그것을 기준으로 했을 때 환산된 가치를 숫자로 표현한 것이다.

여기서 구글주스는 페이지랭크 1레벨의 페이지가 1개의 (*)아웃바운드 링크를 가지고 있을 때 그 링크가 가지고 있는 가치를 1이라고 정하고 그것을 기준으로 했을 때 환산한 가치를 숫자로 표현한 것이다.

트래픽 통계를 모니터링 중인 대부분의 블로거들은 그들의 사이트를 방문하는 많은 사람들이 구글이나 다른 검색 결과 페이지의 클릭을 통해서라는 것을 알고 있다. 검색엔진에 친화적일수록 더 많은 방문자가 생긴다는 것은 매우 분명한 사실이다.

그렇다면 구글은 어떻게 하나의 사이트를 다른 사이트보다 친화적이라고 결정하는 걸까? 간단히 이야기하자면 답은 인바운드 링크[2]들이다. 만약 두 사이트가 동일한 컨텐츠를 가지고 있고 그 중 한 사이트에 보다 많은 사람들이 링크를 연결했다면 구글은 그 사이트가 더 중요하다고 판단한다. 따라서, 일반적으로 더 많은 링크를 가진 사이트는 적은 링크를 가진 사이트보다 검색엔진 결과에서 더 상위에 노출된다.

Note 만약 당신의 블로그가 하나의 검색엔진에 최적화되어 있다면 나머지 검색엔진들에 대해서도 마찬가지일 것이다. 검색엔진들은 유사한 알고리즘(algorithm)을 사용하고 있으며 일부는 메타 검색[3] 또는 독파일닷컴(dogpile,

---

2 아웃바운드 링크는 자신의 도메인에서 타 도메인으로 연결되어 나가는 링크 연결을 말하며 인바운드 링크는 이와 반대의 개념으로 타 도메인에서 자신의 도메인으로 연결되어 들어오는 링크를 말한다.
3 메타 검색은 검색 키워드 쿼리를 입력하면 서버가 미리 지정한 포털 사이트들에 쿼리를 전송하여 각 포털 사이트의 검색 결과를 받아 사용자에게 한번에 보여주는 방식이다.

com)[4]과 같이 다양한 검색엔진들의 검색 결과를 종합하여 사용한다. 노출도와 파인더빌러티를 높이기 위해서는 사람들에게 화제가 되고 링크로 연결되어야 하는 것은 분명하다. 성공의 비법은 블로거들의 주의를 끌 수 있는(혹은 다른 사람들이 참조할 수 있는) 흥미로운 포스트를 많이(아주 많이) 작성하는 것이다. 따라서, 온라인 마케팅 컨설턴트가 강조하는 정교한(그리고 고가의) 링크 전략보다 독자의 관심을 끄는 글을 쓰는 것이 더 생산적일 것이다.

링크를 구입하다

당신의 블로그 인지도를 높이기 위해서 다른 사이트, 다른 블로그들과 링크로 연결되는 것은 매우 중요하다. 마케터들이 인바운드 링크가 사이트의 트래픽 증가에 도움이 된다는 사실을 알고 난 후 인바운드 링크를 보장하는 유료 서비스들이 나타났다.

'링크 브로커'[5]들은 링크당 최소 50센트의 비용으로 트래픽 증가와 검색엔진 상단 노출에 필요한 인바운드 링크를 제공할 수 있다고 주장한다. 보수를 받는 파트너들과 개설한 사이트를 이용하여 브로커들은 당신의 블로그에 수십 또는 수백 개의 링크를 잠재적으로 창조할 수 있다고 이야기한다.

이러한 제안은 유혹적으로 들릴지도 모르지만 우리는 이러한 서비스를 피하고 대신 그러한 열정을 링크를 얻을 수 있는 글을 포스팅하는 것에 더욱 투자하라고 권장한다. 구글은 불법적으로 링크들을 얻으려는 사람들을 찾고 있고 브로커를 통한 링크가 바로 그런 프로파일이라 생각할 것이다. 만약 구글이 당신의 인바운드 링크가 조작되었다고 판단하게 되면 당신의 사이트를 낮은 랭크로 이동시키거나 또는 결과 페이지에서 완전히 배제해 버릴지도 모른다. 부디 당신이 구글보다 더 똑똑하다고 생각하지 말길 바란다.

---

4 이미지, 멀티미디어, 뉴스, 쇼핑, 웹 정보를 구글, 야후, Bing, Ask 검색엔진을 활용하여 사용자에게 각 검색엔진의 검색 결과를 한 화면에서 제공하는 종합 검색 서비스.
5 링크 브로커는 검색엔진 상위 노출에 중요한 영향을 미치는 인바운드 링크를 판매하는 비즈니스를 말한다.

우리는 블로거들의 관심을 끌 수 있는 특별한 글쓰기 기술을 제 5 장 '블로그 실행을 위한 도구' 그리고 제 6 장 '블로그에서 글쓰기'에서 알아본다. 당신이 블로그를 계획하면서, 타겟 시장에 맞는 흥미있는 주제에 대해 자주 포스팅하는 것과 중요한 인바운드 링크를 조성하기 위해 시간을 투자하는 것이 무엇보다 중요하다는 것을 잊지 않길 바란다.

▪ 입소문을 내다

버즈 부르거만Buzz Bruggerman은 컴퓨터 자동 소프트웨어 어플리케이션 액티브 워즈Active Words를 제조 판매하는 회사의 창립자이자 마케팅 총 책임자이다. 2003년부터 부르거만은 그의 제품에 대한 입소문을 내는 데 그의 블로그www.buzzmodo.typepad.com 와 블로거들을 적극적으로 활용했다. 그의 전략은 포스트와 인바운드 링크를 만드는 관계를 통해 구글과 다른 검색엔진 등에 노출도를 극대화하는 것이었다. 부르거만은 유명 블로거를 확보한 그의 노력이 분명히 인바운드 링크를 늘리고 파인더빌러티를 높였다고 주장한다. 그는 로버트 스코블Robert Scoble로부터 하나의 긍정적인 포스트그리고 인바운드 링크를 얻는 것이 일간지에 내는 특집 기사보다 10배 이상의 판매효과가 있다고 설명한다. 실제로 부르거만의 블로깅 전략은 250% 이상의 판매고를 올렸다.

결과적으로 블로그의 인지도와 노출도를 높이기 위해서는 사람들이 쉽게 발견하고 링크를 연결할 만한 흥미있는 포스트들을 많이 가지고 있어야 한다. 만약 당신이 여행사를 운영하고 있다면 당신의 블로그에 '예약할 때 30% 절약하는 방법'과 같은 포스트를 발행하는 것을 검토해 보라.

검색자들은 곧 구매자이다

이제 온라인 상거래가 큰 사업이라는 것은 명백한 기정사실이다. 2005년 한 해 동안 820억 달러의 상품과 서비스가 인터넷을 통해 판매되었다.

하지만 소비자 구매의 요인으로 구글과 같은 검색엔진이 중요하다는 것은 상대적으로 잘 알려져 있지 않다. 2005년 해리스 인터엑티브(Harris Interactive)의 설문 결과에서 물품을 구매하기 전에 온라인으로 제품에 대한 조사를 한 대부분의 성인구매자는 다른 어떤 곳보다도 검색엔진 결과에 의존하고 있다고 말했다. 우리가 제1장에서 언급한 것처럼 구글이 검색 결과 페이지에서 차별적으로 검색 결과를 제공하고 있다는 사실을 감안할 때, 온라인 소매업자들이 그들의 제품에 대해 포스팅하는 것은 실질적인 이익을 볼 수밖에 없다.

■ 판매 향상을 위한 접근

우리가 알고 있는 제품과 서비스에 대해 성공적인 프로모션을 경험한 대부분의 블로거들은 강매를 하지 않는다. 이들은 방문객을 교묘하게 조종하려는 생각에 반대하며 대신 주의를 끌 수 있는 수준 높은 포스트를 만드는 것에 집중하고 있다. 양질의 포스트가 트래픽과 신용도를 높이는 데 크게 기여한다는 점을 인식하고 블로그를 다녀간 방문자들에 대한 전략을 가지고 있다면 판매량도 분명히 증가할 것이다. 그리고, 그것은 결코 강매가 아니다.

아마존Amazon과 랜드앤드Land's End와 같이 경험이 있는 온라인 소매업자들은 웹사이트 방문이 구매로 전환되는 비율, 즉 '구매 전환율'을 높이기 위해 매년 수백만 달러의 비용과 시간을 쏟는다. 이러한 기업들은 판매에 큰 영향을 미치는 독점적인 기술을 많이 가지고 있다. 닐슨.넷레이팅Nielsen.NetRatings은 2005년 4월에 발행한 보고서에서, 상위 100위의 웹 소매업자들은 평균적으로 20명의 방문객 중에 1명이 구매자로 전환한다는 인터넷 소매 분석을 발표하였다. 아마존의 구매 전환율은 이러한 평균 수치의 두 배 이상이다. 만약 당신의 평균 구매 전환율이 5% 이하라면 온라인 구매과정을 분석하여 고객들을 더욱 쉽게 구매로 연결해 줄 방법을 살펴보아야 할 것이다.

블로고스피어는 중고차 판매시장이 아니라는 것을 명심하라. 과도하게 밀어 부치는 방식의 프로모션은 블로거들에게 부정적인 반응을 얻을 수 있다. "지금 바로 구입하세요"와 같은 쨍쨍거리는 외침 대신에 방문자를 구매자로 전환시키는 가장 좋은 방법은 그들의 구매 결정을 보다 손쉽게 만들어 주는 것이라고 생각한다. 영리한 상거래 블로거들은 이러한 프로세스를 용이하게 도와 주는 몇몇 테크닉을 활용하고 있다. 다음과 같은 방법들을 살펴보자.

- 당신이 하는 일과 판매하는 제품에 대해 명백히 하라. 당신의 판매 상품 페이지 링크가 포함된 기업 소개와 같은 글은 당신의 블로그 상단 가까이에 배치해야 한다.
- 긍정적인 고객 후기를 포스팅하라. 만족한 고객들로부터의 감사의 글은 방문객들이 가지고 있을지도 모르는 구매에 대한 거부감을 극복할 수 있도록 해 준다. 사람들이 당신의 제품을 구

입하기를 꺼려하는 이유를 조사하고 그 이유들을 논박하는 고객 후기를 눈에 띄게 포스팅함으로써 보다 높은 매출을 올릴 수 있다. 포스트에서 제품들을 언급하고 구매가 가능한 페이지로 링크를 연결하는 것 또한 효과적이다.

- 현재 당신의 고객이 신뢰하고 있는 상거래 지원 사이트를 활용하라. 많은 고객들은 낯선 블로그에 신용카드 정보를 제공하는 것을 주저하고 연락처를 입력하고 싶어하지 않는다. 클립엔실은 **최소 수백만의 회원을 보유한 두 개의 상거래 지원 사이트의 쇼핑 카트 시스템을 활용한다.** 클립엔실 블로그의 방문자는 2,000만 명 이상의 계정을 보유한 페이팔PayPal 또는 4,000만 명 이상의 계정을 보유한 아마존을 통해 제품을 구입할 수 있다. 이 외에도 많은 블로거들이 사용하는 다른 서비스로는 야후Yahoo!와 이베이eBay가 있다.

역자의 댓글

현재 국내에서도 이러한 블로그 지원 결제 시스템을 활용할 수 있다. 온라인 쇼핑몰 결제 대행 서비스 업체인 이니시스에서 제공중인 INIP2P 서비스*(www.inip2p.com)*를 활용하면 여러분의 블로그에서도 제품을 쉽게 판매할 수 있다.

정리하면 블로그를 통해 제품을 판매하기 위해서는, 제품을 설명하고 어떻게 성공적으로또는 뜻밖에! 사용하는지에 대한 내용이 담긴 포스트들을 수시로 올려야 한다. 또한 포스트는 제품을 구매할 수 있는 링크를 포함하여야 한다. 예를 들어 "메가콥스Megacorp사의 CEO는 ACME

산업 윤활유가 훌륭한 디저트가 된다고 말한다"와 "보잉사는 ACME 위 젯을 사용함으로써 한 해에 약 300만 달러를 절약한다"와 같은 내용의 포스트를 생각해 보라

■ 웹사이트의 트래픽을 증가시킨다

블로깅에 흥미를 가지고 우리를 방문한 대부분의 사업가들은 이미 웹사이트를 보유하고 있고 더 많은 사람들이 그 사이트를 방문하도록 하기 위한 강한 의욕을 가지고 있었다. 블로그는 기존의 사이트에 트 래픽을 증가시키는 일에 매우 효과적인 것으로 판명되었으며 많은 기 업들은 블로그를 프로모션 전략의 초석으로 삼았다.

37시그널즈37signals는 프로젝트 관리에 도움을 주는 웹기반 어플리케 이션 세트를 제공하는 기업이다. 기존의 사이트 내에 그들의 시그널 vs. 노이즈Signal vs. Noise 블로그가 존재한다. 그리고 제이슨 프라이드 Jason Fried 대표에 의하면 블로그는 다른 어떤 매체보다 훨씬 많은 트래 픽을 유도한다고 한다. 또한 시그널 vs. 노이즈 블로그의 매일 2만 명 의 독자들은 다른 모든 광고, 다이렉트 메일, 그리고 이메일 마케팅 캠 페인들의 총합보다 회사의 연간 수익에 더 많이 기여한다.

블로깅을 고려하는 가장 주된 이유가 매출의 증대라면, 제일 먼저 생각해야 할 사항이 몇 가지 있다. 중요한 결정 중 하나는 당신의 블 로그에 적합한 도메인을 빨리 결정하는 것이다. 또는 회사 웹사이트의 같은 도메인 하위에 호스팅되는 것을 진지하게 생각해봐야 한다. 예를

들면 37시그널즈37signals 웹사이트는 *www.37signals.com*을, 시그널 vs. 노이즈Signal vs. Noise 블로그는 *www.37signals.com/svn/*의 도메인 주소를 사용한다. 이러한 주소 설정은 방문자가 블로그를 방문할 때 그들은 이미 메인 사이트의 범위 안에 있으며 관련된 사람들로부터의 인바운드 링크는 구글주스를 메인 사이트까지 추가할 수 있는 이점이 있다. 이것은 호텔 내에 있는 유명 레스토랑과 비슷하다. 레스토랑에 식사를 위해 방문하는 사람들이 더 많아질수록 전체 호텔의 노출도 역시 증가하기 때문이다.

이러한 배치는 블로거Blogger, 워드프레스WordPress, 또는 타입패드 TypePad[6]의 계정을 생성하기 위해 단지 회원 가입을 하는 것보다는 좀 더 복잡하다. 우선 현재 웹사이트의 운영팀과 협의하여 가능 여부를 파악해야 한다. 또한 쉽고 저렴한 블로그 호스트 서비스는 일반적으로 이러한 서브도메인을 취할 수 없으므로 워드프레스 또는 무버블 타입 Movable Type[7]의 고급 블로깅 도구의 적용을 고려해야 한다. 제 4 장 '독자들을 위한 블로그 설계'에서 이러한 옵션들에 대해 더 자세히 알아보기로 하자.

또한 당신은 얼마나 많은 방문자들이 블로그를 통해 메인 사이트로 유입되는지 추적하는 로그 분석 시스템을 원할 것이다. 당신의 웹마스

6　타이프패드(TypePad)는 2003년 10월에 시작하여 식스어파트에서 서비스를 운영중인 무버블 타입의 유료 블로그 서비스다.

7　무버블 타입(Movable Type)은 캘리포니아 주에 기반을 두고 있는 식스어파트(Six Apart)사에서 개발한 웹로그 플랫폼.

터나 기술팀은 이러한 측정을 위해 서버 로그 정보를 사용할 수 있다. 이처럼 방문자를 추적할 수 있는 다른 도구들에 대해서는 이 장 마지막에서 알아볼 것이다.

02. 홍보 PR 중심의 블로그

당신은 성공의 길에서 비틀거리며 멀어 져버린 경험이 있는 기업에서 일하고 있는가? 또는 당신의 기업은 기술적인 결함 또는 다른 문제를 포함한 제품들을 부주의하게 판매한 적이 있는가? 이런 상황들에서 발생하는 많은 부정적 이미지의 문제들은 조직에 '인간적인 측면'을 부여함으로써 해결할 수 있다. 그리고 가장 좋은 방법 중에 하나는 재미있고 사교적인 직원에게 그들이 무엇을 하고 어떻게 고객만족을 위해 주의를 기울이고 있는지에 대해 글을 쓰도록 하는 것이다.

물론 당신은 홍보 PR 중심 블로그의 혜택을 위해 이미지 문제를 가질 필요가 없다. 많은 중소 기업들을 위해특히 인쇄, 라디오 또는 TV광고를 할 여유가 없는 인터넷 비즈니스는 비즈니스의 '공적인 측면public face'을 고객들과 잠재 고객들에게 제공한다.

■ 위기 관리

블로그는 당신의 기업과 제품들의 홍보에 관련된 글을 쓸 수 있는 이상적인 장을 제공하는 플랫폼인 동시에 다른 사람들로부터의 부정적인 의견에 대응할 수 있는 중요한 채널 역할을 한다.

몇몇의 유명 기업들은 제품의 결함이나 서비스에서의 실수 때문에 성난 블로거들의 분노를 경험하였다. CBS 뉴스CBS news, Sony BMG, 알라스카 에어라인Alaska Airlines, 그리고 델Dell사는 모두 그들에게 비판적인 블로거들에 대한 대응 방법 때문에또는 대응하지 않았기 때문에 중요한 PR 위기에 직면했던 적이 있었다.

이러한 기업들은 블로고스피어 내의 비판자들이 주요 언론에까지 큰 영향을 미칠 수 있다는 사실을 어렵게 깨닫게 되었고 블로그에 대한 이해 부족 때문에 모두 신문 1면에 곤란한 문제가 폭로되었다.

상기의 기업 사례에서 기업은 비난에 대해 블로그나 코멘트로 대응하기 보다 의도적으로 피했다. 이러한 침묵은 블로거들의 추측과 비난을 점점 확대, 재생산시켰다. 일부 경우에는 결국 언론에까지 보도되었으며 이는 적절한 대화 통로나 시기를 놓친 결과이다.

결과적으로 말하면, 블로거들을 면밀히 지켜보고 정직하고 빠르게 이들의 비난에 대응할 권한을 가진 인원이 필요하다. 이것은 몇몇의 조직에게는 무리한 요구가 될 수 있으나 요즘과 같은 신속한 커뮤니케이션의 시대에 반드시 필요한 것이다.

블로고스피어는 정직하고 빠르게 대응하는 기업에게 매우 관대하다. 제 7 장에서 블로고스피어를 어떻게 모니터링하는지 그리고 당신의 블로그에서 어떻게 블로거의 코멘트에 응대하는지에 대해 더 자세히 알려줄 것이다.

■ 평판과 인지도 관리

IBM은 10년 동안 효과적으로 스마트한 이미지를 지켜왔다. 그들의 오랜 모토인 "Think"는 IBM의 집중적인 핵심이 컨설팅 서비스임을 생각해보면 오늘날 더욱 시기 적절하다. IBM은 11,000개의 블로그를 장착하여 블로깅에 뛰어들었다. 그들의 의도는 웹 상에 논평을 하기 위해 가능한 많은 IBM 블로거들을 보유하는 것이었고, 현재는 공식적으로 그들은 320,000명의 스텝과 실무자들에게 포스팅을 하도록 장려하고 있다.

왜 거대한 다국적 기술회사들은 직원들이 업무에서 벗어나 그들의 제품, 기술, 이슈 그리고 전문적 기술 지식에 관해 공개적으로 얘기하는 것을 원하는 것일까? 중요한 이유 중 하나는 IBM의 과학자, 기술자, 그리고 스텝들이 '사고의 리더thought leaders'로서 자리매김하기를 원하기 때문이다.

사고의 리더십을 통해 당신의 기업이 다른 기업과는 다르게 산업 전문가들, 혁신가들, 그리고 영향력자들이 모인 조직이라는 점을 부각시킬 수 있다. IBM 전략 커뮤니케이션 부회장 마이크 윙Mike Wing은 인터뷰에서 "IBM은 전문적 기술과 협력적인 혁신을 근본으로 하는 회사이다. 이것이 기본적인 회사의 비즈니스 모델이다"라고 말했다.

사고의 리더십은 종종 기업이 블로깅을 채택할 때 조직이 찾는 중요한 브랜딩 요소이다. 기업 블로거를 대상으로 2005년 백본Backbone 미디어가 조사한 설문에서 73%가 사고의 리더십을 그들이 블로그를 하는 '주된 이유' 또는 '매우 중요한 이유'로 꼽았을 정도였다.

IBM은 원래 핵심 개발자 관련 그룹에 의해 운영되는 여러 블로그를 통해 공개되었다. 의도는 사외의 소프트웨어 프로그래머들에게 지원과 인사이트를 제공하는 것이었다. 이러한 디벨로퍼워크DeveloperWorks 사이트*www.ibm.com/developerworks*는 매일 수천 명의 고객들과 파트너들이 방문하는 20개 이상의 블로그들로 현재 운영 중이다.

이러한 성공들은 IBM이 모든 직원들에게 블로깅에 참여할 수 있는 권한을 부여하고 장려하는 일련의 블로깅 가이드라인[8]을 만들게 하였다. 그 결과 2005년 5월 전사적인 노력을 공식적으로 론칭하였다.

긍정적 이미지를 촉진하고자 하는 많은 조직들은 핵심 직원에게 블로그를 운영할 것을 요청한다. 이러한 작업은 포괄적인 정책과 시스템의 적용이 필요하며 블로그에 대한 신중한 모니터링은 필수적이다.

사고의 리더십을 지향하는 대부분의 블로그들은 기업의 직접적인 또는 잠재적인 고객들에게 읽혀지는 대신 종종 다른 블로거들 또는 언론사 직원 같은 영향력 있는 사람들을 향해 그들이 사고의 리더로서 계획하고 있는 것에 대해 글을 쓰고 그것에 대해 지원하기를 바란다.

정리하면 이미지를 관리하는 블로그에서 당신의 기업이 얼마나 스마트하고, 혁신적이며 봉사하는지 보여 주는 주제에 관해 핵심 직원이 포스트를 작성하고 또한, 다른 블로거의 포스트에 대응하기 위한 권한을 부여하는 것이 필요하다. 이러한 블로그의 포스트 제목의 예를 들어보면 '방금 우리는 승인을 위해 특허청에 새로운 제조 공정을 제출

---

8 IBM사는 임직원들에게 소셜 컴퓨팅 환경에서 임직원들에게 준수하여야 하는 규칙을 제정, 공지하고 있다. http://www.ibm.com/blogs/zz/en/guidelines.html를 참조하라.

하였다'가 될 수 있다.

03. 고객 서비스 중심의 블로그

우리는 블로그 기술이 제품을 판매하는 것을 도울 뿐만 아니라 이미 구매한 고객의 고객 서비스Customer Service 지원을 도울 수 있는 대화를 가능케 한다는 것을 알고 있다.

비즈니스 블로그는 상호 교류가 가능한 뉴스레터와 유사하다는 것을 기억하라. 블로그의 코멘트 기능 덕분에 일반적인 문의하기contact us 기능보다 더 친숙하게 고객들과 상호적인 의사소통을 할 수 있다. 또한 제품에 대한 포스트는 일반적으로 자주 받는 질문에 대한 대답과 또는 이전에 제기되었던 이슈에 대한 해결책을 제공할 수 있다.

에단 J.A 슈노버Ethan J.A.Schoonover의 블로그를 통해 프로젝트 매니지먼트 어플리케이션이 제작되고 배포된 킨크리스 GTDKinkless GTD(www.kinkless.com)는 고객서비스 중심 블로그의 좋은 사례이다. 에단은 그의 블로그를 통해 소프트웨어의 홍보와 판매뿐만 아니라 사용자들을 지원하였다. 사용자 가이드와 온라인 도움말은 블로그 포스트를 기본으로 제작되며 독자들은 이런 포스트에 코멘트를 통해 부가적인 정보를 제공한다그림 2.2. 만약 킨크리스 GTD 사용에 관한 질문이 있다면 블로그를 검색해 쉽게 대답을 찾을 수 있다. 고객 서비스 중심의 킨크리스 블로그는 더 나아가 사용자들의 커뮤니티를 구축하고 있다.

그림
2.2 킨크리스GTD 프로젝트 매니지먼트 어플리케이션은 그들의 블로그를 통
해 전적으로 지원받고 있다. 고객들은 대답을 찾기 위해 블로그의 자주
묻는 질문 FAQ을 살펴보고 또는 새로운 코멘트를 등록하고 다른 고객들
로부터 대답을 받는다.

퀵북스QuickBooks 온라인 판의 총관리자인 폴 로젠펠드Paul Rosenfeld는
고객 서비스 중심 블로그의 다른 사례인 더 퀵북스의 온라인 블로그를
개설하여 고객 지원을 제공했다. 그의 그룹이 제작한 많은 포스트들은
어떻게 하면 소프트웨어를 더 잘 활용할 수 있고 또는 문제를 해결할
수 있는지 토론한다. 또한 더 퀵북스 블로그그림 2.3는 고객들의 성공 스
토리를 공개하고 토론 그룹들처럼 다른 지원 방법들로 방문객들을 안
내할 수 있는 링크들을 종종 업데이트한다.

인튜이트Intuit사의 고객 만족도 조사는 여러 방면에서 이뤄지는데, 온
라인판이 제일 높은 점수를 받았다. 폴 로젠펠트는 그러한 성공에서

그림　퀵북스QuickBooks 온라인 블로그는 퀵북스의 온라인 지원을 위한 웹 상
2.3　　의 가장 훌륭한 옵션 중의 하나이다.

블로그가 중요한 역할을 했다고 말한다. '우리는 어떻게 비즈니스를
관리하는가'라는 제목의 포스트에서 '과거에 인튜이트사의 출시 예정
데스크탑 버전 제품에 대한 기밀유지 정책 때문에 불쾌했었지만 폴 로
젠펠드의 고객 참여 접근 방식은 마치 한줄기 햇살과 같았다'라는 퀵
북스 고객의 코멘트를 인용했다.

04. 효과 측정

당신이 블로깅의 주제를 정하고 초기 목표를 설정한 후에 어떻게
성공여부를 판단할 것인가? 일반적인 블로그 평판을 양적으로 측정하
기는 어렵지만 적어도 얼마나 많은 사람들이 당신의 블로그에 관심을

가졌는지 판단할 수 있는 방법들이 있다.

이번 장에서 언급한 블로그 접근법의 경우, 대부분 기업과 기업의 제품에 관한 블로그 내의 언급들, 더불어 인바운드 링크에 대한 언급 모두 도움이 될 것이다. 경쟁자나 파트너사의 웹사이트 또는 블로그의 로그를 분석하는 것도 블로그의 초기 목표치를 설정하는 데 유용하다.

예를 들어 당신의 첫 목표는 블로그를 개설한지 몇 개월 이내에 구글 검색결과에서 'ACME 위젯ACME Widget' 키워드의 노출을 늘리는 것이 될 수 있을 것이다.

> **Tip** 구글 검색에서 따옴표(" ")를 사용한다면 ACME Rocket Sled Corporation in Widget, Oklahoma에 대한 페이지를 찾을 수 없다. (구글에서 검색어 앞뒤에 따옴표(" ")를 추가하는 것은 검색어 구문과 정확히 일치하는 결과를 얻고자 할 때 사용한다.)

매우 유용하지만 좀 더 복잡한 구글 검색으로 인바운드 링크를 추적하는 방법도 있다. 당신의 웹사이트에 얼마나 많은 다른 페이지들이 인바운드 링크되어 있는지 구글에서 찾아보려면 단지 'link:' 구문을 웹사이트 메인 도메인 바로 앞에 붙여 검색하면 된다. 예를 들어 만약 웹사이트 URL이 *www.mybusiness.com* 이라면 *link:www.mybusiness.com*을 구글 검색창에 입력하고 검색하면 인바운드 링크의 수를 알 수 있다. 또한 인바운드 링크가 연결된 페이지를 확인할 수 있고 방문할 수도 있다. 또는 같은 결과를 구글 고급검색 서비스[9]에서 페이지 지정 검색에 링크페이지 검색 영역에서 URL을 입력함으로써 얻을 수도 있다.

구글이 일반적으로 웹사이트들을 검색한다면 테크노라티Technorati[10]는 블로그와 블로그 사이의 연결을 전문으로 추적하는 검색엔진이다. 그림 2.4에서 보여지는 상위 100위 안의 인기 블로그들은 블로그들 간의 양방향 링크를 기준으로 한다. 가장 많은 링크를 가진 블로그가 가장 인기 있는 블로그인 것이다. 또한 테크노라티의 순위를 분석하는 것으로 당신의 블로그가 얼마나 잘 운영되고 있는가를 알 수 있다.

| 그림 2.4 | 블로거들은 테크노라티를 통해 블로고스피어의 새로운 소식과, 그들의 블로그의 순위와 얼마나 많은 링크가 연결되었는지를 확인하고 인기 있는 화제를 발견한다. |

---

9 구글 검색엔진은 보다 정밀한 검색을 위해 http://www.google.co.kr/advanced_search?hl=ko에서 다양한 검색 옵션을 적용한 결과를 제공하고 있다.

10 테크노라티(Technorati)는 블로그를 전문적으로 검색하는 검색엔진.

대부분 웹사이트 호스팅 서비스에서 제공되는 서버의 로그 데이터
는 당신의 블로그를 통해 당신의 온라인 쇼핑몰을 방문한 방문자 수와
구매내역을 추적할 수 있다. 이러한 로그 분석은 아날로그Analog 또는
웹브라이저Webalizer와 같은 프로그램을 활용하여 얻을 수 있다. 또는 이
러한 분석을 당신의 호스트 서비스 업체나 웹 운영팀에게 요청할 수도
있다. 구글은 유용한 로그 분석 서비스[11]를 무료로 제공하기 시작했다.
이 서비스는 그림 2.5 참조 트래픽의 개별 분석을 제공하고 방문자가 블로
그를 방문하여 한 행동을 모니터링한다. 이러한 로그 분석 서비스를
적용하기 위해서 구글 계정을 만들고 간단한 프로그래밍 코드를 복사
하여 블로그에 삽입하기만 하면 된다.

그림
2.5
구글 애널리틱스Google Analytics 서비스는 강력한 분석 리포팅 기능을 무
상으로 제공한다.

---

11 구글에서 제공중인 무료 웹로그 분석 서비스 http://www.google.com/analytics/ko-KR/

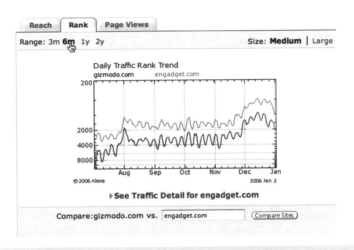

　　서버 로그 분석 방식은 웹사이트의 방문자 수에 대한 데이터를 제
공하는 반면 다른 사이트예를 들면 경쟁사이트의 트래픽 비교 정보를 제공하
지는 않는다. 만약 그런 트래픽 비교 정보가 필요한 경우에는 알렉사
Alexa(www.alexa.com) 사이트를 활용하라. 알렉사 사이트그림 2.6 참조는 알렉사
툴 바 어플리케이션을 설치한 사람들의 서핑 데이터를 추적하여 당신
의 사이트와 다른 사이트의 트래픽을 비교하여 정보를 제공한다.

　　알렉사 차트에서 보면 유명한 가제트 블로그 기즈모도Gizmodo는 상위
1,500위 내의 사이트이고, 이 사이트의 경쟁자 엔가젯Engadget은 상위
1,000위 이내로 더 인기 있어 보인다.

　　블로깅을 시작하기 전에 블로깅을 통해 이루고자 하는 목표와 목표

에 대한 성공 여부를 측정할 수 있는 방법에 대해 정의를 내리는 시간을 가져야 한다. 만약 당신이 사전에 목표를 설정하였다면 어떤 시스템을 적용할 것인지, 어떤 주제에 관하여 포스팅할 것인지, 어떻게 쓸 것인지에 대해 쉽게 결정할 수 있을 것이다.

05. 지금 블로깅을 시작하라

우리는 지금까지 성공한 대다수의 블로거들이 블로깅에 관심이 있는 기업인들에게 "그냥 뛰어들어 시작하세요"라고 얘기하는 것을 많이 들어왔다. 첫눈에 보아도 이러한 전문가들은 논리적이지도 용의주도해 보이지도 않는다. 그들은 데이터를 모으고, 활동 무대를 조사하고, 목표를 확립하고 그리고 실행을 계획하라고 사람들에게 충고해야 하지 않은가? '그냥 뛰어들어 포스팅을 시작하라'는 조언은 충동적이고 어쩌면 무책임하기까지 하지 않은가?

이러한 전문가들은 세련되고 강력한 새로운 매체로 포브스(Forbes) 전면에 게재된 것처럼 브랜드들을 파괴하고 사상자를 내는 블로고스피어를 이야기하면서 반면에 "계획하지 말고 단지 실행하라"라고 얘기하는 것은 확실히 이상하게 보일 수 있다.

그러나, '지금 블로깅을 시작하라'라는 조언은 정말로 주의 깊게 생각하고 능력 있게 실행된 비즈니스 블로깅 전략과 많은 부분 일치한다. 전문가들의 조언처럼 단순히 당장 뛰어들어 '시작하는' 블로그를 설계하고 개설하고 포스팅함으로써 얻는 경험들은 정보에 근거한 비스니스 블로그 전략의 필수적인 개발 단계인 '데이터 수집'에 중요한 요소이다.

기업의 블로그 개설 유무를 결정할 수 있는 위치에 있는 사람들은 적어도 자신의 소규모 블로그를 만들어보고 프로세스가 어떠한지, 도구가 어떻게 작용하는지에 대한 느낌을 가질 필요가 있다.

바꾸어 말하면, 어느 정도 적절한 블로깅의 직접적인 경험을 가질 때까지는 효과적으로 블로그를 계획을 할 수 없다라는 이야기이다. 기업이 아직 공식 블로그가 필요하지 않는 상황이라도 핵심 의사 결정자들은 적어도 계정을 확보하고 그들의 관심 분야_{애완동물. 즐겨 찾는 식당 또는 읽}에 대해 포스팅을 시작해야 한다. 이러한 블로그들은 처음에 공개적으로 운영하지 않아도 된다. 많은 블로그 서비스들은 비밀번호로 보호되고 심지어 검색엔진의 수집도 제한할 수 있는 비공개 기능을 제공한다.

성공적인 블로거가 되는 길은 훌륭한 수영 선수가 되는 과정과 비슷하다. 전문가로부터 읽고 듣는 것은 시작에 불과하다. 당신은 수영장에 들어가야 하고 그것은 빠르면 빠를수록 좋다! 당신이 잠시 동안 얕은 가장자리 주변에서 첨벙거리며 헤엄치고, 그것에 대한 느낌을 얻게 되면, 이제 당신은 깊은 곳에서도 수영하고, 물위로 머리를 내놓는 방법을 더 잘 이해할 수 있다. 결국 당신은 바다에서도 머리를 들고 파도를 즐길 수 있게 될 것이다.

'지금 블로깅을 시작하라'는 전략은 대부분의 비즈니스에 주요한 위험요소처럼 보일 수도 있다. 그러나 다음과 같은 시나리오를 생각해보자.

당신은 많은 결제를 거쳐야 하는 대기업에서 근무하고 공적인 커뮤니케이션은 SEC 규칙SEC regulation[12]과 군사안전 보안 등과 같은 까다로운 규정에 의해 제한을 받는다고 가정해보자. 이러한 경우 최고 경영 간부에 의해 운영되는 공개 블로그의 개설은 불가능하다고 생각할지 모른다. 그러나 바로 이것이 정확하게 보잉사가 겪었던 과정이다.

■ 먼저 시작하라, 그러면 차차 좋아질 것이다

보잉사의 최고의 웹디자이너 크리스 브라우닝Chris Brownrigg은 2005년 초에 커머셜 에어플레인즈 커뮤니케이션Commercial Airplanes Communications사로부터 '블로그 개설'을 요청 받았다. 당시 보잉사는 가장 중요한 경쟁자인 에어버스Airbus사의 800석 여객기의 론칭 소식을 접수한 언론매체들의 관심을 자사로 돌릴 필요가 있었다. 보잉사 홍보부서에서는 Sun사와 GM사와 같은 다른 기업들의 블로그를 주시했고 그 결과 블로그가 해답이라는 결론을 내렸다. 그들은 크리스에게 이틀 내에 블로그가 어떻게 운영되는지 알아내고, 어떻게 제작하는지 배우고, 개설까지 준비하라고 요청했다. 그는 바로 포스팅이 가능한 블로그 사이트 제작을 위해 기존의 웹디자인 방식을 사용하였다.

보잉 커머셜 에어플레인 컴퍼니Boeing Commercial Airplane Company사의 마

---

12 투자자 보호 및 증권거래의 공정성 확보를 주목적으로 하는 미국 증권거래위원회 (Securities and Exchange Commission)의 연방증권법을 시행하기 위한 제규칙.

Randy's Journal
The Worldliner on a roll

18 February 2005

On Tuesday, we held a small party for about 5,000 of our closest friends - employees, airline representatives, suppliers, international media, government and community leaders - at the plant up in Everett, WA. I guess you could call it a coming-out party for the 777-200LR, a new airplane we've dubbed "Worldliner."

It's always an exciting time when we roll out a new airplane, because it doesn't

| 그림 2.7 | 보잉사 블로그의 처음 버전. 사이드바가 없었고 *www.boeing.com*의 네비게이션 요소를 포함하는 반면 검색 기능은 없었다. |

케팅 부회장인 랜디 바셀러Randy Baseler가 운영하는 랜디스 저널Randy's Journal은 보잉사의 입장을 알리고 그들의 제품으로 관심을 돌리는 데 성공하였다.

비록 보잉사의 블로그가 견실한 홍보 활동에는 성공했지만 초기에는 코멘트, 독립 주소, RSS 피드, 관련 링크 등 블로그의 일반적인 특징들이 없다는 비난을 받았었다. 그림 2.7은 이러한 초기 버전의 보잉사의 블로그이다.

보잉사는 블로고스피어에서 거론되는 비판에 건설적으로 대응해야 한다는 사실을 알아챘다. 이에 빠르게 블로그 구조를 개편했고 다음 버전 개발을 위해 바이런Byron의 텍스투라 디자인Textura Design에 작업을 의뢰했다다음 버전은 그림 2.8 참조.

이것은 보잉사를 위한 중요한 조치였다. 보잉사가 블로고스피어의 의견에 얼마나 주목하고 대응하는지를 효과적으로 보여줬을 뿐만 아니라, 비평에 효과적으로 대응하는 경험을 갖게 되었다.

정통한 독자들은 보잉사 블로그의 새로운 버전을 환영하였고 블로그는 처음 버전보다 더 많은 트랙픽을 유도하고 구글 검색순위에서도 상위에 노출되었다.

보잉사의 블로그는 블로그를 시작하고 난 후에 어떻게 전략과 계획을 수립할 수 있는지 잘 보여 준 사례이다. 이전 닷컴 기업들은 '먼저 시작하라 그러면 차차 좋아질 것이다'라는 주장을 하였고 보잉사의 사례가 바로 그 말을 실제로 증명하였다.

완벽한 계획없이 당장 블로그를 시작하는 것이 두려운가? 규모가 큰 사업은 비즈니스 전문가 톰피터스(Tom Peters)의 '준비, 조준, 발사'라고 불리는 접근방식에 잘 맞지 않는다. 대부분 관리자들은 데이터 수집, 계획, 여론조사 그리고 실행이라는 신뢰할 수 있는 시나리오를 선호한다.

이러한 전통적인 기업 모델을 따르지 않은 기업이 바로 구글이다. 대부분의 사람들은 2001년경에도 투자를 받은 지 2년이 지나서도 구글의 창업자가 아직도 비즈니스 수익 모델을 정하지 않았다는 것을 알지 못했었다. 결국 수십 개의 다른 아이디어 중에서 광고 게재를 통해 이익을 내기로 결정하였다.

구글이 비즈니스 모델을 정하고 검색엔진의 승자가 되기까지 수백만 달러와 수년의 시간을 투자했다는 것을 감안해 보면, 당신은 기업의 완벽한 블로그 솔루션을 구축하기 위해 어느 정도의 비용과 시간을 투자하는 것에 죄책감을 전혀 느낄 필요가 없다.

비록 보잉사가 처음부터 모든 것을 제대로 갖추지는 못했지만 그것은 시작으로는 좋았고, 그 후에 적절한 변화로 빠르게 대응하였다. 이것은 많은 결정 과정을 거쳐야 하는 대기업도 부담 없이 시작할 수 있고, 배울 수 있고, 바꿀 수 있다는 것을 보여 준 것이다.

보잉사는 첫 번째 블로그가 너무나 성공적이어서 777-200LR의 비행 시험을 위해 다른 블로그를 개설하였으며 그 후에도 더 많은 블로그를 계획하였다.

여기서 중요한 점은 블로그 개설을 위해 계획도 없었고 주주회의를 거치지 않았으며, 순서도와 구조도를 그리지도 않았다는 점이다. 보잉사는 단지 블로깅을 시작했다는 것이다.

이 책을 읽는 것과 경험 있는 블로거들과 대화하는 것은 분명히 블로고스피어에서 성공하는 데에 도움이 될 것이다. 그러나 당신이 해야 하는 가장 중요한 것은 무료 블로그 서비스에 계정을 개설하는 것이고 스스로를 위해 테스트 블로그를 시작하는 것이다. 재차 우리는 지금 바로 블로그를 시작하라고 충고한다. 그 작업은 단지 몇 분도 걸리지 않는 단순한 작업이다. 그리고 그러한 경험을 거쳤을 때 이 책에서 더 많은 것을 얻을 수 있을 것이다. 지금 시작하고 실천하라. 우리는 당신이 이 책에 대해 포스트하고 당신의 블로그가 훌륭하게 성장하는 동안 기다릴 것이다.

다음 장에서는 성공적인 블로그를 위해 필요한 요소에 대해 알아보자.

비즈니스 블로그의 기획

블로그를 개설하는 것은 웹사이트를 개설하는 그것과는 여러 가지 면에서 많이 다르다. 간단히 설명하자면 웹사이트는 모든 컨텐츠 및 설계를 완성한 후에 공개를 하고 블로그는 최소한의 설계와 컨텐츠로 시작하여 지속적으로 모니터링하고 대응하며 운영하는 것이 차이점이라 할 수 있다. 이틀 만에 개설하여 고객들의 비난을 빠르게 모니터링하고 건설적으로 대응하여 성공한 보잉사의 기업 블로그 랜디스 저널 Randy's Journal의 사례를 참조하라.

그러나, 빠르게 개설하고 완성해가는 블로그에도 전략적인 기획의 단계는 필요하다. 특히 기업의 입장을 대변하는 비즈니스 블로그의 경우, 전략적 기획의 단계야 말로 블로그의 성패를 좌우할 수 있는 중요한 과정이다. 다음과 같은 단계로 비즈니스 블로그의 전략적 기획을 수립해보자

1. 블로고스피어에서 브랜드나 제품, 서비스명을 검색해보자

현재 블로고스피어 내에서의 당신 기업의 평판이나 제품, 서비스의 평가를 모니터링하고 경쟁사의 평판과 블로그 현황을 벤치마킹하는 과정이다. 여기에서 또 하나 집중해서 찾아야 할 것은 고객들은 당신의

기업에게 현재 어떠한 이야기를 듣고 싶어하는지 파악하는 것이다.

2. 개설하고자 하는 비즈니스 블로그의 목표를 설정하라

블로고스피어를 모니터링하였다면 이제 당신의 기업이 블로그 활동을 통해 궁극적으로 얻고자 하는 것이 무엇인가 설정해야 한다. 이 때 주의할 것은 측정 가능한 수치로 목표를 설정하는 것이 추후 블로그 성과를 분석하는 데 효과적일 것이라는 점이다.

3. 비즈니스 블로그의 주제와 이름, 도메인을 결정하라

비즈니스 블로그의 목표가 설정되었다면 이제는 개설하고자 하는 비즈니스 블로그의 주된 주제를 결정하라. 하나의 블로그에 한 가지 이상의 주제가 공존할 수 있지만 그래도 중심 주제를 결정하는 것이 중요하다. 주제가 결정되면 그에 적합한 블로그의 이름과 도메인을 선점하라. 블로그 도메인 결정 시에는 구축 시 이용할 블로그 서비스에서 희망하는 도메인과 동일한 아이디가 사용가능한지 확인하라

4. 비즈니스 블로그에서 무엇을 어떻게 이야기할지 구체화하라

블로그의 주제가 결정되면 개설하고자 하는 비즈니스 블로그를 통해 어떤 이야기를 할 것인지 블로그 카테고리를 설정하면서 구체화하라. 카테고리는 고객들이 당신의 기업에게 듣고 싶은 이야기, 당신의 기업이 고객에게 하고 싶은 이야기, 기존의 마케팅 홍보자료를 활용할 수 있는 이야기, 타겟 고객들의 관심사와 관련된 이야기 등을 담을 수

있도록 설정하라.

5. 비즈니스 블로그의 운영팀이나 화자를 결정하라

블로그 주제와 카테고리에 맞는 화자 또는 운영팀을 구성하는 단계이다. 카테고리별 주요 담당 화자와 카테고리별 업데이트 일정까지 결정하는 것이 좋다.

6. 비즈니스 블로그를 시작하라

이제 결정된 기획을 적용하여 바로 비즈니스 블로그를 구축하라. 비즈니스 블로그는 개설 후 초기 6개월이 위기이고 중요한 시점이니 개설 이후 블로고스피어의 반응을 항상 듣고 반영하라.

물론 기업의 규모, 성격과 문화에 따라 달라질 수 있지만 가능한 한 위의 최소한의 전략적 기획의 단계를 거쳐 블로그를 개설하는 것이 좋은 방법이다. 블로그가 아무리 운영 중에 수정 보완이 가능한 유연성을 지닌다 하여도 위의 단계의 결정들은 운영 중에 수정을 하게 되면 블로그의 방향성에 영향을 미칠 수 있으므로 신중히 결정하는 것이 좋다.

BUSINESS BLOG

Chapter **03**

블로그 소요 비용, 소요 시간

블로그
소요 비용, 소요 시간

만 약 우리가 제안한대로 '첫' 블로그를 시작하였다면 블로고스피
어에서 최소한의 존재를 유지하기 위해 당신 또는 당신의 팀이
무언가를 해야 한다는 것을 알 것이다. 지금쯤이면 눈치챘겠지만, 블
로깅은 꽤 단순하지만 노력이 필요한 것이다.

많은 블로거들이 힘들게 배웠듯이, 지원하는 자원이 부족한 블로그
는 좋은 아이디어를 형편없이 만드는 상황으로 몰아갈 수도 있다. 페
르세우스 주식회사Perseus Development Corporation는 2004년 실시한 조사에
서 66%의 블로그가 두 달 동안 전혀 업데이트를 하지 않았으며 거의
300만 개의 블로그가 방치되고 버려지는 것으로 나타났다. 당신의 블
로그가 이러한 운명이 되지 않으려면, 회사의 자원과 문화를 확인하고
그것들을 적당히 조율하는 것이 필요하다.

이번 장에서는 비즈니스 블로거들이 고려해야 할 자원의 필요성과 어떻게 블로깅 시작을 위해 합의를 도출할 것인지에 대해 알아볼 것이다.

01. 블로그, 무엇이 필요한가?

많은 비즈니스의 시작이 그렇듯 블로그 기획 초기단계에서 고려해야 할 순환 논리가 있다. 비즈니스 블로그를 개설할 때 무엇이 필요한지 알기 전까지 회사 자원을 쉽게 요구할 수 없고, 역으로 활용 가능한 자원이 무엇인지 파악하지 못한 상태에서는 광범위한 블로그 캠페인 계획을 시작하기 어려운 상황, 즉 닭이 먼저냐 달걀이 먼저냐 하는 상황이 발생한다.

다행히도 블로깅을 초기 계획하는 작업에 매우 도움이 되는 블로그의 두 가지 특성 요인이 있다. 첫 번째는 블로깅의 이익을 얻기 위해 값비싸고 노동 집약적인 프로젝트가 필요 없다는 점이다. 블로고스피어에서는 적은 비용으로 구축한 블로그의 존재만으로도 좋은 수확을 얻을 수 있다.

두 번째는 소규모의 블로그를 대형 블로그로 확장하는 것은 생각보다 어렵지 않다는 점이다. 게다가 조직은 블로그또는 블로그 시리즈에 중요한 성장통을 겪지 않고도 존재감을 높이기 위해 더 많은 자원을 사용할 수 있다. 바꾸어 말하면, 블로깅은 내구소비재를 제작하는 것과는 다르다. 땅을 구입할 필요가 없고, 새로운 공장을 세우지 않아도 되고,

사업 확장을 위한 쇼룸 공간도 필요 없다.

제 1 장 '블로그란?'에서 직원이 블로그에 직접 참여할 필요가 없는 위험도가 낮은 두 가지 사례를 중심으로 유용한 비즈니스 블로깅 접근 방법의 종류에 대해 알아보았다. 이번 장에서는 팀원들이 포스팅과 비즈니스 블로그의 운영에 적극적으로 참여해야 하는 방법들에 대해 집중적으로 알아보자. 그리고, 각각의 방안 실행에 필요한 비용과 시간에 대해서도 알아볼 것이다.

일단 시나리오를 설정하고 나면 당신의 조직을 위한 현실적 방안과 계획수립에 대해서도 알아볼 수 있을 것이다.

■ 기본 블로그

대부분의 기본적인 레벨에서는 블로거, 타이프패드, 또는 블로그하버BlogHarbor[1] 등과 같은 무료이거나 비용이 저렴한 블로그 서비스를 이용해 최소한 일주일에 3~4번 포스팅하는 블로그를 운영하는 것이 가능하다. 만약 이보다 더 적게 포스팅하고 있다면 업데이트 빈도가 검색엔진의 검색 결과 순위 결정에 중요한 요소임을 기억하라. 결국 더 자주 포스트를 업데이트하는 것이 최고의 방법이다.

이러한 의무의 한 부분으로 다른 블로거들이 당신의 비즈니스에 대해 어떻게 이야기하는지 모니터링하고 그들의 포스트들과 코멘트에 대응하는 데 사용되는 시간을 포함하여야 한다. 이러한 부분은 제 8 장

---

1 무료 블로그 서비스 제공 사이트 http://www.blogharbor.com/

'블로그의 운영과 모니터링'에서 더 자세히 알아볼 것이다.

소규모의 초기 블로그는 호스팅 서비스 비용과 블로그를 유지하기 위한 주당 4~5시간의 관리 인력 비용에 대해 합리적으로 예산을 짜야 한다. 또한, 블로그를 개설하고 초기 기술을 습득하는 것에 대략 20시간을 투자해야 할 것을 예상해야 한다.

초기 블로그는 유용한 포스트를 만들기 위한 지식과 판단력을 가지고 비밀을 준수할 수 있을 만한 신뢰가 가는 직원 한 사람만 있어도 운영이 가능하다. 공식적인 블로그 운영정책을 가지고 있는 것은 좋은 방법이지만 신뢰할 수 있는 파트타임 블로거에 의해 운영되는 대부분의 기업들은 공식적인 운영정책을 마련하지 못하고 있는 것이 현실이다. 대신 '잘 판단하라'라는 비공식적인 운영정책이 있을 뿐이다. 예를 들면, 인터넷 전화통신 서비스 공급회사 스카이프Skype사의 관리자는 직원들이 회사 블로그, 쉐어 스카이프Share Skype(www.share.skype.com/sites/en)에 포스팅을 할 때 직원들이 스스로 잘 판단하여 작업한다는 것을 알고 있다. 직원들이 제품, 회사, 사용자 커뮤니티에 대한 좋은 아이디어를 공유하는 것으로 시작된 쉐어 스카이프 블로그는 적은 예산, 작은 노력이 투입되었지만 스카이프사의 직원들과 고객들 모두에게 많은 즐거움을 제공한다그림 3.1.

■ 풀타임 블로그
블로그의 성공을 목표로 몇몇의 기업은 많은 이익을 얻길 기대하며

그림 3.1　쉐어 스카이프Share Skype는 스카이프Skype사의 직원들과 그들의 고객들의 커뮤니티를 구축한다.

하나의 풀타임 블로그 또는 여러 개의 파트타임 블로그를 개설하였다. 두 가지 경우 확실하게 모두 기본 블로그에 비해 더 많은 시간과 노력이 요구되지만 더 큰 보상을 얻을 수 있다. 풀타임 블로그를 위해 한 명의 성실한 직원 또는 사이트에 기여할 수 있는 팀을 참여시킬 수 있다.

더 퀵북 온라인 웹로그는 팀으로 구성된 운영진을 보유한 단독 블로그의 사례이며, IBM의 디벨로퍼워크 블로그들은 기업 안에서 자신의 블로그를 운영하여 기업에 도움을 주는 개인 블로거들로 구성되는 사례이다.

어느 방식을 선택하든 많은 포스트 작성과 계획이 요구된다. 이러한 경우 이제 무료 블로그 호스팅 서비스 사용을 중단하고 단일 사용자

계정으로부터 다수의 블로그를 호스팅이 가능한 더 많은 기능을 가진 서비스에 비용을 지불해야 할 것이다.

여러 개의 블로그를 운영하는 경우에 좋은 방법은 독립 서버를 확보하는 것이다이것에 대해서는 제5장 '블로그 실행을 위한 도구'에서 더 자세히 알아본다. 이를 위해서 기술 인력의 확보 가능 여부와 전문 블로그 컨설턴트에게 지급해야 할 자금의 확보가 매우 중요하다.

더욱 복잡해진 블로깅 방식의 적용을 위해서는 공식 블로그 운영 정책이 필요하다. 따라서, 블로그 운영 정책을 수립하기 위해 시간을 배분하고 회의를 잠정적으로 계획한다정책 수립의 상세 부분은 추후 '가이드 라인과 정책의 수립' 부분을 참조한다.

이러한 풀타임 블로그의 주요 비용은 포스팅과 다른 사람의 포스트를 읽고 코멘트에 대응하고, 일반적인 계획과 정책을 수립하는 데 소요되는 운영진의 시간이다.

이 단계에서 잘 운영되는 조직은 머지 않아 구글주스에서 높은 점수를 얻고 유명 블로거들에게 많은 호응을 얻게 될 것이다. 우리가 풀타임 블로거로 생각하는 마이크로소프트사의 로버트 스코블Robert Scoble은 그의 노력으로 구글 검색 결과에 포스트가 상위 노출되어 하루에 수천만 명의 영향력 있는 방문자를 얻었다.

■ 블로그 후원
보잉사의 커넥션, 소니, 맥도날드와 같은 기업은 풀타임 블로그를 개설하는 대신 블로그들을 후원하는 방법으로 블로고스피어에 참여하였다. 우리가 1장에서 알아본 인플라이트HQ 블로그는 보잉사의 커넥션 서비스 홍보에 매우 효과적이었다. 그들은 비즈니스 여행자를 타깃으로 접근하기 위해 블로거들의 전문 지식에 의지하였다. 이러한 블로깅 작업 없이 다른 블로그를 후원하는 방식은 기업과 블로그 운영자, 그리고 광고대행사 간의 의견 조율이 필요하다. 만약 블로그 후원을 결정한다면 효과 분석을 위해 특별한 매트릭스와 트래픽 결과를 원할 것이다. 커넥션Connexion 사례와 같이 우리가 알고 있는 기업들은 블로그를 후원하는 것이 블로고스피어에 그들의 브랜드를 알리는 좋은 방법이라는 것과, 블로깅이 그들에게 얼마나 도움을 주는지 알게 되었다.

■ 전사적 블로그

블로그에 야심이 있는 일부 기업들은 직원들에게 블로그를 운영하기 위한 모든 권한을 주는 모험을 시도했다. 이러한 기업들 중의 하나인 썬 마이크로시스템즈는 35,000명 직원들에게 그들의 업무를 회사의 사전 허가 없이 공유하는 것을 장려하였다.

지금까지 1,000명의 직원들이 블로깅을 시작하였고, 썬사는 직원들의 블로그 관리를 위한 맞춤 시스템을 구축하였다.

당연히 썬사는 사내 블로깅 문화를 조성하고 부적절한 포스트가 공개되는 위험한 상황을 예방하기 위한 가이드 라인을 만드는 작업에 많은 시간과 노력을 투자하였다.

썬사와 같은 개념의 포괄적인 전사적 블로깅 캠페인의 진행은 특정 목적의 전용 호스팅 시스템을 구축하는 것과 그것을 가능하게 하기 위한 하드웨어와 소프트웨어를 모니터링하고 관리하기 위해 기술 스텝의 시간을 배정하는 것이 요구됨을 의미한다. 아마도 짐작건대 직접비용이 연간 수십만 달러의 범위일 것이다.

어쩌면 고용주에게 가장 큰 비용은 직원들이 귀중한 시간을 블로깅에 집중함으로써 발생하는 생산성의 손실이다. 당연히 어떠한 기업도 직원이 블로깅을 하는 데 모든 시간을 사용하는 것을 원하지 않는다. 단지 자신의 업무에 충실하길 더 바랄 것이다.

썬사는 이러한 문제에 관련한 정책을 가지고 있다. 썬사의 입장은 직원들에게 블로그에 사용하는 시간의 양을 제한하지 않는 반면, 블로깅을 하는 직원들의 업무량은 감소하지 않기를 바란다.

가이드 라인과 정책을 수립하라

당신이 고려해야 할 사항 중 하나는 블로그 운영팀과 함께 회사의 블로깅 정책을 결정하는 데 소요되는 시간 투자이다. 일부 기업은 블로그의 공식적인 정책을 제정하지 않았다. 정책을 마련하지 않는 것은 번거로운 일을 피하는 것이긴 하지만 적어도 당신의 블로거들에게 원하는 것을 확실하게 하고 싶을 것이다. 블로깅 가이드 라인을 제정하는 것은 매우 수월한 과정이다. 다행히도 이미 다른 기업들이 당신에게 토대가 될 작업을 해 놓았고 기존 가이드 라인들은 온라인을 통해 볼 수 있으며 경험상 초보 수준의 가이드 라인도 문제를 최소화하는 데 효과가 있다는 것이 입증되었다.

마이크로소프트사는 직원들의 블로깅에 관하여 공식적인 정책을 마련하고 있지는 않지만, 대부분의 직원 블로거들은 단순히 "어리석게 행동하지 마라(Don't be stupid)."라는 비공식적인 지침에 동의한다. 이와 유사하게 썬사의 블로깅 정책도 한동안 '미래예측과 관련된 언급을 자제하라- 다르게 이야기하면 다음

분기 재정 현황에 관하여 포스팅을 하지 말라'라는 단순한 것이었다.

당신은 리뷰를 위해 공개된 일부 블로깅 가이드 라인들을 살펴보기를 원할 것이다. 썬, IBM, 하버드 로스쿨Harvard Law School 그리고, 많은 조직들은 그들의 운영 정책을 누구든지 볼 수 있도록 공개 포스팅하였다. 심지어 몇몇의 경우에는 정책을 결정하기까지 과정을 문서화하여 공개하고 있다.

공통적인 규칙들

- 포스팅을 할 때에는 자신을 분명하게 밝혀라. 블로그 상에 당신이 누구이고 당신의 기업에서의 역할에 대해 명확하게 하라.
- 직원들에게 블로그 상에서 고용주의 입장을 표현할 필요가 없고 그들만의 시각으로 표현할 것을 인지하도록 하라.
- 기업, 다른 직원들, 고객들, 파트너들, 그리고 경쟁사(자)들에 대한 존중을 가지고 포스팅하라.
- 기밀이나 독점 정보를 폭로하지 않는다.
- 당신의 직무에 방해 받을 정도로 블로깅에 많은 시간을 사용하지 않는다.
- 기업 핸드북에 약술된 기업의 정책과 규칙을 따라야 한다.
- 모든 출판물은 당신의 상사 또는 기업의 홍보부서에 문의하라.
- 의문이 있을 시에는 당신의 상사에게 질문하라.
  이러한 일부 블로깅 가인드 라인을 살펴보려면 기업 블로깅 위키(The Corporate blogging Wiki(www.socialtext.net/bizblogs/)를 참조하라.

02. 자사의 자원, 장벽 그리고 문화를 평가하라

전 세계적으로 영향을 미치는 다른 마케팅 커뮤니케이션의 전략과 비교하면, 비즈니스 블로그를 개설하고, 성공적으로 유지하는 것은 그렇게 많은 것을 요구하지 않는 편이다. 당신의 목표, 소규모의 팀과 약

간의 시간, 컨텐츠에 대한 좋은 아이디어, 당신이 소속된 조직의 지원
만 있으면 가능하다.

블로깅을 시작하기 전에 당신이 활용 가능한 자원이 무엇인지 목록
화하고, 그 자원들이 작업을 완료하기까지 부족함이 없는지 살펴보아
야 한다. 지금부터 당신에게 필요한 것들에 대해 자세히 살펴보자.

■ 정기적이고 지속적인 포스팅

포스트들이 없는 블로그는 빌딩 없는 도시와 같다. 방문하고 싶은
마음도 들지 않고, 방문을 한다 하더라도 볼 것이 없다. 블로그는 독자
들그리고 검색엔진들!이 찾아오고 싶은 이유가 필요하다. 다양한 포스트들이
바로 그 해답이다. 운영자가 블로그에 흥미있는 포스트를 정기적으로
발행하고 있지 않는다면, 흔히들 이야기하는 블로깅의 장점들 대부분
이 사라지게 될 것이다.

가장 중요한 것은 당신의 독자들에게 알맞는 포스트를 제작하는 것
이다. 또한 검색엔진이 당신의 블로그가 활발하게 활동하고 있는 사이
트로 인식하게 하고 독자가 다시 방문하고 싶도록 충분히 자주 포스팅
하는 것이 매우 중요하다.

얼마나 자주 포스팅하는 것이 충분한지는 블로고스피어에서 활발하
게 논의되고 있지만 견해의 차이가 크다. 많은 트래픽을 얻는 다양한
블로거들과의 토론을 토대로 볼 때 일주일에 최소한 세 번 이상 포스
팅을 해야 하고 하루에 세 번 이상 포스팅하면 빅리그에 진입할 수 있
을 것이다.

■ 직원의 활용과 헌신

포스팅은 중요하다. 그리고 포스팅은 시간과 열정을 가진, 그리고 관련된 주제에 대해 쓰고자 하는 열의가 있는 사람을 의미한다. 그렇다고 우리는 여기서 지나친 헌신을 이야기하는 것이 아니다. 성공한 많은 블로그들은 매일매일 적은 시간만을 투자하는 열정이 있는 개인 덕분에 번창하고 있다. 당신은 그런 사람인가? 직원또는 관련된 사람 중에 그렇게 참여할 수 있는 사람이 있는가? 우리는 유명한 마케팅 관련 블로그들이 활발하게 활동하기 위한 노력으로 적어도 하루에 2시간 이상은 필요하다고 믿고, 이를 위해 블로그를 공식적으로 오픈하기 전에 정식으로 이를 전담하는 팀을 구성하는 것을 추천한다.

경험에 비추어보면 좋은 의도로 '기꺼이 돕고 싶다'라고 이야기하는 대다수 자발적인 지원자들은 절대로 시간을 따로 내지 못한다. 지원자들로부터 확답을 받고 지정된 매니저 또는 편집자에게 블로그의 운영 화자로서의 의무를 이행하고 있는지 확인하게 하라. 만약 기업이 금전적으로 지원할 수 있다면 블로깅에 대한 대가를 지불하거나 블로그를 전담할 직원을 고용하는 것이 좋은 방법이다.

■ 개방적인 사내 문화

블로고스피어에서 큰 성공을 거둔 것으로 알려진 대부분의 기업들은 개방적이고 투명한 기업 문화를 가지고 있다. 이러한 기업들은 일반적으로 '외부인들'이 기업의실무적인 운영을 관찰하고 심지어 의견까지 제공할 수 있도록 허용한다. 또한 열린 기업들은 그들의 활동을 널리 알리고 더 공개적으로 대화의 장을 허용하는 경향이 있다.

블로깅에 관해서 마이크로소프트사는 개방성의 문화를 가지고 있다. 마이크로소프트사는 소프트웨어 개발자들, 고객들, 그리고 다른 파트너들과 소통하기 위한 중요한 도구로써 블로깅을 선택했다. 마이크로소프트사는 지금 그들의 새로운 운영체제에서부터 인터넷 익스플로러의 글꼴과 같이 사소한 것까지 여러 다양한 주제에 관해 1,000개 이상의 블로그를 운영하고 있다. 이 블로그들 대다수는 발매 예정 제품들은 물론이고 심지어 회사 입장들과 다른 의견들에 대한 내용까지 담고 있다.

우리는 거의 모든 기업이 블로그를 할 수 있고, 또 해야 한다고 믿지만 분명히 일부 조직에서는 기업 블로그들이 제대로 운영되지 않을 수도 있다. 이러한 기업에서 보수적인 직원 또는 프로젝트들에 대한 토론의 내용을 담은 기업 블로그의 운영자들은 단지 문제가 되지 않을 범위에서만 블로그를 운영하고 있다. 여기에 공개적으로 회사나 그들의 제품에 대한 비판적인 외부인들의 코멘트를 접수하는 것은 대부분의 매니저에게는 상상할 수 없는 일이다.

대화 형식의 블로그에 대해 회사가 '말들이 많으면 회사가 망한다'와 같은 사고방식을 가지고 있다면 개방적인 블로그에 대한 생각을 접어라. 만약 당신의 회사가 기밀을 엄격하게 보호하는그리고 그것을 폭로한 블로거에게 변호사를 보내는 애플Apple사와 같은 스타일이라면 썬사와 마이크로소프트사와 같은 방식으로 블로그를 운영할 수 없다.

만약 회사가 매우 배타적인 문화를 가지고 있다고 판단되어도, 그것

그림
3.2 애플Apple사의 블로그는 대학의 라이프스타일에 관한 것이고 그들의 제품에 대해 토론한다. 이 사례의 핵심은 기업이 갖고 있는 문화를 유지하면서 현실적인 블로그의 시작을 계획하고 추진한 점이다.

때문에 블로깅이 불가능하다고 생각할 필요는 없다. 당신에게 활용 가능한 많은 선택권이 남아 있다. 규제가 심한 애플사의 문화에도 불구하고 성공적인 블로그는 있다. 이것을 잠재력이 있는 모델로 사용할 수 있다.

그림 3.2에 보여진 애플사의 블로그 중의 하나는 http://education.apple. com/students/blog/ 학생들을 위해 학교 생활과 애플 제품 사용에 관한 포스트를 제공한다. 애플사의 학생 블로그는 그들의 회사나 스티브 잡스 Steve Jobs에 관한 것이 아니라 커뮤니티에 관한 것이다. 애플은 또한 RSS처럼 블로그 관련 기술을 채택하였다. 최신 기술 업데이트 정보, 도움말 파일들, 지원 포럼을 포함한 그들 사이트 상의 거의 모든 서비

스가 구독 신청이 가능한 RSS 공급이 가능토록 하였다. 또한 애플사는 최상의 서비스 이용 방법에 대한 포스트를 포함하고 그들의 맥Mac 서비스에 관한 다른 블로그를 개설하였다. 즉, 애플사는 그들의 문화에 적합한 방식으로 블로깅을 이용하고 있다.

■ 경제적 자원들

하나의 블로그를 성공적으로 운영하기 위해 필요한 하드웨어와 소프트웨어는 얼마 되지 않지만, 인기 블로그를 유지하기 위해서는 필요한 포스트 수와 코멘트 모니터링에 들어갈 풀타임 인력을 필요로 한다. 다시 말해 블로그 운영에 투입하는 시간과 기회 비용이 상당할 수 있다.

게다가 회사가 전체 직원들에게 블로그를 권장하는 캠페인은 소프트웨어 라이센스 구입에 많은 비용이 소요될지도 모른다.

구체적인 안을 선택하기 전에 먼저 조사를 하라. 그리고 모든 비용 요소를 추정하라. 우리는 제 5 장에서 소프트웨어와 가격에 대해 더 자세히 알아볼 것이다.

03. 회사의 참여를 촉진하라

두려움은 동기를 유발하는 강력한 요소이다때로는 동기를 억제하기도 한다. 2005년, 선임 마케터들을 대상으로 한 조사에서 기업이 블로깅을 시작하지 않는 이유로 자주 인용되는 두 가지에 '기업의 메시지 조정 능력 상실에 대한 두려움' 그리고 '직원들이 작성할 내용에 대한 두려움'이 선정되었다.

이러한 두려움에는 근거가 있다. 실제로 구글, 델타 항공사Delta Air Lines, Inc., 마이크로소프트사 그리고 일부 기업들은 회사 기밀이나, 회사를 난처하게 만든 정보를 포스트했던 무책임한 직원 블로거들을 해고하였다. 물론, 이 일부 사례는 기업의 명예를 실추시키지 않으며 회사 관련 포스트를 정기적으로 업데이트하는 수백만 블로거들과는 분명히 다른 이야기이다.

분명히 블로깅으로 인한 위험은 있지만 통계나 우리의 개인적 경험에 비추어 볼 때 이러한 위험들은 기업의 블로깅에 대한 명확한 정책과 지속적인 모니터링, 피드백을 통하여 크게 줄일 수 있다.

이것은 상업적인 제트 비행의 시작과 유사하다. 제트 비행은 알루미늄 튜브 안에서 안전벨트를 맨 다음 가연성 기체의 점화로 당신을 6마일 상공으로 추진시킨다. 아마도 상당히 위험하게 생각될 것이다. 게다가 튜브가 수천 마일 떨어진 좁은 활주로에 도달하고 서서히 일렬로 하강한다고 생각해보라, 완전히 미친 소리처럼 들릴 것이다.

그러나 정확한 계획과 기술 덕택에 제트 비행을 하는 것은 안전해졌다. 기업의 블로깅도 이와 마찬가지이다. 만약 적합한 사람과 적합한 전략을 가졌다면, 남은 문제는 어떻게 두려워하는 사람을 이해시키고 시작할 수 있게 하느냐 하는 것이다.

여기 블로깅의 안전과 이익에 대한 이해를 촉진시킬 수 있는 몇 가지 정보에 대해 알아보자.

■ 조력자를 영입하라

다양한 비즈니스에서 블로그의 시작에 대한 스토리나 사례 분석을 조사한다면, 당신은 많은 사례에서 블로그 개설 배후에 고위 관리자가 있다는 것을 알게 될 것이다. 보잉사의 경우 조력자는 보잉 커머셜 에어플레인사Boeing Commercial Airplanes의 마케팅 부사장 랜디 바셀러였다. 스토니필드 팜즈Stonyfield Farms의 경우는 CEO 게리 허쉬버그Gary Hirshberg였다.

'게릴라 마케팅' 전략을 지향하는 이사진을 조력자로 영입하는 것을 고려하라. 우리는 창조적 프로모션에 있어서 보다 여론대중에 입각한 입소문 방식을 추구하는 사람들이 더 많이 블로깅을 채택하는 경향이 있다는 것을 발견하였다. 그들에게 월 스트리트저널The Wall Street Journal, 포춘Fortune, 비즈니스 위크Business Week 그리고, 파이낸셜 타임즈Financial Times와 같은 언론사의 기사들 중 블로그를 효과적이면서도 적은 비용의 프로모션 수단으로 활용하고 있는 내용의 기사들을 프린트하여 제출하거나 이메일로 보내라. 경쟁자들이 어떻게 블로그를 활용하고 있는지 그리고 검색 결과에 그들이 어디에 위치하는지를 보여주어라.

또 다른 설득력 있는 접근 방법은 블로그와 기존 웹사이트의 트래픽 경향을 비교하는 것이다. 당신의 조력자에게 사이트의 트래픽 패턴을 묘사하기 위해 알렉사 차트를 활용하라. 블로그 트래픽이 얼마나 빨리 이전 웹사이트의 수준을 따라잡거나 추월할 수 있는지 증명할 수 있을 것이다.

영향력이 있는 조력자를 영입했더라도 약간의 저항을 예상하여야 한다. 스토니필드 팜즈그림 3.3 보바인 버글 블로그The Bovine Bugle의 대표 블로거인 크리스틴 할버슨Christiene Halvorson은 2005년 블로깅 컨퍼런스에서 CEO 허쉬버그가 블로깅을 시작하는 게 쉽지 않았다고 말했다. 그는 블로깅은 좋은 생각이고 그만큼 투자할 가치가 있다는 사실을 내켜 하지 않는 마케팅 팀과 PR 팀을 납득시켜야만 했었다. 그러나, 결국 허쉬버그가 옳았다는 것이 판명되었다. 스토니필드사의 매출은 전년 대비 25% 증가하였고 그들의 블로그를 통해 구독 신청이 제공되었던 뉴스레터 '무스 레터스Moos Letters'의 구독 신청자는 750,000명에 달하였다.

그림 3.3	스토니필드Stonyfield사의 보바인 버글 블로그The Bovine Bugle(*www.stonyfield.com/weblog/BovineBugle*)는 버몬트 주 프랭클린Franklin에 있는 그들의 유기농 유제품 농장의 최신 정보를 제공한다. 또한 포스트에는 날씨 정보, 암소에 대한 정보, 그리고 출생 정보를 담고 있다.

■ 단순하게 시작하라

경영 전략 전문가인 피터 드러커Peter Drucker는 이전에 '효과적인 혁신들은 작은 것에서 시작한다'라고 말했다. 그리고 우리는 기업 블로그야말로 여기에 딱 들어맞는 사례라고 생각한다. 작은 야망을 가지고 시작하는 프로젝트는 쉬울 뿐만 아니라 승인받기도 쉽다.

조직은 단순한 블로깅의 노력으로 시작하고 보상이 이루어지기 시작하면 확장하려 하는 것이 일반적인 규칙이다. 이것은 우리의 경험이며 또한 다른 통계치에 의해서도 뒷받침되었다. 2005년 가이드 와이어

그룹Guidewire Group은 기업 블로깅의 조사를 위해 CMO 잡지의 5,000명 독자에게 그들의 블로깅 활동에 대한 질문에 응답할 것을 부탁했다. 이 가이드 와이어의 조사 결과에 의하면 '블로그의 초기 론칭의 실패를 보고한 응답자는 없었다' 그리고 '스케일을 줄이거나 활동을 중지할 계획이 있다는 응답자도 없었다'고 한다.

이러한 사실을 증명하는 또 다른 사례로 스토니필드의 하버슨이 2005년 5월 2일 비즈니스 위크 지의 '스토니필드 팜스의 블로그 문화' 기사를 위해 그들의 초기 블로깅 노력의 결과에 대한 토론 내용을 참조하라. 그녀는 마케팅팀과 PR팀의 팀원들에 대해 '그들은 블로그가 무엇인지 몰랐다. 그리고 그들의 통제 하에 있지 않은 주제에 대해 내가 말하려 하자 그들은 의심에 찬 눈초리를 보냈다. 그 때가 지금으로부터 일년 반 전이었다'라고 말했다.

그 해 말, 크리스틴Christiene은 블로그허2005 BlogHer2005 컨퍼런스에서 비즈니스를 위한 블로깅 부문의 패널로서 '나는 지난 주에 이러한 팀원들과 내년 블로그 활동 계획을 위한 브레인스토밍 회의를 진행하였다. 그 날 하루 동안 "음, 그 문제에 대해서는 블로그를 활용해야 돼"라는 말을 들을 때마다 돈을 받았다면 지금쯤 나는 부자가 되었을 것이다. 그들은 이제 모두 블로그의 효과에 대해 인정하고 있다'라고 말했다.

우리가 2장에서 이야기하였던 '블로그의 주제를 결정하라'를 다시 생각해 보라. 규모가 작고 위험이 낮은 '초기' 블로그를 제안하라. 만약 당신이 승인을 얻은 블로그를 론칭하고 결과를 보고할 수만 있다면, 당신은 더욱 포괄적으로 프로젝트를 확대할 기회가 충분히 있다. 보잉사는 랜디의 저널 블로그의 성공으로 또 다른 블로그를 개설하게 되었고, 더 많은 블로그 개설을 계획하고 있다.

블로깅에 소요되는 시간, 에너지, 비용을 예측하는 것은 다양한 블로그 전략들을 착수하고 유지하기 위해 필요하기 때문에 사전에 조사하는 것이 중요하다. 만약 당신이 무엇이 필요하게 될지 그리고 프로젝트가 어떻게 확장될 수 있는지에 대해 좋은 계획을 갖고 있다면 더욱 많은 회사의 자원을 받게 될 것이다. 또한 당신이 그 많은 회사의 자원을 받았을 때 자원들을 더욱 적절하게 배분할 수 있을 것이다.

다음 장에서는 궁극적으로 당신의 필요와 예산에 맞는 블로그를 설계할 수 있도록 목적에 최적화하는 블로그의 특성에 대해 알아보도록 한다.

역자의 트랙백 #3

임직원의 참여 유도

기업이 블로그를 개설하거나 또는 소셜 네트워크 서비스SNS를 활용하여 소셜 웹 커뮤니케이션을 적극적으로 참여함에 따라 임직원의 역할과 참여는 더욱 더 중요해지고 있다. 많은 국내 기업들도 이미 임직원을 소셜 웹 커뮤니케이션 활동의 중심 인프라로 활용하기 시작하였다. LG전자의 99인의 커뮤니케이터와 삼성전자의 76블로거스 그리고, 한국 지엠의 토비토커는 임직원의 기업 소셜 웹 커뮤니케이션의 좋은 사례이다.

그러나, 임직원들의 참여를 이끌어 내기 위해서는 여러 가지 준비사항이 반드시 필요하다. 다음의 사항들을 먼저 검토해 보자.

1. 운영 가이드 라인을 제정하고 숙지할 수 있도록 하자

소셜 웹 커뮤니케이션에서 순간의 실수는 큰 파장을 불러 일으킬 수 있다. 따라서, 참여하는 임직원들이 소셜 웹 커뮤니케이션을 수행하는 데 최소한의 가이드 라인을 미지 제정하고 이를 숙지할 수 있도록 해야 한다. 대부분의 기업은 이러한 소셜 웹 커뮤니케이션 운영가이드 라인을 제정하고 공개하고 있으니 참조하도록 하자.

2. 소셜 웹 커뮤니케이션을 수행할 수 있도록 다양한 교육 프로그램을 준비하라

임직원을 소셜 웹 커뮤니케이션에 참여시키기 전, 소셜 웹 커뮤니케이션에 대한 기본적인 교육을 진행하여야 한다. 이후 참여 후에도 새로운 트렌드나 새로워진 사항 등을 꾸준히 업데이트할 수 있도록 지속적인 교육 과정을 준비하도록 하자.

3. 참여에 다른 보상을 준비하라

임직원들의 참여에 대하여 다양한 보상 프로그램을 준비하도록 하자. 예를 들면 포스트 제작에 대한 원고료, 활동비 지원 등을 고려하자. 또한, 성과별 보상도 추가적으로 준비하도록 하여 그들에게 동기를 부여해 주도록 하자.

이렇게 임직원들의 참여가 시작되었다면 이제는 그들의 활동을 유지하고 더욱 보람되게 만들어 주는 데 최선을 다해야 할 것이다. 다음은 임직원의 참여를 더욱 강화하는 방법들이다.

1. 참여 임직원의 커뮤니티를 형성

기업 소셜 웹 커뮤니케이션에 참여하는 임직원들의 온/오프라인 커뮤니티를 구축하고 활성화하여 소속감을 느낄 수 있게 하고 협업이 가능한 인프라를 제공하여 주어야 한다. 실제 한국지엠의 토비토커 임직원 블로거들은 6개월마다 기수제로 선발하여 운영되고 있으며 매월 정기적인 오프라인 모임을 통해 친목을 다지고 있으며 최근에는 각자의 관심사와 직종을 살린 그룹 포스팅으로 협업을 성공적으로 진행하고 있다.

2. 다양한 경험을 제공

기업의 각종 행사 및 관련 행사에 우선적으로 참여의 기회를 제공하고 사외의 파워 블로거 또는 타 기업 블로거들과의 만남의 자리를 제공하여 그들의 경험치를 높여 주고 소속감을 강화해 주자. 또한 기업의 신제품이나 서비스를 제일 먼저 사용할 수 있는 기회 등 평소 임직원들이 제공받지 못했던 블로거로서의 특혜를 제공하여 참여의 즐거움을 주어야 한다.

3. 참여 임직원의 브랜딩을 강화

기업 소셜 웹 커뮤니케이션에 참여하는 임직원들에게 물질적 보상이나 이전에는 경험하기 힘들었던 참여의 기회를 제공함으로써 참여를 독려할 수 있다. 그러나, 궁극적으로 참여하는 임직원들에게 스스로 소셜 웹 커뮤니케이션 참여의 즐거움을 깨닫게 해 주는 것이 중요하다. 그리고, 그들 자체의 브랜딩을 만들어 주는 과정이 반드시 필요하다.

임직원들의 기업 소셜 웹 커뮤니케이션에 참여는 자발적이어야 더욱 효과적이다. 관리자는 참여 임직원들이 스스로 참여의 즐거움을 찾을 수 있도록 제반 사항들을 제공하고 더욱 더 많은 참여의 기회를 만들어 주어야 한다.

BUSINESS BLOG

Chapter **04**

독자를 위한 블로그 설계

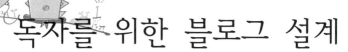

독자를 위한 블로그 설계

블 로그는 웹사이트 제작의 미니멀리즘에 입각하여 탄생하였다. 그리고 그와 같은 미학은 블로그의 디자인 설계 곳곳에서 찾아볼 수 있다. 블로그가 처음 디자인된 1997년으로 돌아가보면 초기 블로그들은 주로 컨텐츠를 중심으로 디자인되었다. 초기 블로거들은 복잡한 레이아웃과 메뉴구조보다는 친구나 동료들과 온라인으로 소통하는 것에 더 관심이 있었다. 블로그는 마케팅, PR, 벤처 투자가와 영업팀의 요구에 구속을 받지 않고 디자인에 대해 가벼운 터치로 접근하면서 유쾌한 소통을 가능하게 했다.

블로그의 이러한 미학은심지어 비즈니스에서조차 계속되고 더욱 단순한 디자인 설계가 그들의 메시지를 효과적으로 전달할 수 있다는 것을 알게 되었다.

이번 장에서는 우리는 어떻게 블로그의 구조적 측면, 시각 설계 선택의 적합한 구성이 독자들과 깊이 있는 소통을 가능케 하는지 논의할 것이다. 또한 좋은 디자인을 위한 단순화와 편의성을 집중적으로 다룰 것이다.

01. 주요 기능

당신이 어떠한 타입의 블로그 서비스를 활용하고 있든지간에, 블로그는 방문자들이 유용하게 사용할 수 있도록 하는 중요한 특성들을 가지고 있다. 이러한 블로그의 주요한 기능들은 독자들이 쉽게 블로그를 이용할 수 있도록 해 준다.

디자인에 영향을 미치는 요소들

좋은 블로그의 디자인 설계는 방문자가 쉽게 블로그 내에서 이동할 수 있고 유용한 컨텐츠를 조회할 수 있는 것이다. 독자는 당신이 누군지, 무엇을 말하는지를 빠르게 이해하고 싶어한다. 그들은 최신 포스트를 읽고 가능하면 댓글을 달고 다른 흥미있는 정보를 찾기 위해 아카이브를 확인하고, 당신의 포스트에 링크를 연결하고 RSS 피드를 신청할 수 있길 원한다. 그들은 복잡한 메뉴 시스템에는 그다지 관심이 없다.

오늘날 웹사이트가 더욱 더 많은 멀티미디어 기능을 포함한다고 해도, 정작 사람들은 웹서핑 시에 동적인 인터렉티브 장치(Animated Interactive Gadgetry)에는 흥미가 없다. 2003년 더퓨 인터넷 & 아메리칸 라이프 프로젝트(the Pew Internet & American Life progect)는 수천 명의 인터넷 사용자를 대상으로 조사를 실시한 결과, 웹서퍼들은 온라인에 접속할 때 특정 질문에 대한 해답을 찾거나, 제품과 서비스에 관한 정보를 수집한다는 결론을 내렸다. 그러므로 양질의 정보 제공에 집중하는 것이 현명한 조처이다. 이러한 목적에 직접적으로 도움이 되지 않는 다른 요소들은 무시하는 것이 좋다.

이 장에서 논의할 특징들은 주요한 블로깅 소프트웨어에서 다소 다른 형식으로 이용할 수 있다. 제 5 장. '블로그 실행을 위한 도구'에서 당신이 활용 가능한 다른 소프트웨어 옵션들에 대해 알아볼 것이다.

■ 메타 정보

방문자 로그분석 결과를 모니터링하는 블로거들은 자기소개About 페이지가 사이트 상의 방문 빈도가 높은 페이지 중에 하나라는 것을 알 수 있다. 누군가 당신의 블로그에 흥미를 느낀다면 그들은 당신과 당신의 블로그에 대해 더 자세히 알고 싶어할 것이다. 이러한 정보는 '데이터에 관한 데이터'로 종종 '메타 데이터' 또는 줄여서 '메타'라고 부른다.

실제로 모든 주요 블로그 서비스 엔진들은 저자들을 위해 개인적이며 전문적인, 그리고 연락처 정보 등이 포함된 블로그에서 고유주소로 연결된 전용 페이지를 사진과 함께 제공한다. 그림 4.1은 '자기소개 About 페이지'의 예시이다. 우리는 이런 기능을 잘 활용하고 이 링크가 확실하게 잘 보일 수 있도록 배치하기를 바란다. 이러한 정보를 우리의 초기 블로그들 중 하나에서 빠트린 적이 있었는데 우리는 자기소개 About 페이지를 포함하길 원하는 독자의 댓글을 보고 즉각적으로 적용하였다.

millennium | about ben

http://www.bengoodger.com/about/ben.shtml

Q▾ ben goodgear

MILLENNIUM

home

weblog

cars
2004 Infiniti G35
1993 Nissan Altima
2001 Nissan Silvia
1972 Datsun 240Z
Other

software
magpie
toolbar
smartsearch
firefox

projects

photos

cooking

highway tales

about
myself
network

About Ben Goodger

My name is **Ben Goodger**...

... I am 24 years old...

I was born in London, England - but spent most of my life in
Auckland, New Zealand.

I live in **Campbell, California**.

I work for **The Mozilla Foundation** and am the lead engineer
on the **Firefox** browser project. Some of the key areas in the
browser I am responsible for include: the Extension system,
Software Update, Preference Migration for IE, Opera,
Seamonkey, Netscape 4, etc, Windows shell integration, the
new Download system, the new Options UI, the new
permission manager UI for things like popup blocking and
XPInstall and the Windows Install Wizard. Of the code that
originates from the Mozilla Suite I was the original author of
the buggy bookmarks manager UI (much improved by folk
like Pierre, Vlad and Myk in Firefox but still buggy), save-
page-with-images (much improved by other contributors since
the original version), and the original Classic theme upon
which much of Qute and later Winstripe were based. I have

그림
4.1
파이어폭스Firefox의 리드 엔지니어, 벤구저Ben Goodger(www.bengoodger. com)의 About 페이지는 이력서와 유사하다. 그의 이력, 흥미 그리고 취미까지 알 수 있다.

제레미 와그스터프Jeremy Wagstaff는 BBC와 월스트리트 저널 온라인 에디션의 기술 컬럼니스트이고, 루즈 와이어Loose Wire라는 개인 블로그를 운영한다. 제레미는 자신과 자신의 블로그www.loosewire.typepad.com 에 대한 상당량의 정보를 사이드 바에서 제공한다.

그에게 왜 개인적인 정보를 그렇게 공개하는지를 묻자 "전통적인 저널리스트로서 우리는 제한적 접근을 당연하게 생각했다. 이전에는 당신의 명함을 독자들이 아닌 정보 제공자에게만 제공했었다. 이것은 일방적인 소통이었다. 그러나, 블로깅은 이러한 모든 것을 바꾸어 버렸다. 지금은 독자가 바로 소스이다"라고 말했다. 제레미의 블로깅 접근 방식은 가능한 모든 접근을 가능하게 공개하며 친숙하게 독자들을 대하는 것이다. 모든 정보를 공유하는 것은 제레미가 독자들, 그리고 블로고스피어와 나누는 대화의 방식이다.

다음의 그림 4.2와 그림 4.3은 'About'페이지 정보의 다른 사례이다. 메타 정보를 담고 있는 칼럼들을 의미하는 사이드 바는 중요한 영역이다. 잘 운영되고 있는 블로그들의 사이드 바를 벤치마킹하면 어떻게 그 공간에 컨텐츠를 담아야 할지 알아볼 수 있다. 자기소개 페이지에 추가적으로 제공할 수 있는 다른 정보는 링크로 연결된 사이트 리스트, 사업장 위치 정보 지도, 최신 댓글, 트랙백 정보들이다. 블로고

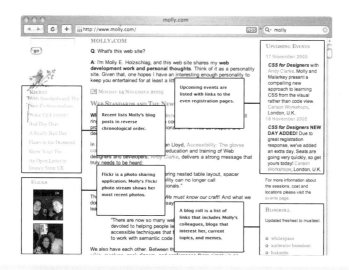

그림 4.2 　몰리 홀츠슐래그Molly Holzschlag(www.molly.com)는 강사, 개발자, 그리고 웹에 관한 30권 이상의 책을 출간한 저자이다. 그녀는 자신과 활동에 관한 많은 정보를 블로그의 사이드 바를 통해 공유한다. 그녀가 About 정보를 블로그의 사이드바 전면 중앙에 배치한 것에 주목하라.

그림
4.3

후지 필름Fuji Film은 그들의 소형 비행선에 관한 정보와 기장의 개인정보를 사이드 바에서 제공하는 블로그*(www. blimp.fujifilm.com)*를 운영 중이다. 또한 독자들에게 질문과 함께 조종사에게 연락하고 그들의 사진을 보내도록 권장한다. 후지Fuji사는 소형 비행선, 그들 브랜드의 시각적인 부분에 관하여 커뮤니티를 만들고 있다.

스피어는 당신의 블로그에서 어느 정도 메타 정보를 제공하기를 기대하고 있으며 그들에게 정보를 공개함으로써 블로그의 개방성을 강조할 수 있다.

블로그롤blogroll[1]이라 불리는 흥미로운 링크 리스트는 당신이 자주 방문하는 블로그들을 독자들에게 보여 줄 뿐 아니라 검색엔진에게 다른 블로그들과의 관계를 알려 주기 때문에 매우 중요하다. 당신은 다른

---

1 다른 웹 블로그의 링크들을 모아놓은 것으로 현재 대부분의 블로그의 첫 화면, 사이드 바에 배치한다.

블로그들과 링크로 연결되면서 블로고스피어에 연결된다. 우리가 이미 언급했듯이 검색엔진은 블로그의 인바운드, 아웃바운드 링크의 합이 부분적으로 페이지 랭크의 기초가 된다. 이러한 블로그롤은 매우 인기가 있어서 웹서비스 딜리셔스 *www.del.icio.us*와 같이 모든 링크들을 관리하기 위한 웹서비스들이 개발되었다.

당신은 사이드 바에 최신 포스트의 제목을 등록 날짜 순으로 정렬한 리스트 또한 포함되어 있음을 알게 될 것이다. 이것은 당신이 블로그의 포스트를 정리할 수 있는 방법 중 하나이다. 다음은 포스트 분류에 대해 알아본다.

■ 체계적인 포스트 분류

검색엔진에서 키워드를 검색해 당신의 포스트를 찾아낸 사람들이 당신의 블로그를 처음 방문하는 경우가 있을 것이다. 이러한 방문자들을 당신의 블로그에 더 오래 머물게 하고 싶다면 그들이 좋아할 만한 또 다른 포스트들을 찾기 쉽게 배치하여야 한다. 만일 새로운 방문자가 당신의 블로그에 좋은 정보가 있다는 것을 알게 되면, 그들은 자주 방문할 뿐만 아니라 당신의 RSS 피드 구독을 신청하거나 업데이트에 관한 이메일 수신을 요청할지도 모르기 때문이다.

블로그에서 어떻게 포스트들을오래된 것과 새로운 것 저장하고 관리하는지를 알게 되면 독자가 당신의 포스트를 어떻게 이용하는지를 파악하는 데 도움이 될 것이다.

새로운 포스트를 등록했을 때, 가장 최신 포스트는 블로그 메인 페이지의 최상단에 보여진다. 그리고 이전의 글은 등록 순으로 아래로 밀려 내려간다. 메인 페이지는 단지 일정 숫자의 포스트만을 게시하고 결국 이전 포스트들은 메인 페이지에서 밀려날 것이다.

다행히 이렇게 '사라진' 포스트들도 여전히 독자들이 읽을 수 있다. 블로그 소프트웨어에서 설정을 통해 오래된 모든 포스트들과 심지어 더 이상 메인페이지에 나타나지 않는 포스트들을 포함하는 여러 가지 아카이브를 자동적으로 생성하기 때문이다.

블로그는 데이터베이스 위주의 사이트이기 때문에, 각 블로그 포스트는 중앙 데이터베이스 프로그램 내에 유일한 '레코드' 그리고, '고유 링크 페이지'를 할당 받는다. 당신이 만든 모든 블로그 포스트는 삭제하지 않는 한 영구적으로 파일 박스에 저장되어 검색이 가능한 3×5 인치의 카드라고 생각해보자. 그리고 방문자의 요청에 따라 이 카드_{또는} 카드 세트의 카피가 조합되고, 제공될 수 있다고 상상해 보라. 이러한 접근은 포스트들을 그룹화하고, 수집하고, 당신의 독자에게 제공할 수 있는 방법으로 보다 많은 유연성을 제공할 것이다.

■ 카테고리

카테고리 링크를 경유하는 것은 오래된 포스트들에 접근하는 가장 유용한 방법 중에 하나이다. 블로그의 운영자는 블로그 소프트웨어에서 그들의 포스트들에 대해 하나 이상의 카테고리를 생성하거나 지정할 수 있다. 또한 블로그 소프트웨어는 블로그에서 사용되고 있는 모든 카테고리들을 사이드 바에서 리스트화할 수 있다. 카테고리 링크 중 하나를 클릭하였을 때, 블로그 소프트웨어는 자동적으로 특정 카테고리 내에 있는 포스트들의 리스트를 보여 준다. 당신이 작년에 100개의 포스트들을 등록하였고 그 중 '위젯 기술들'이라는 카테고리 내에 20개의 포스트를 분류했다면, 대부분의 블로그 소프트웨어는 '위젯 기술들' 이라는 카테고리 링크를 사이드 바에 자동적으로 생성할 것이고 카테고리 클릭 시, 카테고리에 해당하는 20개의 모든 포스트의 리스트 페이지를 제공할 것이다.

원본 포스트가 데이터 저장소에 고유 주소로 저장되고, 쉽게 접근이 가능하다는 사실은 당신의 사이트에 색인을 붙이는 검색 엔진이 항상 저장소 어디에서 당신이 작성한 포스트들을 찾을 수 있는지 심지어 당신이 작성한 지 수년이 넘은 후에도를 알고 있다는 것을 의미한다.

■ **최신 엔트리**(최신 글목록)

사이드 바에 배치하길 권장하는 자동 생성 링크로는 최신 글목록 링크가 있다. 그림 4.4의 비즈니스 로그 Business Logs는 비즈니스 블로깅에 관한 지속적인 토론으로 정보 공유의 장과 같은 역할을 하는 블로그이다. 비즈니스 로그는 사이드 바에 최신 엔트리들을 부각시키고 독자가 빠르게 적응할 수 있도록 시각디자인과 카피라이팅을 적절히 조합하였다.

| 그림 4.4 | 비즈니스 로그Business Logs(*www.businesslogs.com*)는 이름에서 알 수 있듯이, 공개적인 팀 회의 같은 포스트들을 포함한 비즈니스 블로그이다. 운영자가 토의의 주제에 관해 포스팅하고 독자들을 대화에 초대하여 그들의 의견을 요청한다. |

당신의 블로그가 허심탄회하게 속내를 보여 줄 수 있는 재미있는 CMS라는 것, 블로그의 엔트리들이 데이터베이스에 저장되어 있는 한 여러 가지의 방식으로 블로그가 엔트리들을 활용하리라는 것을 기억하라. 블로거들은 사이드 바에서 댓글이 달리고 가장 인기 있는 포스트들을 표시할 것이다. 그들은 또한 특정 카테고리에 얼마나 많은 포스트가 등록되어 있는지 표시할 것이고, 포스트가 얼마나 좋은지 투표하도록 하며 포스트를 친구에게 이메일로 보낼 수 있는 기능을 제공할 것이다.

■ 태그(Tag)

포스트를 편성하는 또 다른 인기 있는 방법은 태깅Tagging이다. 앞에서 기술한 표준 카테고리 스타일예를 들면, '액션 영화 리뷰'과 다르게 태그는 당신이 언제든 만들 수 있는 키워드에 의거하는 임기응변의 카테고리와 같다. 당신은 하나의 포스트에 원하는 만큼 많은 태그를 적용할 수 있다. 예를 들면, 액션 영화 리뷰에 '영화', '슈왈츠제네거' 또는 '폭발' 등의 태그들을 적용할 수 있다.

블로거들은 태그로 그들이 작성한 포스트들의 화제를 쉽게 파악하도록 하고 검색을 위해 이를 사용하고 있다. 이미 우리들은 카테고리가 클릭이 가능한 링크로 항상 사이드 바에 어떻게 리스트 되는지 살펴 보았다. 마찬가지로 태그도 카테고리와 같은 방식으로 사이드 바에 표시될 수 있다. 당신이 사용한 태그들은 현재 사용 중인 컨텐츠 태그들을 보여주는 태그 클라우드[2] 형태로 표시될 수 있다. 태그는 그림 4.5와 같이 사용 빈도를 표시하기 위해 태그 클라우드에서 시각적 가중치를 갖는다.

청중의 이해를 도울 분류별 그리고 연대순의 아카이브들을 적절히 이용해야 한다. 사이드 바에 이러한 아카이브 링크들을 포함하는 것은

---

2 웹사이트나 블로그에서 인기 있거나 중요한 태그들을 한눈에 볼 수 있도록 배치하고, 중요한 태그들은 굵게 강조하여 시각화하는 방식을 사용한다. 관련된 아이템들을 모아서 전달하기 때문에 사용자들은 보다 쉽게 효과적으로 자신이 원하는 컨텐츠를 찾을 수 있다. 최초로 태그 클라우드가 널리 알려지게 된 계기는 플리커 사이트에서 였으며, 현재 테크노라티 등 여러 블로그, 웹사이트에서 활발하게 이용되고 있다.

방문자들의 컨텐츠 접근을 더욱 용이하게 해 준다.

■ RSS 그리고 신디케이션(Syndication)

블로그를 하는 가장 주된 이유 중 하나가 저자와 독자들에게 제공되는 통합 신디케이션 서비스 때문일 것이다. 당신이 블로그에 포스트할 때마다, 전세계 잠재적인 수백만의 구독자들에게 전달되는 '방송'이 가능하다. 모든 주요 블로그 소프트웨어 공급자들과 호스팅 서비스는 이러한 브로드캐스팅 기능을 기본으로 하고 있다. 당신이 컨텐츠를 일

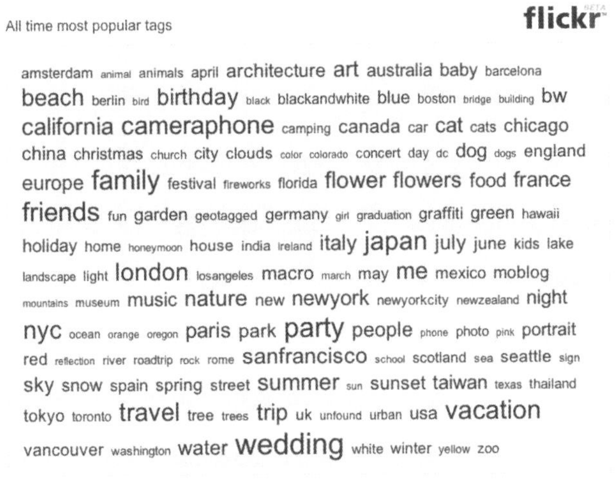

All time most popular tags

flickr

amsterdam animal animals april architecture art australia baby barcelona beach berlin bird birthday black blackandwhite blue boston bridge building bw california cameraphone camping canada car cat cats chicago china christmas church city clouds color colorado concert day dc dog dogs england europe family festival fireworks florida flower flowers food france friends fun garden geotagged germany girl graduation graffiti green hawaii holiday home honeymoon house india ireland italy japan july june kids lake landscape light london losangeles macro march may me mexico moblog mountains museum music nature new newyork newyorkcity newzealand night nyc ocean orange oregon paris park party people phone photo pink portrait red reflection river roadtrip rock rome sanfrancisco school scotland sea seattle sign sky snow spain spring street summer sun sunset taiwan texas thailand tokyo toronto travel tree trees trip uk unfound urban usa vacation vancouver washington water wedding white winter yellow zoo

그림 4.5 태그는 태그 클라우드에서 보여질 수 있는 검색 가능한 키워드들이다. 블로그 비즈니스 서밋the Blog Business Summit과 유니온 스퀘어 벤처스 Union Square Ventures(www.unionsquareventures.com)와 같은 블로그에서, 태그들은 포스트 저자에 의해 만들어진다. 또한 사용자들의 사진을 공유하는 플러커Flickr 같은 소셜 사이트에서도 태그는 사용자가 만든다.

부러 숨기려고 하지 않는다면, 이것은 당신이 가장 시도하고 싶은 옵션일 것이다.

정확하게 피드 신디케이션feed syndication은 무엇인가? 그리고 이것은 어떻게 동작하는가?

당신은 정보를 계속 얻고 싶지만 그렇다고, 매일 서핑은 하고 싶지 않고 고르기만 하면 바로 새로운 정보가 전달되는 웹 사이트를 원하고 있는가? 만일 좋아하는 사이트 목록의 최신 글만 정렬된 '대시보드'를 훑어 볼 수 있다면 근사하지 않겠는가? 수많은 다른 사람들도 이와 같은 생각을 했었다. 1990년대 중반에, 이러한 아이디어는 인기가 있었고 일부 기업은 이러한 '대시보드' 프로그램을 탑재한 제품을 출시했었다.

제 1 세대 제품들 중 어느 것도 독보적으로 인정받지 못하는 사이 결국 실용적 솔루션이 등장했다. 블로깅의 순차적 특성은 이런 종류의 소프트웨어에 대한 요구를 새롭게 했다. 몇 년 전에, 웹 컨텐츠를 보기 위한 신개념의 소프트웨어는 최신 뉴스가 최상단에 노출되고, 좋아하는 사이트가 언제 업데이트되었는지 알고자 하는 사람들에게 인기였다. '뉴스 리더'라고 불리는 이 프로그램은 그들을 지원하는 웹사이트로부터 '최신 정보' 컨텐츠를 수신한다. 이메일 프로그램처럼, 뉴스 리더는 제목 행헤드라인을 목록화한다. 사용자가 제목 행을 클릭하면 나머지 '메시지'를 읽을 수 있다. 이 '메시지'들은 웹사이트를 통해 바로 업데이트되어 RSS를 경유해 방송되는 새로운 정보의 일부이다.

RSS는 아주 단순한 신디케이션을 의미한다. 신디케이션을 지원하는

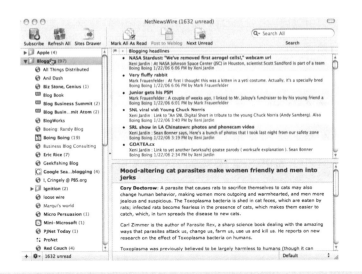

그림
4.6 뉴스리더 넷뉴스와이어NetNewsWire는 여러 다른 웹사이트들로부터 제공
되는 포스트들을 보여 주는 많은 프로그램 중에 하나이다.

웹사이트를 구축하면 그림 4.6에 보여진 넷뉴스와이어NetNewsWire와 같
은 뉴스 리더 소프트웨어와 뉴스 리더 사이트들에 의해 신디케이션할
사이트로일반적으로 무료 등록이 가능하며 사이트에 업데이트가 이루어지
자마자 독자들이 수신할 수 있다.

몇 년이 걸렸지만 결국 신디케이션은 인기를 얻게 되었다. 현재
7,500만 명의 사람들이 정보를 얻기 위해 뉴스 리더를 사용한다. 마이
크로소프트사와 애플사 모두 그들의 최신 웹 브라우저와 운영 체계에
뉴스 리더 기능을 채택하였고 또한 파이어폭스 브라우저에도 바로 적
용이 되었다. 요즘은 직접 사이트를 방문하기보다는 뉴스리더를 통해
더 많은 사람이 기사를 읽고 있다고 한다. 마이 야후!MyYahoo! 와 구글

의 개인화 버전 같은 포털사이트는 페이지의 헤드라인 영역에 추가될 수 있는 컨텐츠 선택 항목으로 RSS 피드를 제공한다. 블로그라인즈 Bloglines[3]는 RSS 피드를 모으고, 개인화하는 웹 기반 서비스이다. 그것은 마이 야후MyYahoo!와 상당히 유사하지만 단지 RSS 부분만 그렇다.

RSS 그리고 트래픽

RSS 서비스의 문제는 얼마나 많은 사람들이 당신의 컨텐츠를 읽고 있는지 믿을 수 있는 분석 결과를 얻을 수 없다는 것이다. 웹이 아직은 RSS 구독에 대한 믿을 수 있는 추적 매커니즘을 제공하지 않으므로 세밀한 분석을 얻는 것은 어렵다. 한 사람의 구독으로 많은 독자들에게 다시 제공할 수 있고 수천 명의 사람들이 당신의 피드를 공급 받고 있지만 포함된 포스트를 실제로 읽고 있지 않을지도 모르기 때문이다.

피드버너Feedburner[4]라는 서비스는 블로그가 제공하는 RSS 서비스보다 더 측정 가능한 RSS 피드 구독 신청을 블로거들에게 제공한다. 기본적으로, 당신의 피드를 발송하고 그 다음 당신의 포스트가 배포되고 있는 방법에 대하여 상세한 보고를 한다. 피드버너의 시스템은 잘 작동된다. 그러나 일부 블로거들은 제3자가 그들의 컨텐츠 배포를 관리하고 있다는 사실을 그리 좋아하지 않는다.

역자의 댓글

국내에서 가장 많이 사용되고 있는 뉴스리더는 한 RSS(www.hanrss.com)가 있다.

---

3 http://www.bloglines.com
4 http://www.feedburner.com

■ 피드 구독 신청

당신은 블로그가 어떻게 피드를 배포하는지 알고 있는가? 방법은 매우 간단하다. 'RSS', 'XML' 또는 때때로 'Atom'[5]이라고 쓰여진 오렌지 색의 작은 버튼을 찾기만 하면 된다. 만약 이러한 버튼 중 하나를 찾았다면 해당 사이트는 RSS 피드를 생성, 제공하고 있다는 것을 의미한다. 또 다른 단서는 'syndicate this site'라는 문구의 링크를 포함하고 있는가이다.

구독 신청은 쉽다. 파이어폭스, 애플사의 사파리Safari, 또는 인터넷 익스플로러 7 이상의 버전과 같은 최신의 웹 브라우저들은 사이트의 RSS 피드를 자동으로 감지할 수 있고 구독 신청을 시작할 클릭 가능한 버튼을 브라우저에 자동적으로 포함하고 있다. 피드를 읽는 프로그램 중 대다수는 그 버튼을 드래그하거나 또는 링크를 통해 뉴스 리더 신청서로 들어갈 수 있다. 자, 이제 당신도 구독 신청을 해보도록 하라. 또 어떤 사람들은 구독 신청 링크에서 마우스 오른쪽 버튼을 클릭 후 주소를 복사하여 그 링크를 뉴스 리더에 새로운 구독 신청으로써 붙여 등록하는 확실한 방법을 사용한다.

똑똑한 블로그 디자이너들은 이 링크 또는 RSS 버튼을 페이지 상단 또는 사이드 바에 눈에 띄게 배치한다.

---

5 ATOM은 XML구조를 기반으로 만들어진 피드. RSS에서는 사이트의 요약만 포함하였지만 ATOM에서는 콘텐츠의 요약뿐만 아니라 태그(tag)도 추가 가능하다.

■ 주의

RSS와 Atom은 XML에 의거하는 신디케이션 형식이다. 모든 주요 뉴스 리더는 두 가지 형식 모두 읽을 수 있어야 하고 두 가지 형식의 약간 다른 특성들을 이용할 수 있어야 한다. 블로그 호스트 서비스 업체는 하나의 형식 또는 다른 것을 제공한다. (블로거는 Atom을 워드프레스 WordPress는 RSS를 제공한다.) 우리의 블로그들에서는 두 형식의 제공이 쉽고, 추가적인 일에 번거로움을 없애기 위해 두 가지 형식을 모두 제공한다. 그리고 우리는 독자들에게 선택권을 준다. 만약 그들이 RSS 대신 Atom 피드를 원하면 원하는 대로 선택하면 되는 것이다.

■ 피드 배포의 옵션

만약 뉴스 리더를 사용한다면 구독을 신청한 블로그들이 뉴스 리더에서는 다른 방식으로 표현된다는 것을 알아야 한다. 운영 중인 블로그를 설정할 때, 다음과 같은 세 가지의 배포 옵션 중 하나를 선택해야 한다.

▷ 제목만 배포

이러한 경우, 사람들은 뉴스리더를 통해 제목만을 보게 되며 블로그 포스트를 읽으려면 제목을 클릭하여 사이트를 방문하여야 한다. 이 같은 방법은 사이트 방문에 강한 동기를 부여한다고 믿는 일부 블로거들에게는 매력적인 방법이다. 그러나 우리는 이러한 방식에 대해 그다지 확신하지 않는다. 사람들과 이야기를 나눠보면, 제목만 배포하는 방식으로는 사용자들이 실제로 컨텐츠를 읽기 위해 더 많은 단계를 거쳐야 하기 때문에 귀찮아서 결국 이 제한된 옵션을 제공하는 사이트는 상대적으로 구독 신청률이 떨어질 수 있다.

▷ 제목과 일부 본문 배포

일부 본문은 포스트의 첫 번째 문장 일부를 표시한다. 이전 제목만 배포하는 방식보다 구독자를 유혹할 수 있을 것이고 구독자들은 포스트의 전문을 보길 원한다면 클릭을 통해 당신의 블로그로 이동해야 할 것이다.

▷ 제목과 전체 본문 배포

통상 사람들은 뉴스 리더에 머무르면서 모든 것을 그곳에서 읽을 수 있기를 원할 것이다. 이 방식으로 설정하면 당신의 피드들은 충분히 이해될 것이고, 당신의 컨텐츠에 가장 많은 독자를 얻게 될 것이다. 문제는 만약 웹사이트의 광고나 프로모션들의 내용을 블로그에 싣고 발행한다면 구독 방문자의 수가 최저로 떨어질 것이라는 점이다.

우리와 대화를 나눈 대부분의 비즈니스 블로거들은 그들의 블로그에 더 많은 방문자를 모으는 데에 중점을 둔다. 당신도 같은 경우라면, 우리는 제목과 일부 본문을 배포하는 방식을 제안한다. 제목만 배포하는 방식은 구독 신청을 떨어뜨리고 전체 본문을 배포하는 방식은 클릭을 통한 방문자 수의 하락이라는 결과를 얻게 될 것이다.

우리는 블로그 일부에서 부분적인 본문 배포와 전체 본문 배포 방식을 동시에 제공하고 독자들에게 선호하는 방식을 선택하게 했다. 이 방식은 독자수를 최대화하는 것과 클릭률 향상에는 좋지만 그다지 권장할 만한 옵션은 아니다.

■ 이메일(e-mail) 구독

RSS에 덧붙여, 새로운 포스트가 등록될 때 이메일로 독자들에게 알림 서비스를 제공할 수 있다. 사실 전자 뉴스레터 구독 방식과 같은 알림 통지는 쉽게 설정할 수 있다. 블로거들이 이러한 이메일 통지를 그들의 블로그에 통합하는 것을 지원하는 피드블리츠FeedBlitz[6]와 같은 여러 가지 온라인 서비스가 있다. 더 새로운 것에 관심이 있는 서퍼들이 RSS를 통해 컨텐츠를 수신하기를 선호하는 반면 이메일 구독은 아직 RSS를 충분히 받아들이지 않고 신기술에 익숙지 않은 독자들에게 효과적이다.

---

6 http://www.feedblitz.com/

02. 고려할 만한 다른 기능들

당신이 지금까지 블로그의 기초를 이해했다면, 이제는 블로그의 장점으로 당신의 블로그를 가득 채울 수 있는 다른 특징을 고려해야 한다. 댓글 그리고 트랙백_{trackback}과 같은 다른 블로그의 특성들은 많은 이점을 제공하는 반면 더 많은 작업, 시간, 자원들이 필요하다는 점을 고려하라.

■ 댓글

거의 모든 블로그 엔진과 서비스는 독자들에게 그들이 읽고 있는 포스트에 바로 그들의 생각이나 통찰, 또는 논쟁을 표현할 수 있는 기능을 제공한다. 이러한 댓글들_{그리고 댓글들에 대한 응답들}은 블로거들과 독자들 사이에 관심과 트래픽을 유도할 수 있는 풍부한 대화를 제공할 수 있다. 또한 댓글들은 독자들의 관심을 측정하는 도구로도 사용될 수 있다. 더 많은 댓글을 얻은 포스트는 그만큼 사람들에게 주목을 받게 되어 있다.

댓글들이 실질적 트래픽과 대화의 편익을 제공할 수 있는 반면, 그것을 올바르게 적용하기 위해 노력이 필요하다. 우리가 제 3 장 '블로그 운영 시 소요 비용, 소요 시간'에서 기술한 바와 같이 반드시 댓글을 모니터링하고, 승인하고, 응답할 수 있는 시간을 확보하길 바란다. 보잉사는 예전 잡지 스타일의 편집 페이지로 그들의 의견을 제공하는 반면, GM사의 패스트레인Fastlane 블로그*http://fastlane.gmblogs.com/* 는 댓글들을 모니터링하고 대응하는 담당 관리자를 배치하였다.

■ 위기와 이익을 조화롭게(장단점의 조화)

첫 번째 블로그를 기획할 때, 당신은 어떻게 댓글을 관리할 것인지 결정할 필요가 있을 것이다. 경험이 풍부한 블로거들이 권장하는 '무엇이든 가능한' 개방형 댓글 정책은 일부 중요한 결점들을 가지고 있다.

댓글들을 모니터링하고 필터링하기를 원하는 주요 이유 중 하나는 블로거들에게 문제가 되고 있는 스팸 댓글에 대응하기 위해서이다. 댓글 스패머들은 그들의 놀라운 온라인 카지노 게임이나 여러 가지 제약 제품을 프로모션하는 '랜덤 코멘트'들을 삽입할 기회를 연속적으로 빠르게 찾아 수천 개의 블로그에 적용할 수 있는 자동화 '웹 로봇[7]'을 사용한다. 댓글 스팸이 존재하는 이유 중 하나는 스패머들이 가치 있는 인바운드 경로를 얻을 수 있기 때문이다. 당신의 블로그에 그들의 사이트로 유도할 수 있는 링크를 포함한 댓글을 삽입함으로써, 그들의 사이트가 매우 많은 다른 사이트들과 링크로 연결되었기 때문에 관계도가 높다고 구글이 속아주길 바라는 것이다.

다른 당면 과제로는 외설, 주제를 벗어난 의견, 다른 속셈이 있는

---

7 네트워크에서 작동하는 일종의 프로그램을 말한다. 스파이더(spider), 에이전트(agent)라는 이름으로 불리기도 한다. 웹로봇은 웹문서를 돌아다니면서 필요한 정보를 수집하고 이를 색인해 정리하는 기능을 수행한다.

일시적인 트러블메이커를 다루는 문제 등이 있다. 아예 댓글 기능을 끄고 전혀 허용하지 않는 것도 하나의 방법이다. 시간이 부족하고 격론을 원하지 않는 블로거들을 위해 이 방법은 실용적일 수도 있다.

그러나, 우리는 비즈니스에서 이처럼 극단적인 선택을 피하고, 대신 댓글 완화 또는 필터링 기능을 실행할 것을 일반적으로 제안한다. 많은 블로그 소프트웨어 시스템이 제공하는 공통 필터링 옵션은 다음을 포함한다.

▷ 댓글의 사전 인증

이는 우리가 블로그 비즈니스 서밋the Blog Business Summit 사이트에서 사용하는 접근방식이다. 독자가 블로그에 댓글을 작성하면, 포스트의 저자는 이메일로 작성된 댓글과 그것을 승인하거나, 삭제하거나, 편집할 수 있는 링크를 자동적으로 받게 된다. 여러 번의 댓글을 작성하여 승인 받은 독자는 이후 승인 없이 자동적으로 댓글이 등록된다. 우리의 신뢰를 얻은 정식 독자들을 허락하는 것으로 그들에게 커뮤니티의 특별한 구성 멤버가 된 느낌을 주게 된다. 또한 이러한 방식은 우리가 해야 하는 댓글 승인의 양을 줄여 준다.

▷ 안티 로봇 댓글 시스템

많은 블로그 시스템에서 댓글 입력 양식에는 로봇이 통과하기 힘든 '테스트'를 포함한다. 보통, 내장된 단어나 도형이 독자에게 제시되며 댓글 작성을 원하는 독자는 유효성을 검증 받기 위한 입력창에 그 단어나 도형을 정확하게 입력해야 한다.

▷ 반자동 배제 기능

일부 블로그 서비스들은 운영자가 입력한 특정 금지어를 포함한 댓글 또는 특정 등록자나 특정 IP 주소의 댓글을 자동적으로 제한할 수 있는 기능을 지원한다. 시스템이 블랙리스트에 등록된 단어 또는 금지된 등록자를 발견하게 되면 그들의 댓글은 자동으로 공개되지 않는다.

물론 자동화된 관리 방식은 실제 관리자가 직접 실행하는 모니터링과 완화 작업을 완벽하게 대치할 수 없다. 우리는 제8장 '블로그의 운영과 모니터링'에서 댓글 전술과 커뮤니티 관리에 대해서 충분히 논의할 것이다.

■ 트랙백

일반적인 경우 댓글은 본인의 열정을 타인의 블로그 컨텐츠 가치를 높이는 데에 쏟게 된다는 점에서 문제점이라고 생각할 수도 있다. 그보다는 당신 자신의 블로그 가치를 높이는 것에 열정을 쏟는 것이 낫지 않겠는가? 만약 어떤 블로그 컨텐츠에 응답이나 반론의 내용을 당신의 블로그에 작성하여 등록하고 참조된 원본 블로그 포스트에 댓글형식으로 나타낼 수 있다면 좋지 않을까? 이런 방법은 당신의 노력에 2배의 명예를 줄 것이다. 바로 이것이 트랙백의 역할이다.

트랙백의 적용 방식은 이렇다. 예를 들어 당신이 '세상은 눈으로 만들어졌다'라는 포스트를 읽었고, 이에 반론의 증거가 있음을 강하게 느낀다고 가정하자. 그 포스트 하단에 댓글을 클릭하여 작성하는 것보다 '트랙백'이라고 쓰인 링크를 찾아 마우스 오른쪽 버튼을 눌러 트랙백 주소를 복사하라. 그리고 당신의 블로그로 돌아가서 반론의 포스트를 작성하라. 포스트 입력 양식 중 '핑Ping[8]' 또는 '트랙백 주소엮인 글 주소'라고 표시된 입력 창을 찾아 복사한 링크를 붙여 입력하라. 그러면 당신의 블로그에 관련 포스트가 작성되었다는 사실이 참조된 블로그에 자동적으로 알려지고 참조된 블로그 포스트에 당신이 작성한 포스트의 제목과 본문 일부, 그리고 링크가 표시될 것이다.

기술적인 면으로 이야기하면, 트랙백은 웹페이지가 다른 어떤 페이지에 링크로 연결되었는지 알려 주는 웹기술이다. 블로그들은 서로 핑을 수행한다. 한마디로 '안녕, 나는 새로운 컨텐츠로 여기에 연결되어 있어' 라고 말하는 것이다.

트랙백은 상당히 중요하다. 트랙백은 블로거들에게 그들의 포스트가 블로고스피어에 의해 어떻게 수신되는지 추적하는 것을 매우 용이하게 해 준다. 그러나, 다른 기술들과 마찬가지로 트랙백은 당신의 블로그를 가짜 링크로 가득 채울 수 있는 사악한 스패머들에게는 취약하다. 이러한 이유 때문에, 우리는 '생생한 블로그 대화'를 얻기 위한 비즈니스 서밋 이벤트 기간 동안에만 트랙백 기능을 허용한다. 우리의 다른 블로그들에서는 트랙백 기능을 전혀 사용하지 않는다. 만약 트랙백 기능을 사용한다면 불량 또는 스팸성 링크의 범람을 방지하기 위해

---

8 다른 호스트에 IP 데이터그램 도달 여부를 조사하기 위한 프로그램. 핑은 진단용으로 네트워크 또는 시스템에 장애가 발생했는지의 여부를 조사하는 데 사용되기도 한다.

트랙백을 항상 주의 깊게 살펴보기를 권장한다.

■ 검색

당신의 블로그가 지속되어 많은 포스트들을 발행하고 보유함에 따라 카테고리와 키워드 링크만으로는 독자들이 특정 정보를 찾는 것이 더욱 어려워질 수 있다. 방문자들에게 블로그의 모든 포스트에 쉽게 접근할 수 있게 해 주는 최상의 방법 중 하나는 사이드 바에 검색상자를 제공하는 것이다. 당신의 블로그에 최적화된 검색 기능으로, 독자들은 그들이 찾고자 하는 키워드를 포함한 포스트를 쉽게 찾을 수 있게 된다.

검색 기능을 당신의 블로그에 추가해야 하는 또 다른 중요한 이유는 당신이 새로운 포스트를 작성할 때 참조하고 싶은 이전에 발행한 포스트를 쉽게 찾을 수 있다는 점이다. 종종 우리는 이전에 작성한 포스트에 추가적으로 내용을 업데이트하고 싶을 때가 있는데, 이때 작성된 포스트를 빨리 찾는 것이 작업을 더욱 쉽게 한다는 것을 알고 있다.

다행히도, 사이트에 검색 기능을 추가하는 방법은 매우 쉽다. 대부분의 블로그 호스팅 프로그램들은 검색 기능을 내장하고 사이드 바에 검색박스가 배치된 페이지 템플릿을 제공한다.

대부분의 경험이 많은 블로거들은 소프트웨어가 제공하는 내장형 검색 기능을 사용하지 않는 대신 블로그 전용 구글의 검색 기능을 블로그에 도입하고 있다. 구글 맞춤 검색Google custom search engine[9]의 검색

---

9 http://www.google.com/coop/cse/

기능이 훨씬 쓸모 있다고 판단하는 사람들도 있다. 또한 이 서비스는 타이프패드 사용자와 내장 검색 기능이 없는 블로그 소프트웨어를 사용하는 사람들에게 좋은 기회이다. 구글 맞춤 검색은 구글의 사이트에서 무료로 이용 가능한 HTML 코드를 복사하여 당신의 사이드 바에 삽입할 수 있다. 실행 코드를 수신하기 위해서 'free Google이름에서 연상되듯이 비용은 들지 않는다' 계정의 등록이 필요하다.

구글 맞춤 검색 서비스의 유일한 단점은 검색결과 페이지에 광고들이 나타나는 것과 서비스를 적용하기 위해서는 당신의 블로그가 구글의 데이터베이스에 이미 색인화되어 있어야 한다는 점이다. 바꿔 말하면, 만일 정기적인 구글 검색이 올 때 당신의 사이트가 비어 있다면, 이 서비스는 당신의 블로그가 구글에 색인될 때까지 검색을 하면 어떠한 결과도 조회되지 않는다는 것이다. 그러나, 당신이 포스팅을 시작한 후에는, 구글과 다른 검색 엔진이 당신의 사이트를 발견하여 색인화하는 것은 그리 오랜 시간이 걸리지 않을 것이다. 우리는 이것에 대해 제 7 장 '블로그의 시작 그리고 홍보'에서 더 자세히 이야기하도록 하자.

| Tip | 만약 당신이 독립 서버를 구축하여 블로그를 운영한다면, 검색엔진 로봇에게 robots.txt 파일로 블로그의 색인화 작업 허용 사실을 알려야 한다 (또한 당신의 선택에 따라 색인화 작업 불가를 알릴 수도 있다). 이 robots.txt에 관하여 더 자세히 알고 싶다면 *www.robotstxt.org* 사이트를 참조하라.

■ 달력

그림 4.7과 같이 거의 모든 블로그 엔진들은 사이드 바에서 달력 표시 서비스를 제공한다. 달력은 포스트가 발행된 특정일을 보여 주고 특정일을 클릭하면 해당 날짜에 포스팅된 포스트들을 리스트로 보여 준다.

달력 기능은 모든 사람에게 필요한 것은 아니다. 달력 기능은 사이드 바에서 많은 공간을 차지하며 또한 당신이 포스팅을 얼마나 빈번하게 하는지를 강조한다. 독자는 당신이 11월 23일에 포스팅한 것에 흥미를 느끼기보다 주제, 타이틀, 태그와 카테고리에 의해 포스트를 찾기를 더욱 좋아한다.

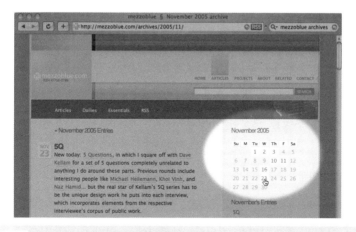

| 그림 4.7 | 메조블루Mezzoblue(www.mezzoblue.com)는 웹 디자이너이며 저자인 데이브 쉐아Dave Shea의 블로그이다. 데이브는 독자들에게 날짜, 최신 포스트 링크, 그리고 달력 보기와 같은 다양한 시각의 구성을 제공하여 독자들에게 포스트들을 열람하고 탐색하길 권한다. |

03. 디자인 측면의 고려사항

단순히 좋은 블로그가 아닌 탁월한 블로그를 구별하는 기준 중 하나는 바로 디자인이다.

10년 동안 최고 히트상품 중 하나인 애플사의 아이팟을 생각해보라. 애플사가 MP3 플레이어 시장에 뛰어들기 전에도 유용한 휴대용 디지털 음악 플레이어들은 있었지만 그럼에도 불구하고 그 어떠한 것도 아이팟만큼 주목을 끌고 시장을 점유하진 못했다. 이러한 성공의 이유는 단순하다. 아이팟은 뛰어난 기능들과 사용이 매우 쉬운 인터페이스를 가지고 있으며 시각적으로도 상당히 매력적이기 때문이다.

결국 디자인과 기능을 성공적으로 융합한 것이 애플Apple사 성공비결이라 볼 수 있다. 이 애플사의 성공요소는 블로그에서도 동일하게 적용될 수 있다.

이번 장에서 우리는 최고 블로거들의 사이트가 시각적으로도 매력적이고, 방문자가 원하는 모든 접근 경로를 제공하며, 중요한 비즈니스 목표의 수행을 보장하기 위한 기술들에 대해 논의할 것이다.

■ 레이아웃

당신은 아마도 대부분의 블로그들이 매우 유사한 레이아웃을 가진다는 사실을 알아차렸을 것이다. 블로그에는 일반적으로 상단에 배너와 네비게이션 요소들,[10] 그리고 2~3개의 컨텐츠 컬럼들이 있다.

---

10 웹사이트에서 다른 페이지로 이동이 가능한 요소들.

신문이나 잡지와 같은 컬럼 레이아웃은 포스트가 날짜 순으로 만들어지고, 데이터베이스에 저장되는 방법 때문에 블로그에게 매우 적합하다. 왼쪽에서 오른쪽으로 그 다음 아래로 이동하는 읽기 패턴은 컬럼 형식에 도움을 준다. 또한 컨텐츠를 읽기 쉽게, 너무 혼잡하거나, 시각적으로 복잡하지 않게 하기 위해 컬럼은 그들 사이의 공백과 규칙을 허락한다.

우리는 당신이 컬럼 레이아웃을 적용하지만 그 형식에 얽매이고 싶어하지는 않을 것이라고 생각한다. 만약 블로그를 이해하는 디자이너를 고용한다면, 더욱 독특한 맞춤형 템플릿을 만들 수 있고, 당신의 비즈니스 개성을 가장 잘 표현할 수 있을 것이다. 예를 들면, 포스트 헤드라인과 RSS와 같은 블로그 특성을 기존의 사이트에 추가하여 혼합시키는 것을 생각할 수 있다. 우리는 이러한 블로그의 독특한 사용법에 대하여 제 9 장 '블로그를 넘어'에서 이야기할 것이다.

만약 당신이 가입형 블로그 서비스를 활용하고 있다면 레이아웃을 적용하는 것은 아주 쉬운 작업이 될 것이다. 그림 4.8과 같이 이용 가능한 템플릿 목록에서 단지 레이아웃 형식을 선택하고 저장 버튼만 클릭하면 완성된다.

당신이 어떠한 블로그 소프트웨어나 서비스를 사용하더라도, 블로그 레이아웃을 구성하기 위한 풍부한 옵션들을 가지게 될 것은 확실하다. 컬럼의 수와 폭, 그리고 컬럼들 내 요소의 위치를 완벽하게 조정 가능할 것이다.

| 그림 4.8 | 블로거는 당신의 블로그 레이아웃을 위해 선택할 수 있는 훌륭한 디자인 템플릿을 제공한다. |

■ 주제와 위치선정 문제

이제 당신의 블로그에 어떤 아이템들을 다룰 것인지 좀 더 명확해졌다면 그것들을 어디에 어떻게 배치할 것인지에 대해 생각해야 한다.

'아이템들을 어디에 배치할 것인가' 하는 문제는 상점에서 상품을 어느 선반 위에 놓을지에 대한 문제처럼 중요한 것이다. 모든 슈퍼마켓에서 상품과 그것들이 놓여지는 선반은 고객이 필요한 제품을 찾고, 구입하기 쉽게 하기 위해그리고 종종 그들이 필요로 하지 않는 제품을 구입하게 하기 위해 주의 깊게 배치된다.

예를 들면, 슈퍼마켓에서 고기와 해산물 같은 주력 상품들은 전체 후방을 따라 배치된다. 통로 끝에 도달할 때 마다 전시된 상품들을 손

님들이 보게 되기 때문이다.

이와 같은 원리는 웹 상에도 적용될 수 있다. 아마존닷컴은 방문자들이 클릭하고 구매에 이르게 하는 여러 변수들을 찾아내기 위해 새로운 레이아웃 제안들과 제품의 배치를 끊임없이 테스트하고 있다. 온라인 소매업자는 수익성을 높이기 위해 그들의 웹사이트를 최적화하려고 매년 수백만 달러를 투자한다. 이러한 사이트들은 방문객들이 그들의 사이트에 가능한 오래 머물길 원하고 그들이 중요한 목표로 삼는 특정 페이지로 이동하길 원한다.

당신의 블로그에서 제품을 직접 판매하지는 않더라도, 틀림없이 방문객들에게 원하는 구체적인 목표를 가지고 있을 것이다. 방문자들이 설문에 응하거나 제공하는 서비스에 대한 설명을 읽기 원할 수도 있다. 또는 당신의 사이트에 광고들을 적용하고 방문객들이 그것을 클릭하여 주길 바랄 것이다. 당신의 궁극적인 목표가 무엇이든지 간에 결국 아이템들을 어떻게 배치하는지가 큰 차이를 만들 것이다.

방문자 사용성 연구에 투자할 충분한 자금을 가지고 있지 않더라도 어디에 우선 순위 항목을 배치하는지에 대한 결정을 도울 수 있는 무료 정보가 많이 있다.

가장 중요한 컨텐츠당신이 사람들에게 정말로 알리길 원하는 것는 방문자가 당신의 사이트에 처음 도착했을 때 첫 번째 화면에 배치하여야 하는 것은 보편적 사실이다. 읽으려면 스크롤해야 하는 컨텐츠보다는 'above the fold'로 배치한 아이템은 많은 주목을 받는다. 방문자 시선의 추적 조사는 이러한 사실을 증명하였고 또한 다른 유용한 결과를 제공하였다.

시선 추적시스템은 사람들이 컴퓨터 앞에 앉아 보는 곳을 추적하기 위해 카메라들과 적외선 광선을 사용한다. 일부 연구원들은 이를 이용해 웹 페이지와 블로그에서 어느 특정 부분이 독자들의 관심을 가장 많이 끄는지 알아보았다. 다시 말해, 이 실험으로 웹페이지에서 가장 시선을 끄는 부분과 가장 시선을 끌지 못하는 부분을 알 수 있다. 아이툴즈Eyetools사는 그들의 연구에 근거하여 웹 페이지 정보의 전체화면에서 일반 사용자의 '우선 순위 구역'을 표시하는 다이어그램을 만들었다. 그림 4.9의 어두운 박스일수록 관심을 더 많이 받는 영역이다.

분명히 페이지의 좌측 상단부분은 사람들에게 가장 보여지길 원하는 아이템들을 배치하여야 하고 우측 하단부분은 중요도가 가장 낮은 아이템을 배치하여야 한다. 이전 화면 영역에서 하단영역이나 스크롤을 필요로 하는 아이템들은 낮은 중요도의 아이템들이다.

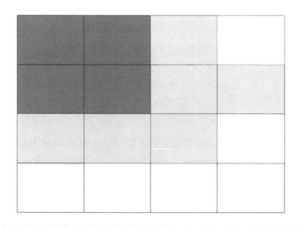

그림
4.9
아이툴즈Eyetools사와 포인터Poynter 연구소에 의한 시선추적 연구는 화면
위치에 따른 상대적 주의력 분포도를 고안해 냈다. 어두운 영역일수록
웹페이지에서 사람들이 가장 많이 보는 곳을 의미한다.

예를 들면, 만약 블로그의 주요 목표가 특정 제품의 판매고를 올리
는 것이라면 당신은 특정 제품의 정보를 구입처의 링크와 함께 좌측
상단 코너에 배치하는 것이 좋을 것이다.

상식을 벗어나지 않는 범위 내에서 당신은 무엇이든 어느 곳이든
페이지 상에 배치할 수 있다. 99.9%의 블로그들이 매 페이지 상단에
사이트를 구분하고 상징할 수 있는 배너 영역을 가진다.

그 배너를 재배치하거나, 삭제하는 것은 사람들이 일반적으로 원하
는 일이 아니고 호스트 블로그 소프트웨어 프로그램도 배너를 쉽게 옮
길 수 없게 하거나 제거하지 못하게 하고 있다. 이러한 이유 때문에
우리는 당신이 운영하게 될 블로그에도 매 페이지 상단에 구분을 위한
배너를 가질 것이라 예상한다.

일반적으로 블로그 호스팅 서비스들은 미리 디자인된 템플릿을 하나, 둘, 또는 세 개의 컬럼으로 컨텐츠를 표시하는 디자인 레이아웃과 함께 제공한다. 많은 디자이너들은 하나 또는 두 개의 컬럼 레이아웃이 아주 깔끔하고 또 작성된 포스트들을 부각시킨다고 생각한다. 하나 또는 두 개의 컬럼 레이아웃의 가장 중요한 문제점은 세 개의 컬럼 레이아웃보다 페이지 상의 유용 가능한 영역을 제공하지 않는 것과 사이드 바 하단 부분에 더 많은 아이템 배치가 필요하고 따라서 사람들에게 스크롤을 하여 그 아이템들을 보게 하여야 한다는 점이다. 이러한 이유로 전문 블로그들(개인 일상 블로그에 비교하여)이 세 개의 컬럼 레이아웃을 선호한다.

세 개의 컬럼 레이아웃이 사용자를 혼란시킬 수 있는 어수선한 레이아웃에 이르게 할 것이라고 말하는 사람들도 있다. 우리는 이러한 의견에 동의하지 않는 편이다. 우리는 깔끔하고, 매력적이고 그리고 기능적인 세 컬럼 레이아웃들을 많이 봐왔다. 게다가 아마존닷컴은 그들의 레이아웃 유효성을 오랫동안 테스트해 왔고 그 결과 깔끔한 하나, 그리고 두 개의 컬럼 레이아웃은 하단부분에 많은 옵션들을 포함한 세 개의 컬럼 레이아웃에 비해 판매가 저조하다는 증거가 압도적으로 많았다.

■ 레이아웃은 어떻게 변경하는가?

구성 요소들과 컬럼을 재배치하는 것은 '타이프패드', '블로거'와 같은 가입형 블로그 서비스를 사용하면 상당히 간단하고 쉽다. 당신이 해야 할 일은 시스템에 로그인하여 이용 가능한 옵션들을 선택 클릭하는 것이 전부이다.

무버블 타입Movable Type 또는 워드프레스WordPress와 같은 프로그램에 의해 제작되고 자체 독립서버에서 운영되는 설치형 블로그 프로그램에서 레이아웃을 변경하기 위해서는 기본적으로 웹디자이너, 개발자와 웹서버를 운영할 수 있는 팀을 확보해야 한다. 이러한 시스템들은 대부분 디자이너가 사용할 템플릿 레이아웃을 위해 코드를 편집하고, 그 다음 서버에 변경한 템플릿을 업로드하는 작업을 필요로 한다.

■ 얼마의 시간이 소요되는가?

가입형 블로그 서비스를 사용하는 경우 인상적인 레이아웃을 업로드하고 실행하는데 대략 5분에서 최대 10분이 소요된다. 많은 기능 등과 함께 독립 운영되는 블로그들의 설정은 실행까지 대략 1일 이상이 소요될 것이다. 설치, 설정, 그리고 레이아웃 템플릿을 제작하는 데 일반적으로 하루가 필요하다.

한번 시스템을 결정하고 나면 당신이 기능 또는 디자인 변경을 결정하기 전까지는 설정을 다시 해야 할 필요가 없음을 알아두자.

■ 폰트

독자 중심의 블로그 설계 시, 당신의 블로그에 사용하기 위한 글자체를 선택하는 것은 가장 중요한 결정요소 중 하나이다. 사이트를 디자인할 때 선택할 수 있는 폰트의 종류가 많지만 그 중에서 블로그에 직접 사용할 수 있는 폰트들은 많지 않다.

특별한 경우를 제외하고, 웹 페이지는 사용자의 컴퓨터에 이미 존재하는 폰트로만 표시할 수 있기 때문에 가능한 독자들의 시스템에 이미 설치된 폰트를 선택하여야 한다. 만약 독자들이 이용할 수 없는 폰트를 선택한다면 그들의 브라우저 소프트웨어는 자동적으로 대체 폰트를 적용할 것이다. 그러한 대체 폰트는 당신의 디자인과 조화를 이루지 않는 것일 수도 있고 또는 의도했던 것보다 보기 힘들 수도 있다. 이러한 이유로 대부분의 블로그 탬플릿은 범용 폰트를 채택한다. 그러나, 만약 당신의 독자적인 템플릿 또는 디자인을 선택했다면 별도의 주의를 기울일 필요가 있다.

블로그에서 컴퓨터 화면에 표시되고 읽히기 위해 디자인된 서체 중 '베르다나Verdana'체를 자주 사용된다. '베르다나'체는 보편적으로 사용되며, 매킨토시, 윈도우와 유닉스를 포함한 많은 플랫폼에 걸쳐 대부분의 컴퓨터에 이미 설치되어 있다. 일반적으로 설치된 화면 친화적인 다른 폰트들은 'Georgia'체 그리고 'Trebuchet'체가 있다.

■ 큰 것이 더 낫다

컴퓨터 모니터는 타일로 덮힌 벽과 같다. 모니터 상의 개별적인 '타일'또는 픽셀을 컬러링하면 이미지가 나타날 것이다. 요즘 들어 모니터는 점점 커지고 픽셀은 점점 작아지는 추세이다. 결과적으로 매년 웹 디자이너들은 이전보다 작업을 해야 할 '벽'은 커지고 '타일'은 작아지는 것이다.

그 결과, 웹페이지와 블로그 디자이너들은 큰 폰트 사이즈를 지정하고 있다. 본문은 14 픽셀 그리고 제목은 위해서는 60 픽셀까지 어떤 때는 더 큰 글씨를 지정하기도 한다.

폰트가 크면 그만큼 컨텐츠를 읽기가 쉬워지지만 지나치게 클 경우 독자들에게 제목과 본문이 독자를 향해 고함을 지르는 것과 같은 느낌을 갖게 할 수도 있다.

풍부한 타이포그라피 전달을 위해 플래쉬FLASH를 사용

웹 디자이너들과 유명한 블로거들이 원하는 글자체를 쓸 수 있게 페이지를 디자인하게 해 주는 편리한 유틸리티가 있다. 이런 방법은 특정 폰트를 설치하지 않은 방문자의 화면 상에서조차 멋지게 폰트들을 표시한다. 아마도 당신은 정말로 사용하길 원하는 회사의 서체를 가지고 있거나 당신의 블로그에 이상적이라 느끼는 특별한 폰트를 가지고 있을 것이다. 플래쉬(Flash) 기술은 당신이 원하는 어떤 폰트라도 사용할 수 있게 해 준다.

플래쉬는 원래 인터넷을 통해 애니메이션과 고품질의 일러스트레이션을 전달하기 위해 개발된 웹 미디어 포맷이다. 다수의 인기 있는 온라인 축하 카드, 게임, 그리고 만화들은 플래쉬를 사용하여 전달되며 플래쉬는 가장 널리 사용되고 있는 웹 그래픽 포멧들 중 하나가 되었다.

플래쉬는 웹 서퍼들에게 웹브라우저 내에 플러그인으로 설치되는 플래쉬 플레이어 소프트웨어를 설치할 것을 요구한다. 그러나, 현재 웹서퍼들의 97% 이상은 플래쉬 플레이어 소프트웨어를 보유하고 있고, 만약 방문자가 플래쉬를 보유하고 있지 않다고 해도 당신이 지정한 폰트(베르다나체 같은)가 대체될 것이다.

■ 색상

블로거 또는 타이프패드와 같은 가입형 블로그 서비스에서, 당신은 전문적으로 디자인된 각종 템플릿 중 당신의 블로그를 위한 색상을 선택할 수 있다. 재능 있는 디자이너들이 사전에 페이지들을 제작하였으며, 밝고 전문적인 색상을 선택하는 작업을 훌륭하게 수행하여 템플릿으로 제공한다. 만약 당신이 무버블 타입 또는 워드프레스와 같은 프로그램을 사용하고 독립 서버를 운영한다면 블로그의 배치와 적절한 색상을 설정하기 위해 디자이너를 고용하여야 할 것이다.

만일 당신의 블로그를 맞춤화하고 자신의 템플릿을 만들기를 원한다면 자신의 회사 마케팅 자료들에 사용되는 색상들을 사용하고 싶을지도 모른다. 혹은 이미 잘 어울리는 색상으로 제작된 로고를 가지고 있을 지도 모른다. 그렇다면 그것을 다시 사용하면 된다. 대부분의 기업들은 그들의 기존 사이트 구조에 단지 블로그를 추가하고 이미 확립된 페이지의 디자인과 일치시킨다.

우리가 종종 사용하는 방법 중의 하나는 벽돌 건물 또는 풍경 같은 디지털 사진에서부터 자연의 색상들을 추출해 내는 것이다. 우리는 사진 편집 어플리케이션으로 사진을 열고 점안 도구를 사용하여 가장 두드러진 색을 선택하고 그런 다음 우리의 블로그 디자인을 위한 견본으로 그것을 사용한다. 색상 변경을 위해 *www.colorcombos.com*을 시험해 보라. 당신이 좋아하는 색으로 시작하면 그 사이트는 당신이 사용할 수 있는 조화로운 견본을 만들어 줄 것이다. 웹 상의 색상 디자인 사이트Colors on the web*(www.webwhirlers.com/colors/colorwizard.asp)*은 잘 어울리는 색상 선택에 도움을 주는 많은 기사, 도구, 그리고 팁들을 제공한다.

블로그는 가볍고 편안한 느낌을 줘야 함을 기억하라. 그리고 오렌지와 녹색과 같은 부드럽고, 소박하고, 따뜻한 색상들을 사용해야 한다. IBM의 파란색 대신 J. Crew의 카탈로그를 떠올려 보라(물론, 당신이 IBM 사원이 아니라면).

■ 사용성과 접근성

바람직한 웹 사이트는 사람들이 구경하기 쉽도록 단순하고, 누구나 쉽게 접근할 수 있으며, 핸드폰과 PDA를 포함한 다양한 디바이스를 통해 읽을 수 있어야 한다. 웹 초기, 만약 이러한 조건을 만족하는 웹 사이트를 구축하기 위해 표준 HTML을 사용해 보았다면, 당신은 그 작업이 상당히 어렵다는 것을 알게 되었을 것이다.

1998년, 웹 디자이너 그룹은 웹사이트를 제작하려는 사람들이 이러한 작업그리고 수많은 다른 작업들을 쉽게 하기 위해 모여 웹 스탠다드 프로젝트Web Standards Project(WaSP)라는 모임을 만들었다. 그들의 의도는 다양한 환경에서 올바르게 작동하는 사이트의 디자인을 단순화시킬 웹사이트 제작을 위한 표준을 만드는 것이었다.

많은 웹 개발자와 디자이너는 지금 '표준에 기반을 둔 설계'를 고수하고, 그들의 페이지 제작에 WaSP에 의해 사용 가능하게 된 가이드라인과 도구들을 사용한다.

이러한 초기 WaSP 지지자 중 대다수가 현재의 블로깅 시스템 디자인에 참여하였고, 그 결과 이 시스템으로 제작된 페이지는 거의 항상 표준에 기반을 둔 디자인을 자동적으로 준수한다. 이것의 큰 이익 중 하나는 그러한 블로그 사이트들이 일반적으로 연방법을 준수한다는 것이다. 이 법에 따르면, 정부 부처는 신체장애인도 웹사이트를 이용할 수 있도록 만들어야 한다고 요구하고 있다. 블로그의 깔끔하게 구성된 컨텐츠는 시각장애인이 사용하는 음성 화면 판독기에 이상적으로 적합하다.

표준에 기반을 둔 구조 덕분에 블로그 사이트들은 핸드폰과 PDA과 같은 장치들에 당신의 포스트와 다른 블로그 컨텐츠들을 쉽게 표시할 수 있다. 대부분의 HTML 페이지는 대체로 작은 화면에서는 왜곡된 덩어리처럼 보인다. 그래서 블로깅은 기존의 많은 웹 사이트가 도달할 수 없는 광대한 독자들에게 열려 있는 것이다. 우리는 이러한 경우를 직접 보았다. 클립엔실사의 판매 초기에 중요한 고객들 중 일부는 페리로 통근하는 고객이었다. 그 고객들은 클립엔실사의 사이트가 블로그 기반이었기 때문에 PDA로 열람하여 제품 정보를 보고, 제품을 구입할 수 있었다. 이처럼 쉬운 접근성은 플레이스테이션, Xbox 또는 웹 서핑이 가능한 모든 장치들과 같이 PC가 아닌 장비에도 적용된다.

디자이너의 고용

블로그가 블로그의 특성들을 포함하여야 하지만 굳이 가입형 블로그 서비스가 제공한 템플릿을 근원으로 한 다른 블로그들과 유사하게 제작할 필요는 없다. 만약 디자이너 스텝이 없다면 차후를 생각해서 한 명을 고용할 것을 제안하고 싶다. 디자이너는 일반적으로 당신의 블로그 전체 모든 페이지를 구축하는 데 사용되는 두 개 또는 세 개의 템플릿만을 제작하기 때문에 그 비용은 높지 않을 것이다. 만약 당신이 커뮤니티를 위한 대형 블로그 또는 블로그들의 네트워크를 구축하고자 한다면 개발자와 디자이너의 고용을 진지하게 고려해봐야 한다. 물론 이러한 경우에 예산은 기존 웹사이트 수준만큼이나 커진다.

04. 인터렉티브 디자인

마지막으로 블로그는 유연해져야 함을 기억하라. 당신은 블로그를 론칭하거나 또는 스타일을 변경하기 위해 까다롭게 디자인과 개발 프로세스를 수행할 필요가 없다. 자유롭게 새로운 레이아웃을 시도해 보고, 컨텐츠를 옮기고, 기능을 업데이트해 보라. 당신은 블로그 서비스로 운영 중인 블로그의 대부분을 변경할 수 있을 것이다.

이제 당신은 뛰어난 블로그를 만들기 위해 어떠한 구성과 디자인을 선택해야 하는지 알게 되었다. 이제는 그 구성요소들을 잘 섞어서 적절한 블로깅으로 연결시키면 된다.

블로그 운영을 위한 적합한 소프트웨어 플랫폼을 선택하는 것은 유연성과 파워를 최대화하는 반면 비용과 노력은 최소화된다는 것을 보증한다.

다음 장에서, 우리는 당신이 선택해야 하는 여러 가지 블로그 서비스에 대해 자세히 살펴볼 것이고, 실행하기 전에 어떤 요인들을 고려해야 하는지에 대해 논의할 것이다.

어떤 블로그 서비스를 사용할 것인가?

비즈니스 블로그 개설을 기획하는 시점에서는 어떠한 블로그 서비스를 활용할 것인가에 대한 고민을 거치게 될 것이다. 결론부터 말하자면, 타겟 고객의 성향을 분석하여 블로그 서비스 선택에 반영하는 것이 우선이겠지만 개설 이후 많은 독자들을 유입하게 될 검색엔진에 대한 검토도 빠뜨리지 말아야 할 것이다.

특히 국내 검색포탈들은 대부분 블로그 서비스를 제공하고 있기 때문에 각 서비스별 장단점을 살펴보아야 할 것이다. 예를 들면, 검색 점유율 1위인 네이버 검색에 블로그 포스트의 노출을 고려해 서비스를 선택하여야 한다는 것이다.

그러나, 네이버 블로그 서비스를 이용하여 비즈니스 블로그를 개설해야 네이버 검색결과에 상위 노출될 것이라 판단하지 마라. 각 블로그 서비스의 장단점을 살펴보아야 한다. 참고적으로 네이버 블로그는 상업적 컨텐츠를 게시하는 블로그에 대해 검색 노출 배제라는 제제를 가하고 있다.

따라서, 비즈니스 블로그를 개설하는 부분에 네이버 블로그 서비스 이용이 불리할 수도 있다는 점을 고려해야 한다. 또한, 설치형 블로그를 활용하여 비즈니스 블로그를 개설한 경우 각 검색엔진별 상위 노출에 불이익이 있는지를 살펴보아야 한다.

현재 국내 기업들이 사용 중인 블로그 서비스들은 다음과 같다.

1. 티스토리(www.tistory.com) : 하이브리드형 블로그 서비스

한국지엠 블로그 http://blog.gm-korea.co.kr/, 한국마이크로소프트 블로그 www.windowstalk.co.kr, 한국인삼공사 블로그 www.samsamstory.com 등 많은 국내 기업들이 이용 중인 블로그 서비스이다. 티스토리의 제공 웹서버를 사용하여 데이터베이스에 접근은 어렵지만 디자인 변형 자유도가 가입형 블로그보다 상대적으로 높아 많은 기업들이 사용 중이다. 또한 티스토리에서는 해마다 파워블로거 선정에 기업블로그를 선정할 정도로 기업의 정식적인 블로그 활용을 지원한다. 그러나, 스팸성 컨텐츠만을 발행하는 블로그에 대해서는 게재 중지와 같은 조치를 취한다는 점을 명심하자.

2. 네이버 블로그(http://section.blog.naver.com/) : 가입형 블로그 서비스

회원가입 후, 간단한 설정만으로 블로그를 쉽게 개설할 수 있는 서비스이다. 국내 네이버, 다음, 파란 등 포털사이트에서 서비스를 제공 중이다. 초기 개설이 쉬운 장점 외에도 비전문가가 운영하기 쉬운 서비스로 비즈니스 블로그에 별도의 개발팀을 지원할 수 없는 규모의 기업들이 선호하는 서비스이다.

또한 타겟 고객들의 성향에 따라 이러한 서비스를 선택하기도 하는데, 예를 들면 미스터피자의 블로그 미피 러브 http://blog.naver.com/

mrpizzalove 와 도미노피자의 블로그 도미노 스토리 *http://blog.naver.com/dominostory/* 는 10대와 20대 타겟 고객의 특성을 반영하여 네이버 블로그 서비스를 이용 중이다.

그러나, 네이버 블로그 서비스를 선택할 시에는 앞에서도 언급 했듯이 상업적 컨텐츠를 게시하는 블로그에 대해 검색 노출 배제라는 제제를 가하고 있음을 인지하여야 한다.

3. 워드프레스*(http://wordpress.org/)* : 설치형 블로그 서비스

최근 GS칼텍스의 블로그 *http://www.insightofgscaltex.com/* 를 구축하는 데 적용된 블로그 서비스. 웹서버를 별도로 준비해야 하고, 구축에 개발팀이 필요하지만 하이브리드 형보다 더 높은 설계 자유도를 제공하여 일부 기업들이나 파워 블로거들이 관심을 가지고 적용하는 추세이다. 그러나, 설치형 블로그로 비즈니스 블로그 개설 시 검색엔진별 상위 노출에 불이익이 있는지를 반드시 살펴보아야 한다.

초기 블로그 서비스를 선택하는 것은 굉장히 중요한 일이다. 운영 중에 서비스를 변경하는 것은 여러 작업도 문제이겠지만 검색엔진 최적화 부분에 큰 손해가 될 수 있기 때문이다. 혹시 발생할 수 있는 블로그 서비스 변경을 대비해서 블로그 서비스 선택 후 블로그의 특징인 독립주소를 100%로 활용하기 위해 독립 도메인 연결을 반드시 고려하도록 하자.

BUSINESS BLOG

Chapter **05**

블로그 실행을 위한 도구

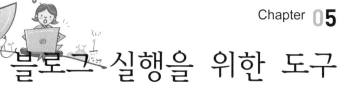

블로그 실행을 위한 도구

성 공적인 블로그를 위해 필요한 기술과 도구는 무수히 많다. 문제는 당신이 이러한 것들을 모두 사용할 수 없다는 것이다. 하나의 기능을 선택하고 난 후 필요에 의해 좀 더 적합한 것으로 교체하는 것은 곤란한 문제를 가져올 수 있기 때문이다. 이번 장에서는 당신이 선택해야 하는 주요한 블로그 관련 소프트웨어와 서비스를 결정할 때 고려해야 할 요소에 대하여 논의할 것이다. 또한 이 장의 후반부에서 옵션들을 정리한 간편한 도표를 제공하도록 하겠다.

사용할 소프트웨어를 결정하고 나면 해결해야 할 기술 관련의 결정이 있다. 어떻게 포스팅하길 원하는가? 오디오 또는 비디오 팟캐스트를 제공할 것인가? 당신의 블로그에 광고를 게재할 것인가? 저작 프로세스의 관리가 필요하고, 수많은 새로운 기능들을 추가하길 원하는가? 우리는 앞에 놓여진 주요한 결정들을 당신과 함께 할 것이며, 당신이 블로그를 본격적으로 시작하고, 발행하고, 그리고 성공적으로 이끌 수 있도록 가이드를 제공할 것이다.

01. 블로그의 요건을 진단하라

블로거들이 사용할 수 있는 도구들과 서비스들은 가격, 기능과 기술 조건에 있어서 매우 다양하므로 당신의 조직과 참여하는 운영자들에 의한 철저한 평가를 통해 혼란을 막아야 한다. 적합한 도구들과 기술들을 선택하는 것은 모든 면에서 중요하다. 크루즈 여행 중에는 낙하산이, 또는 남극 대륙 여행에는 해충제가 필요하지 않은 것처럼 말이다. 반면, 당신이 만약 히말라야 산맥을 등반하고 있다면 셰프파족의 안내자와 동행하는 것이 좋을 것이다. 이와 마찬가지로 당신이 정확하게 블로고스피어로서 어떤 여행을 할 것인지그리고 누구와 함께 하는지를 알면 잘못된 장비를 챙기는 불상사는 없을 것이다.

■ 몇 개의 블로그를 운영할 것인가?

당신이 후에 여러 개의 블로그를 운영하게 될 수도 있는지 판단하라. 블로깅의 세상에 들어온 많은 기업들은 여러 개의 블로그를 운영하길 원하며 심지어 전 직원이 블로그를 갖기를 원하기도 한다. 일부 블로그 호스팅 서비스는 이러한 유형의 확장을 수용하지만 대부분은 그렇지 않다. 따라서, 초기에 단기와 장기적으로 적용할 블로그 서비스를 결정하기 위해 이러한 질문을 숙고하는 것이 좋다.

■ 몇 명의 블로거를 참여시킬 것인가?

비록 하나의 블로그를 운영한다 하더라도 포스팅을 위해 다수의 운영자 또는 필진이 필요하다고 생각하게 될지 모른다. 따라서, 블로그 기획 시 여러 가지 서비스와 소프트웨어 패키지가 이러한 요구들을 어떻게 지원하는지에 대해 조사하는 것은 중요하다.

다수의 필진들의 참여에 대한 지원이 가능한가? 그렇다면 필진들에게 각각 다른 레벨의 권한을 부여할 수 있는가? 예를 들면, 일부 필진들이 작성한 포스트는 발행 전에 검토 후 발행되도록 하고 또 다른 필진들의 포스트는 검수 없이 바로 발행되는 권한을 부여할 수 있다.

다수의 필진을 구성하여 블로그를 운영하는 것과 관련하여 더불어 고려해 봐야 할 사항은 원격으로 포스트를 등록하는 기능이다. 일부 블로그 서비스들과 엔진들은 이메일을 경유하여 포스트를 등록하는 것을 지원하고 또한 일부는 지원하지 않을 것이다.

■ 어떤 기술적 자원이 활용 가능한가?

웹서버를 구성하거나, HTML 페이지를 제작하거나, 데이터베이스를 설치하는 것처럼 전문적인 작업을 수행하는 것에 숙련된 직원 또는 대행사의 활용이 가능한가? 만약 그렇다면, 당신은 모든 웹사이트 관리를 직접 수행해야만 하는 중소 기업 운영자와 완전히 다른 입장에 서게 된다. 기술진의 유무는 블로그 운영 방법과 활동 폭에 있어서 더 많은 기회와 유연성을 가져다 줄 수 있기 때문이다.

■ 당신이 필요로 하는 제어는 무엇인가?

당신은 일반적으로 기술과 연관된 사업에서 가능한 한 많은 제어를 갖길 원하는 편인가 아니면 작은 노력으로 주요한 편익을 얻는 것에 더욱 관심이 있는 편인가? 블로깅에서 당신은 제한되지만 간단한 제어와 많은 노력이 필요한 강력한 제어 사이에서 계속 선택을 해야 할 것이다.

사업의 성격에 대해 간략한 평가가 끝나면 당신은 다음 섹션으로 넘어갈 준비가 된 것이다. 이제 우리는 여러 가지 블로깅 엔진들과 서비스들의 일부 특성을 살펴볼 것이다.

02. 소프트웨어 시스템 또는 서비스의 선택

블로깅 도구들이 그들의 핵심 속성과 특징들데이터베이스 구조, 독립주소 permalinks, 피드를 통한 신디케이트, 레이아웃과 디자인의 유연성 등에 있어 일관성을 갖고 있는 반면, 그것들 사이에서는 여전히 큰 차이가 존재한다. 부적절한 플랫폼을 선택하고 추후 다시 '적절한' 도구로 변경하는 것은 시간을 낭비하는 것일 수 있고, 심지어 그로 인해 독자층이 대폭 줄어들 수도 있다.

이번 섹션에서, 우리는 인기 있는 블로그 도구들과 함께 각각의 도구들의 장점과 단점을 살펴볼 것이다. 또한 이 섹션의 마지막 부분에 그 내용을 표로 정리하도록 하겠다.

■ 가입형 블로그 서비스

만약 빠르고, 쉽게 그리고 기술적인 고민 없이 블로깅을 시작하고 싶다면, 가입형 블로그 서비스를 활용하는 것이 적합한 방법일 것이다. 타이프패드, 블로거, 워드프레스닷컴WordPress.com, 라이브저널LiveJournal과 같은 서비스들은 당신에게 소프트웨어와 미리 디자인된 템플릿 페이지를 제공한다. 이러한 가입형 블로그 서비스를 사용할 때에 당신이 해야 하는 일은 단지 온라인 계정을 개설하기 위해 회원 가입하고 블로그 레이아웃과 스타일을 선택하는 것이다, 단 몇 분 만에 포스팅을 시작할 수 있다.

만약 당신이 핫메일Hotmail과 같은 웹 브라우저를 경유하여 접근이 가능한 웹메일 계정을 사용해 보았더라면, 가입형 서비스를 이용하는 것이 어떠한 것인지 이미 경험하여 알고 있을 것이다. 핫메일과 다른 웹 기반의 이메일 서비스와 같이, 가입형 서비스는 온라인 계정을 제공한다. 그리고 웹 브라우저를 이용한 온라인 접속을 통해 상호 작용한다.

이러한 서비스는 비싸지 않다. 대부분의 서비스는 무료이고 심지어 고가인 것도 한 달에 20달러를 넘지 않는다.

가입형 블로그 서비스는 인터넷 접속이 가능한 컴퓨터의 웹브라우저를 통해 누구든지 블로그를 구성할 수 있고, 포스트를 작성할 수 있고, 레이아웃을 조절할 수 있다. 즉 당신은 어디에서든 포스트를 작성할 수 있고, 디자인을 변경할 수 있으며, 페이지 상의 구성요소들을 조정할 수 있다.

그러나, 이 서비스는 서버 상의 프로그램 또는 스크립트에 어떠한 것도 접근할 수 없을 뿐만 아니라 서버의 구성이나 데이터베이스 설정을 변경할 수 없다.

이러한 가입형 서비스의 일부는 고기능의 블로깅 시스템을 만들기 위해 현재 열심히 노력하고 있으며, 수많은 최고의 비즈니스 블로거들은 이러한 스타일의 블로그를 그들의 컨텐츠 발행과 온라인 커뮤니케이션을 성공적으로 관리하기 위해 사용한다.

역자의 댓글

국내의 가입형 블로그 서비스는 네이버, 다음, 야후, 파란 등 포탈 서비스 업체가 제공하는 블로그 서비스가 있으며 이글루스나 티스토리와 같은 좀 더 전문적인 서비스들이 있다(티스토리 서비스는 가입형 블로그 서비스와 설치형 블로그 서비스의 장점을 취해 제공한다 하여 하이브리드형 블로그 서비스로 불리우기도 한다).

▷ 장점

가입형 블로그 서비스를 이용하는 것처럼 쉬우면서도 저비용으로 블로그를 개설하는 데 특별한 방법이 필요 없다. 소프트웨어를 설치하거나 유지할 필요가 없고, 서버를 관리할 필요가 없고, 사용자들을 지원하는 기능을 개발할 필요가 없다. 이러한 모든 장점들은 당신이 훌륭한 포스트를 쓰는 것에 집중할 수 있도록 한다.

또한 가입형 블로그 서비스는 당신이 디자이너를 고용하지 않고도 매력적인 블로그를 만들 수 있게 하기 위해서 많은 시간과 노력 및 비용을 다양한 템플릿을 제작하는 것에 투자하고 있고, 블로그 디자인을 당신의 취향에 맞추어 설정할 수 있도록 단순한 방법을 제공하고 있다.

가입형 서비스는 종종 같은 서비스를 이용하는 다른 블로거들에게 당신의 블로그를 알릴 것이다. 예를 들면, 타이프패드는 그들의 메인 로그인 페이지에서 '최근 업데이트된 사이트'의 리스트를 제공한다. 이것은 당신의 블로그를 홍보할 수 있는 좋은 공간이다.

▷ 단점

많은 블로깅 전문가들이 가입형 서비스를 이용하지 않는 주요한 이유 중에 하나는 도메인 이름을 관리하는 방법 때문이다. 설계에 의해, 가입형 서비스는 당신의 블로그를 그들의 도메인 주소 하위에 서브도메인으로 제공할 것이다. 즉, 당신의 포스트들이 *www.acmewidgets.com*의 도메인 주소로 보여지는 대신, *acmewidgets.typepad.com* 또는 *acmewidgets.blogspot.com*이라는 서브도메인으로 표현될 것이다.

많은 기업들은 이러한 점이 비전문적인 인상을 준다고 느낀다. 만약 *www.acmewidgets.com*의 도메인을 이미 보유하고 있다면, 가입형 서비스의 서브도메인을 사용한다는 것은 방문자들과 검색엔진들이 당신의 사이트에 대하여 많은 관심을 기울이고 있지 않다는 것을 의미한다.

당신의 포스트를 다른 누군가의 도메인 하위에 게시한다는 것은 다른 서비스로 전환하는 것과 이전에 작성한 포스트를 새로 변경한 위치로 옮기는 것을 상당히 어렵게 하고 검색엔진들과 북마크들을 혼란스럽게 함을 의미한다.

이러한 제한을 도메인 네임 포워딩domain name forwarding[1] 또는 도메인

---

1   하나의 도메인으로 로딩되어야 할 것을 다른 도메인에 있는 홈페이지 내용을 로딩되게

네임 매핑domain name mapping[2]과 같은 기술을 사용함으로써 부분적으로 극복할 수 있다. URL 리다이이렉팅Redirecting[3]과 다른 전문적인 기술을 사용함으로써 가입형 서비스의 포스트들을 다른 도메인 아래에 위치하는 것처럼 보여지게 할 수도 있지만 그러나 이것은 완전한 해결책이 아니다. 만약 당신이 가입형 서비스를 계속 사용한다면 당신의 기술진 또는 컨설턴트과 이러한 방법들이 합리적인 선택인지 결정하기 위해 논의할 필요가 있을 것이다.

또한 운영 서버에 접근할 수 없는 것은 특히 스크립팅 또는 별도 제작 프로그램을 통해 사이트의 기능을 확대하려는 사람들에게 큰 제한일 수 있다. 당신의 사이트에서 포함하고 싶은 중요한 옵션들을 서버 변경이 필요하다는 이유 때문에 추가가 불가능할 때가 올지도 모른다.

예를 들면, 우리가 최근 알게 된 경험이 풍부한 블로거는 블로그에 광고를 게재하는 대가로 수익을 내고 있는데 이러한 광고 브로커는 블로거들에게 광고 배치를 자동화하기 위한 간단한 스크립트를 블로그 운영 서버에 설치할 것을 요구한다. 따라서, 가입형 블로그 서비스를 사용하는 블로거들은 돈을 벌 수 있는 이러한 광고 서비스를 활용할 수 없다.

많은 기업들이 가입형 블로그 서비스를 사용하지 않는 또 다른 이유는 그들이 직원들 각자에게 블로그를 가지게 할 것을 계획한다는 점이다. 각 블로그와 블로거들을 위해 개개의 계정을 설정하는 것은 기

하는 것을 말함.

2 도메인 네임 매핑 서비스는 여러 개의 도메인 네임을 하나의 홈페이지로 묶는 것을 말함.

3 특정 웹페이지에서 다른 도메인으로 이동하는 것을 말함.

업에게 있어 시간을 낭비할 수 있고 잠재적으로 많은 비용이 소용될 수 있다. 또한 이러한 작업들은 기업이 블로그와 블로거들을 관리하는 작업을 더욱 어렵게 만들 수 있다.

당신은 또한 다운 타임과 유지 관리와 같은 사항들을 고려하여야 한다. 당신의 가입형 서비스가 다운되어 당신의 사이트를 이용할 수 없을 때가 있을 것이다. 대형 가입 서비스 시스템들 중 블로거와 타이프패드, 두 개의 서비스는 한 번에 몇 시간 동안 서비스가 중지되는 사고를 겪었다. 그리고, 블로그 운영 서버를 직접 운영하지 않으므로, 서버가 중지된 상황에서 어떻게 언제 서버를 복구할 수 있는 구체적인 제어도 할 수 없을 것이다. 그러나 만일 자신이 독립적으로 운영 중인 블로그의 운영 서버에 이상이 발생한다면 서버의 복구와 운영을 직접 담당하고 있는 담당자에게 연락만 하면 될 것이다.

모든 기업들이 고려해야 하는 또 다른 관점은 가입형 블로그 서비스는 언제든지 그들의 재량에 의해 당신의 사이트를 폐쇄시킬 수 있는 권한을 가지고 있다는 점이다. 우리는 타이프패드, 블로거, 라이브저널 서비스 약관을 검토하고, 그들이 당신의 계정을 어떤 이유에서든 종료할 수 있는 권리를 일반적으로 가지고 있다는 것을 발견했다. 반면 다른 일부 서비스, 예컨대 워드 프레스닷컴은 어떠한 서비스 조건도 요구하지 않는다.

많은 기업들은 이것이 지나치게 위험하다고 받아들인다. 당신이 무엇을 결정하든지, 상기의 요소들과 더불어 가입형 블로그 서비스 회사

의 장래 재정 안정도와 같은 잠재적이고 장기적인 문제를 고려하여야
한다.

■ 설치형 블로그 시스템

이미 블로그 도구들이 완전히 설치되어 있고 단순히 계정을 가입하
여 개설하는 가입형 블로그 서비스와는 대조적으로 설치형 블로그 시
스템은 기업에게 그들의 블로그 시스템을 직접 설정하고 관리할 수 있
는 능력을 제공한다.

만약 당신 또는 당신의 팀원이 웹서버를 다루는 것에 익숙하다면,
당신의 블로그 소프트웨어를 설치하는 방법이 최적의 방법일지도 모
른다. 현재 다운로드하여 당신의 웹서버에 설치할 수 있는 다양한 유
료또는 무료의 소프트웨어 프로그램들이 있다.

대부분의 비즈니스 요구에 부응하는 고성능 시스템은 워드프레스가
입형 서비스와 설치형 서비스 양쪽 모두 제공한다, 무버블타입, 드루팔Drupal과 같은 프
로그램들과 그 외 다른 수많은 프로그램들을 포함한다.

하지만 당신이 실제로 이러한 프로그램을 적용할 자체 서버를 보유
할 필요는 없다. 서버 기반의 블로그 운영 도구들은 당신의 자체 웹서
버 또는 인터넷 서비스 제공자ISP가 제공하는 호스팅 서버에 설치할 수
있다. 베리오Verio, 인터랜드Interland와 같은 대부분의 알려진 호스팅 회
사는 당신이 블로그 프로그램을 원격으로 설치하고 관리할 수 있는 서
비스를 제공할 것이다.

당신의또는 ISP에서 제공하는 웹 서버에서 블로그 소프트웨어를 설치하고 실행함으로써 블로그의 거의 모든 기능을 제어할 수 있다. 또한 당신의 블로그 소프트웨어가 기능이 부족하다고 판단되면, 소프트웨어의 기능을 강화할 수 있는 스크립트 또는 플러그인을 설치하는 것이 가능하다.

역자의 댓글

국내의 대표적인 설치형 블로그 시스템은 테터앤컴퍼니의 텍스트큐브*(www. textcube.org)* 가 있다.

▷ 장점

자체 서버 기반에 블로그 소프트웨어를 설치하고 관리하게 되면 블로그의 특징 및 구성 그리고 맞춤 디자인 적용이 가능하게 된다는 장점이 있다. 즉, 맞춤 페이지 설계, 선택적인 기능들, 추가적인 저장공간 그리고 맞춤 프로그래밍의 이점들을 모두 이용할 수 있게 된다. 사용자들과 블로그들을 당신의 뜻대로 더 추가할 수 있고, 그들이 운영하고 있는 여러 가지 사이트에 대한 접근 권한을 제어할 수 있다.

또한 가입형 블로그 서비스의 도메인명과 관련된 문제를 완전히 해결할 수 있으며 자신의 도메인 네임을 사용할 수 있다. 따라서 방문자들은 다른 사이트의 참조 URL을 결코 볼 수 없을 것이다.

이러한 도메인 네임의 이익은 장기적인 유연성과 관계가 있다. 블로그들이 당신의 도메인 하위에 위치하므로, 만약 당신이 다른 블로그 프로그램으로 변경하기로 결정한다 해도 경로명은 동일하게 유지할 수 있다. 이 말은 독립 주소permalinks는 변하지 않는다는 것을 의미한다. 쉽게 설명하면 이것은 당신의 전체 블로그들을 운영 중지하고, 그 것들을 다른 소프트웨어를 이용하여 재구성하여도 구글이 주소의 차이점을 알지 못한다는 것을 의미한다. 이러한 장점은 당신의 이전 포스트들은 모두 쉽게 검색엔진에 노출되도록 유지될 것이다.

또한 그것은 당신이 이용 중인 인터넷 서비스 제공회사가 문을 닫아 당신의 블로그가 운영 중지된 경우에도, 새로운 인터넷 서비스 제공회사에 그것을 재 개설할 수 있고, 당신의 모든 포스트는 검색엔진이 생각하는 위치에 그대로 주소를 유지하게 됨을 의미한다.

이것은 가입형 블로그 서비스에서 서비스가 중단되거나 다른 플랫폼으로 이전을 결정할 때 일어나는 일과 완전히 다르다. 가입형 블로그 서비스의 경우, 경로명과 독립 주소들은 일반적으로 재생성하기가 훨씬 어렵다또는 심지어 불가능하다!. 연결이 끊어진 혹은 불량의 연결 링크는 블로고스피어에서 당신의 노출도와 파인더빌러티를 상당히 축소시킬 수 있다.

▷ 단점

설치형 블로그 시스템은 설치, 구성, 관리, 맞춤작업과 지원이 필요하다. 당신은 이러한 작업을 수행할 수 있는 팀의 구성 및 확보가 필요할 것이다. 우리가 제 4 장 '독자를 위한 블로그 설계'에서 이야기한 것처럼 기본 시스템을 설치하고 실행하기 위해 하루를 쓰고 플랫폼 유지 관리, 백업, 그리고 약간의 스크립팅과 데이터베이스 관련 작업 수행을 위해 일주일에 한두 시간을 쓸 수 있도록 자원을 편성하라.

가입형 서비스와 비교하면, 대부분의 설치형 프로그램들은 디자인 페이지의 템플릿들을 많이 제공하지 않고 색상, 폰트 또는 배치의 변경이 용이한 통합적 특성도 없다.

그러므로 당신은 템플릿 페이지를 제작하기 위해 전문 디자이너를 필요로 할 것이고, 개설 이후 디자인의 변경을 위해서도 디자이너들이 필요하게 될 것이다. 이것은 가입형 블로그 서비스에서는 필요치 않는 추가 비용과 시간적 지연을 의미한다.

소프트웨어 자체의 비용이 일반적으로 최소비용_{사용자당 20달러에서 40달러}이거나 무료이지만, 당신은 설치, 관리, 설계에 소요되는 인건비를 포함시켜 고려해야 한다. 대부분 중소형 비즈니스에서 가입형 서비스를 이용하면서 지불되는 비용보다 설치형 시스템에서 당신의 블로그를 실행하는 부분에 더 많은 비용이 필요하게 될 것이다.

하이브리드 호스팅 서비스(Hybrid Hosting Services)

양쪽의 장점을 취하다?

대안적인 블로깅 엔진의 새 유형들이 등장하기 시작했다. 야후 스몰 비즈니스(Yahoo! Small Business)와 같은 회사들은 월정액을 받고 당신을 위한 설치형 시스템을 관리할 수 있는 서비스를 제공한다. 가입형 서비스와 같이 계정 생성을 위한 가입을 하지만, 무버블 타입 또는 워드프레스(일반적으로 자신의 서버에 설치해야 하는 소프트웨어) 설치를 위해 접속을 하게 될 것이다.

이러한 시나리오로 양쪽의 장점을 모두 취한다. 그들은 서버를 관리하고 소프트웨어를 설치하고, 당신은 단지 로그인하여 더욱 강력한 블로그 솔루션에 접속한다. 심지어 가장 인기 있는 스크립트와 플러그인을 일부분 설치하므로 당신은 더 많은 기능을 얻을 수 있다. 뿐만 아니라 당신만의 독자적인 도메인 네임을 사용할 수도 있다.

■ 맞춤 제작 시스템

만약 활용 가능한 유능한 프로그래머를 고용하고 있어또는 당신이 웹 프로그래밍에 대해 잘 알고 있다면, 처음부터 자신만의 블로깅 시스템을 제작하는 경우 강력한 제어와 맞춤 최적화를 얻을 수 있다.

이러한 접근 방식이 큰 유연성을 제공하기 때문에 자신의 블로그 소프트웨어를 직접 만드는 기술자들은 이러한 접근 방식을 선호한다. 제작하는 소프트웨어는 관련된 사람들이 사용하고 싶어하는 서비스와 더욱 일치되도록 설계가 가능하다.

관심있는 개발자들은 PHP와 ASP.NET과 같이 인기 있는 개발 언어로 미리 작성되어 이용 가능한 수많은 블로그 소프트웨어의 구성 요소들이 있다는 것을 발견할 것이다. 그리고 이러한 모듈들은 맞춤 제작의 블로그 엔진을 만들기 위해 손쉽게 조합될 수 있다.

또한, 루비온레일즈Ruby on Rails와 같은 몇 개의 새로운 프로그래밍 환경들이 등장하고 있으며, 이러한 새로운 프로그래밍 환경들은 특히 블로깅 어플리케이션을 만드는 것에 최적화되어 있다. 지지자들은 이러한 프로그래밍 환경들을 이용하여 고급 기능의 시스템을 빠르게 구축할 수 있다고 주장한다.

이같은 장점들에도 불구하고, 처음부터 자신의 블로그 엔진을 제작하는 것이 적은 이유는 블로그 엔진들이 시간이 흐르면서 현저하게 진화했기 때문이다. 오랜 기간의 개발 덕택에, 초기 블로깅 어플리케이션들이 애태우던 한계는 대부분 극복되었다.

또한 기존 엔진들의 확장성 경향도 있다. 이러한 경향은 완벽하게 시간과 노력을 낭비할 필요 없이 기능을 추가하기 위해 블로그 엔진을 구입하거나 플러그인 프로그램을 구입할 수 있는 것을 의미한다.

기존 엔진들을 이용하는 또 다른 중요한 이유는 이용에 대한 지원과 안내를 위해 구축된 사용자 커뮤니티를 활용할 수 있다는 점이다. 사용자 커뮤니티에는 소프트웨어의 추가 기능 또는 기능 향상에 대해 당신의 질문에 대한 응답과 컨설턴트 의뢰, 또는 안내할 수 있는 많은 포럼들과 블로그들, 기사와 다른 자원들이 있다.

한 가지는 확실하다. 당신은 골수 블로그 매니아처럼 보이게 하는, 자체 제작 HTML 페이지에 의해 만들어지는 개인 일기 스타일의 사이트만은 피하고 싶어 한다는 점이다. 우리가 알고 있듯이 적지 않은 사람들이 블로깅을 이러한 방식으로 시작하였고, 결국 모두 후회했다. RSS 피드, 독립 주소, 코멘트의 부족, 그리고 자체 코딩의 불편함은 어처구니없는 대안이 되게 했다. 또한 당신은 사이비 블로그를 가지고 있다는 블로고스피어의 비난을 받게 될 가능성도 크다.

■ 엔터프라이즈 레벨 시스템(대기업 수준의 시스템)

일부 조직의 경우, 대규모의 고기능 블로깅 솔루션만이 그들이 찾고 있는 기능을 제공할 것이다. 엄격한 규정이 있는 공기업 또는 많은 직원 블로거들에게 권한을 주길 원하는 기업들은 고기능의 '엔터프라이즈' 블로깅 어플리케이션을 진지하게 살펴보고 싶어할 것이다.

마르퀴Marqui, 아이업로드iUpload, 트랜잭션 소프트웨어Traction Software, 식스어파트Six Apart, 블로그트로닉스blogtronix 그리고 그 외 기타로 제공되는 프로그램들은 서버 설치 블로그 엔진의 단순한 확장 버전을 넘어서 큰 위력을 가지고 있다. 엔터프라이즈 블로그 소프트웨어는 게시되는 컨텐츠를 주의 깊게 통제하고, 추적하는 기능을 제공하는 것에 초점을 맞추고 있다.

블로깅이 비즈니스를 위해 놀라운 일을 할 수 있는 반면, 큰 위험도 따를 수 있다특히 사베인즈옥슬리법(Sarbanes-Oxley) 또는 공정공시 규정(Regulation FD(Fair Disclosure))에 묶인 조직들에게. 공정공시 규정은 '비공개 자료'를 공개하는 것을 금지한다. '실적이 좋은 분기'에 대하여 너무 초기에 생각없이 포스트하는 블로거는 본인이나 본인이 속한 기업이 민사상의 제제를 받을 수도 있다.

엔터프라이즈 블로그 어플리케이션은 포스트 검수 프로세스 기능을 가지고 있다. 일반적인 블로깅 프로그램에서 포스트는 단순하게 작성되고 버튼 클릭을 통해 '발행'하게 되는 반면, 엔터프라이즈 프로그램에서 포스트는 비공개, 편집, 내용 검증의 주기를 거쳐 발행된다.

승인 그리고 리뷰의 과정은 포스팅을 하는 직원들만을 대상으로 하는 것이 아니다. 이러한 시스템은 기업의 브랜드에 손상을 줄지도 모르는 코멘트들과 트랙백들을 여과할 수 있다. 물론 대화는 중요한 것이지만, 방문자들이 당신의 블로그에서 당신이 피하고 싶은 내용의 트랙백과 코멘트를 등록할지도 모른다. 엔터프라이즈 어플리케이션은 악플들이 바로 게시되지 않게 하는 기능을 지원한다.

또한, 이러한 고기능의 블로그 엔진들은 정확한 기록을 원하는 사람들을 지원하는 다양한 기능들을 가지고 있다. 이와 같은 대부분의 프로그램들은 특정한 개인에 의해 제작되고, 삭제되고, 편집된 모든 포스트를 추적하고, 호출하는 기능을 가진다. 그리고 상세한 활동과 시간에 대한 보고서를 생성할 수 있다.

이외에도 엔터프라이즈 블로그 어플리케이션은 일반적으로 인트라넷Intranet과 프로젝트 관리 기능을 보유한다. 내부 협업과 커뮤니케이션 도구는 종종 엔터프라이즈 블로깅 프로그램의 일부분이 된다.

위와 같은 프로그램들은 많은 장점이 있지만 그만큼 많은 비용을 부담해야 한다. 이러한 기본적인 엔터프라이즈 시스템을 운영하는 데에 대략 5,000달러에서 10,000달러 이상의 비용이 소요된다. 만약 수백 명의 사용자를 계획한다면, 사용자 1인당 유료 설치형 블로그 시스템 적용시와 비교한다면 충분히 가격 경쟁력이 있다.

마지막으로 블로그 플랫폼을 선택하는 것을 돕기 위해, 표 5.1에서 당신을 위한 최적의 엔진이 어떤 것인지 알아볼 수 있는 일부 가이드라인을 제시한다.

카테고리	우선 순위	자원들	엔 진
소규모 자영업 (개인 컨설턴트, 저자 등)	설정과 관리의 용이성	대부분 자립적	가입형 블로그 서비스: 타이프패드, 블로그하버(Blogharbor), 스퀘어스페이스(Squarespace) 등
중소기업 (1~10명의 블로거)	설정과 관리의 용이성	일부 기술 컨설턴트 이용 가능, 그러나 비용과 복잡한 것은 지양	가입형 블로그 서비스 타이프패드, 블로그하버(Blogharbor), 스퀘어스페이스(Squarespace) 등
중소기업 (1~10명의 블로거)	제어능력: 기능 추가의 유연성과 블로그 시스템으로부터 최대한 자원을 희망	즉시 투입 가능한 기술자, 디자이너 직원 또는 컨설턴트 및 예산 보유.	설치형 블로그 시스템: 무버블 타입, 워드프레스, 텍스트 패턴(TextPattern), 익스프레션 엔진(Expression Engine) 등
기업 (1~50명의 블로거)	대화의 진행: 개방형 문화, 블로고스피어에 임직원의 적절한 참여를 위탁	기업 내 웹 호스팅 및 디자인 전문가 보유	설치형 블로그 시스템: 무버블 타입, 워드프레스, 텍스트 패턴(TextPattern), 익스프레션 엔진(Expression Engine) 등
대기업, 공기업 (1,000명의 잠재적인 블로거)	엄격한 제약 규정을 관리: 다수의 블로거들을 관리, 메시지 전달에 엄격한 제어를 유지	웹과 네트워크 서비스의 포괄적인 관리를 하는 대형 IT 부서 보유	엔터프라이즈 레벨 시스템: 마르퀴, 무버블 타입, 엔터프라이즈, 아이업로드(iUpload), 왓카운트(WhatCounts), 트랙션 소프트웨어(Traction Software), 블로그트로닉스(Blogtronix) 등

표 5.1

이 책을 통해 그리고 위의 표와 같이 우리는 가장 유명한 블로깅 엔진에 대해 일부 언급하였으나 지금도 새로운 엔진들은 끊임없이 개발되고 있다. 이 가이드 라인은 특정 소프트웨어를 추천하기 위한 것은 아니다. 우리는 당신을 위한 시스템을 찾는 조사를 위해 이 가이드 라인을 참고할 것을 부탁한다.

03. 당신의 블로그 포스트를 발행하라

일단 당신이 블로그를 실행하게 되면, 소프트웨어를 강화하고 운영을 훨씬 쉽게 해 주는 다양한 옵션의 설정, 도구들, 그리고 기술들이 있다. 우리는 이번 섹션에서 사용하기는 매우 쉽지만 시간을 절약하고 영향력을 극대화하는 방식으로 큰 이익을 수확할 수 있는 몇몇의 아이템에 대해 이야기할 것이다.

■ 핑ping 그리고 홍보

핑ping 서비스는 당신의 블로그에 새로운 정보가 업데이트되었음을 세상에 알려 주는 기능이다. 만약 당신이 포스트할 때마다 서비스를 통해 알려 주는 장치를 블로그에 설정한다면, 당신의 포스트를 읽는 독자들의 수가 늘어날 것은 확실하다.

수백만 명의 사람들이 관심 있는 주제에 대한 최신 정보를 탐색하기 위해 RSS 검색엔진을 사용한다. 테크로라티Technorati, 펍서브PubSub, 그리고 피드스터Feedster와 같은 검색엔진은 새로운 정보가 생성되는 블로그 포스트들그리고 RSS 관련 다른 컨텐츠을 모니터링한다. 이러한 검색엔진들은 특정 항목을 검색할 수 있을 뿐만 아니라 검색을 저장하고 RSS 리더로 제공 받을 수 있는 맞춤 피드를 생성, 제공한다. 결론적으로 사람들은 피드를 저장하는 검색엔진 덕분에 당신의 블로그를 발견하게 되고 그 후, 잠재적으로 당신 블로그의 피드를 구독하게 된다는 것이다.

당신이 나파밸리 와이너리Napa Valley winery(와인농장)를 운영하고 최근 생산된 까베르네Cabernet의 출하 소식을 담은 포스트를 발행한다고 가정해 보라. 이때 당신의 블로그에 핑을 설정하였다면, 테크노라티에서 나파Napa와 까베르네Cabernet의 검색어를 저장하여 RSS 피드를 등록한 사람들은 아주 빠르게 이 소식을 전해 받게 될 것이다. 당신이 피드를 설정한 방법에 따라, 그들은 뉴스리더를 통해 당신의 포스트 헤드라인이나 적어도 포스트의 일부분을 수신하게 될 것이다.

이것은 당신의 블로그가 발견되는 주요한 방법 중의 하나이며, 블로깅이 마케터들에게 있어서 매우 중요하게 된 주된 이유이다. 만일 핑서비스를 작동하도록 설정하지 않는다면 이처럼 시기 적절한 방식은 일어날 수 없다. 핑 서비스는 블로그 검색엔진의 웹로봇이 당신의 블로그를 방문하여 최신 정보를 업데이트하는 것을 기다릴 필요가 없다는 것을 의미한다. 당신의 핑서비스는 지금 바로 방문하여 새로운 기록을 업데이트하라고 블로그 검색엔진에게 알려 주기 때문이다.

가장 널리 사용되고 있는 2개의 핑 서비스는 웹블로그닷컴Weblogs.com과 블로그스Blo.gs(http://blo.gs/) 이다. 대부분의 블로깅 프로그램들과 서비스들은 당신의 사이트가 업데이트될 때 알려 줄 수 있도록 이런 서비스를 설정하도록 되어 있다. 반대로, 만일 당신의 블로그를 비공개로 설정하고 싶거나, 아직 공개할 준비가 되어 있지 않다면 반드시 핑 서비스를 오프모드로 설정하라!

■ 데스크탑에서 포스팅하기

일반적으로 웹 브라우저에서 워드프로세스 작업을 하지는 않을 것이다. 워드프로세스와 스프레드시트 작업을 무료로 제공하는 일부 웹사이트들이 있다 하더라도, 그 사이트들은 별로 인기가 없다. 웹페이지 로딩의 지연과 (종종 대기 문제로 간주되는) 다운 현상은 브라우저 기반의 작업을 심하게 방해한다.

이런 문제점은 경험이 풍부한 대부분의 블로거들이 포스트를 작성하고 편집하기 위해 데스크 탑 기반의 블로그 에디터를 이용하는 주된 이유가 된다. 이러한 편집 프로그램은 마이크로소프트의 워드와 같이 당신의 컴퓨터 하드 드라이브에서 실행되고 귀찮은 '클릭 그리고 대기'의 프로세스보다 많은 이익을 제공할 것이다.

쿼마나Qumana, 블로그젯Blogjet, 엑토Ecto 그리고 블로거Blogger와 같은 프로그램들은 당신의 데스크탑 컴퓨터에 설치할 수 있고 언제든 실행할 수 있다심지어 인터넷에 접속 여부와 상관없이. 당신은 단지 프로그램을 실행하고, 새로운 포스트를 만들면 된다. 당신이 웹에 연결될 때는 오직 포스트를 블로그 엔진에 업로드 할 때뿐이다. 페이지 로딩을 위한 대기 지연이 없고 블로그 서비스 오류로 인해 작성된 포스트를 잃어버리는 경우를 방지한다. 또한 철자 확인과 같은 내장형 기능들 덕분에 편집과정이 쉬워진다. 아울러, 당신은 포스트를 작성하고, 블로그 엔진에 제출하기 위해 워드, 텍스트 에디터, 또는 비비에디트BBEdit 또는 드림위버Dreamweaver와 같은 HTML 에디터를 사용할 수 있다.

■ 팟캐스팅(Podcasting) 그리고 미디어

텍스트 중심의 포스트는 당신의 시장과 커뮤니케이션하는 훌륭한 방법이다. 그러나 블로거들이 이용할 수 있는 다른 컨텐츠 옵션들이 있다. 오디오, 비디오와 사진은 당신의 블로그를 더욱 주목 받게 할 다른 형식의 미디어이다. 시청각 미디어를 제작하고, 편집하고, 배포하기 위한 발달된 기술들 덕분에 현재 '팟캐스트podcast'를 통해 수많은 독자를 얻는 것이 가능해졌다.

팟캐스트(PODCAST)란?

팟캐스팅(Podcasting)은 RSS 피드에 의해 배포되는 오디오, 비디오 컨텐츠이다. 팟캐스팅이란 용어는 아이팟(iPod)과 방송(broadcasting)의 조합으로 구성되었다. 이름과는 달리, 오디오 컨텐츠는 실제로 방송되지 않고(사용자 요구에 의해 오디오 컨텐츠를 다운로드 하는 방식이다) 아이팟 없이도 오디오 컨텐츠를 들을 수 있다. 팟캐스팅은 블로깅과 같이 제작자에게 비교적 적은 노력으로 많은 독자를 만날 수 있다는 장점 때문에 인기를 얻게 되었다.

이전 상점 주인들은 고객들을 커뮤니티의 구성원으로서 일대일로 직접 대면하는 방식으로 고객들과의 관계를 형성했다. 오늘날의 비즈니스는 전세계의 고객들을 보유하고 있으되, 그들을 결코 직접 만날 수는 없다. 블로그는 지구촌에 작은 상점과 같고 비디오 카메라와 팟캐스트로 상점 주인의 친밀한 목소리와 얼굴을 보낼 수 있다. 팟캐스팅은 고객 충성도를 향상시키는 가장 저렴한 비용의 방법이다.

팟캐스팅은 1년이 채 안 되는 동안에 성공이 불확실한 기술에서 주류 미디어의 통로로 전환되었다. 팟캐스트는 모든 중요 미디어의 통로로 제공된다. 그리고 믿어지지 않을 정도로 인기가 있는 애플사의 음악 컨텐츠 스토어 아이튠즈iTunes에는 30,000개 이상의 팟캐스트들이 존재한다. 흥미 있는 주제가 있으면 반드시 블로그에도 내용이 실리듯이 팟캐스트에서도 역시 마찬가지이다.

전 세계 수백만 명의 사람들이 아이팟과 같은 휴대용 미디어 플레이어portable media player, PMP을 통해 새로운 것을 학습하고 따라가기 위한 도구로써 사용하고 있다. 이러한 사람들은 운전을 하거나, 운동하거나 또는 접시를 닦을 때 들을 수 있는 양질의 컨텐츠를 원한다. 팟캐스팅의 사업가 에릭 라이스Eric Rice(www.ericrice.com)는 '팟캐스팅은 고객에게 방해를 덜 주고 그들의 시간을 더욱 존중하면서 적절한 컨텐츠를 제공하는 완벽한 방법이다'라고 말했다.

현재 많은 블로거들은 무료 오디오 팟캐스트들을 제공하고 있다. 팟캐스트가 양질의 컨텐츠를 제공하기에 가장 단순하고 쉬운 방법이며 또한 그것은 비즈니스에 도움이 된다고 입소문이 퍼졌다. 우리의 블로그에 오디오 팟캐스트들을 추가 적용하였을 때, 트래픽이 50퍼센트가 증가하는 것을 보게 되었고, 다른 블로거들도 역시 이에 대해 유사한 현상을 주장하고 있다.

톰 래프트리Tom Raftery는 아일랜드에서 IT 컨설팅 회사를 운영하는 블로거이고, 그의 블로그www.tomrafteryit.net는 웹 기술과 관련된 화제들을 다룬다. 래프트리는 '팟캐스트를 추가하고 난 후에 사이트 방문자 수의 현저한 증가가 있었다'고 말한다.

그의 말에 따르면 방문자의 수는 3개월 동안에 두 배가 되었고 '대역폭에 대한 요구 때문에 팟캐스트 사이트podleaders.com에서 재조정이 불가피했다'고 한다.

오디오 팟캐스터는 당신이 제작하여 웹서버에 업로드하는 MP3 형식으로 저장된 단순한 디지털 사운드이다. 이렇게 업로드된 사운드 파일은 애플사의 아이튠즈를 이용하는 사람들이나 RSS 구독자들에게 즉시 이용할 수 있는 RSS 피드로 연결된다.

팟캐스트를 제작하는 것은 쉬우며 또한 구글을 통해 상세한 제작

설명서들을 찾을 수 있지만 여기에서 간략하게 기본 방법을 소개하겠다. 첫 번째 단계는 음원을 디지털 방식으로 녹음하는 것이다. 만약 당신의 컴퓨터에 고성능의 마이크로폰내장형 마이크로폰을 사용할 수도 있지만 음성 녹음을 위해서는 이상적이지 않다과 오디오 소프트웨어를 설치한다면 모든 준비가 완료된 것이다. 많은 팟캐스터들은 이전의 어다씨티Audacity 프로그램과 같이 사운드를 녹음하고 편집할 수 있는 무료 소프트웨어를 선호한다. 맥 사용자는 팟캐스트들을 제작하는 것에 가장 이상적인 애플의 강력한 게라지밴드GarageBand 어플리케이션그림 5.1을 이용할 수 있다. 오디오를 녹음하고 난 후에, 편집 소프트웨어를 활용하여 단절, 기침소리, 그리고 다른 불필요한 음원들을 제거한다. 마지막으로, 파일을 MP3 형식으로 저장하고 당신의 웹서버에 업로드한다.

그림 5.1 애플사는 게라지밴드GarageBand를 팟캐스트 미디어 관리와 웹을 위한 오디오 준비를 위해 훌륭한 어플리케이션을 제공한다.

팟캐스팅에서의 우리의 첫 번째 진출을 위해, '퍼그캐스트pugcast'라고 불리는 팟캐스트를 퍼그블로그(Pugblog(*www.pugblog.com*)) 상에 제작하였다. 짖는 퍼그 (pug) 대장의 유머러스한 팟캐스트들이 알려지면서, 블로그를 갖게 되고 결국 아이튠즈 팟캐스트에 디렉토리를 만들게 되었고, 현재 상당한 트래픽을 유도하고 있다. 퓨리나PURINA사는 최근 애완동물을 키우는 사람들을 위한 상담 전용 팟캐스트를 포함한 커뮤니티 사이트를 개설했다. 심지어 그 사이트에는 개의 관점에서 이야기하는 팟캐스트 소설(*www.huntingelt.com*)을 연재하기도 한다.

■ 오디오 파일을 배포 가능한 팟캐스트로 변환하기

이 시점에서, 당신은 블로그 포스트의 글들이 RSS를 활용한 배포방식으로 독자들에게 폭넓게 전달될 수 있다는 것에 익숙해져 있어야 한다. 오디오 파일도 동일한 방식으로 배포하는 것이 가능하다. 거의 모든 가입형 블로그 서비스들과 설치형 블로그 프로그램들은MP3와 같은 미디어 파일들을 RSS 피드의 첨부로 쉽게 설정할 수 있는 기능을 보유하고 있다.

수백만 명의 사람들은 블로거들에 의해 생성되는 컨텐츠를 보기 위해 넷뉴스와이어NetNewsWire(그림 5.2)와 주스Juice 같은 RSS 뉴스 리더를 사용한다. 그리고 이러한 컨텐츠는 오디오 파일을 포함할 수 있다. 뉴스 리더들은 당신의 컴퓨터에 팟캐스트들을 자동적으로 다운로드할 것이다. 당신은 RSS 피드의 구독 신청만 하면 되고, 나머지는 모두 당신의 컴퓨터가 처리할 것이다. 이 프로그램 중 대부분은 아이튠즈와 자동적으로 통합된다.

News Items		
⚑ ● Blog Business Summit headlines		Date
Blog Business Summit Report 02.20.06: Anil Dash		20 Feb 2006
● Blog Business Summit Report 01.23.06: Stewart Landefeld		24 Jan 2006
● Blog Business Summit Report 01.16.06: Shel Israel		17 Jan 2006
● Blog Business Summit Report 01.09.06: Greg Schwartz		12 Jan 2006
Blog Business Summit Report 01.02.06: Suzanne Donahue		02 Jan 2006

Blog Business Summit Report 02.20.06: Anil Dash

Anil Dash is Vice President of Professional Products at Six Apart.
In our interview, Anil offered some excellent insights about business blogging,
crisis management...

Blog Business Summit - 2/20/06 3:50 PM

Enclosure: bbs_report_022006_anil_dash.mp3 (audio/mpeg) 17.4 MB – not downloaded

(Download to iTunes) (Download) (Copy URL)

그림
5.2
현재 대부분 뉴스 리더를 통해 보여지는 포스트들은 텍스트와 이미지 이상의 것을 포함할 수 있다. 현재 팟캐스트의 링크들은 보편적이다.

당신의 오디오 파일을 위한 RSS 피드 링크를 설정하고 난 후, 당신은 그 피드 링크를 애플사의 아이튠즈 팟캐스팅 서비스에 제출할 수 있다. 애플사의 팟캐스트 데이터베이스에서 특정 관심사를 정기적으로 검색하는 수백만 명의 사람들이 있기에 애플의 디렉토리에 리스트 되는 것은 상당한 양의 노출을 기대할 수 있다. 애플사에 업로딩된 당신의 최신 오디오 파일들을 아이튠즈 사용자들은 자동적으로 수신할 수 있고 심지어 사용자들이 아이팟을 컴퓨터와 싱크synch 연결한다면 그 파일들은 사용자의 아이팟에 마법과 같이 나타나게 될 것이다.

■ 비디오 팟캐스트

블로거들을 위해 새롭게 떠오르는 미디어 옵션은 비디오 포스팅또는

브이로그(vlogs)로 알려져 있다이다. 마이크로소프트사는 그들의 채널 9Channel 9
으로 이 분야의 개척자가 되었다. 채널 9은 하루 방문자가 수천 명인
인기 있는 브이로그이다. 그 곳에서 마이크로소프트사의 직원들, 디자
이너들, 개발자들과 임원진들의 진솔한 모습들을 만나볼 수 있다. 제
공되는 비디오들은 주로 마이크로소프트사의 복도를 순찰하듯 서성거
리는 카메라맨이 촬영하는 필름으로 구성된다.

우리는 채널 9를 구축한 전 마이크로소프트사의 임원 렌 프라이어
Lenn Pryor에게 채널 9 서비스 시작에 대해 묻자 그는 그의 목표가 '무대
뒤에 조연들 이었다'고 말한다. 당신 주위 스텝 중 비디오 팟캐스팅을
해서 스타로 만들 수 있는 사람이 누가 있는지 생각해보자!

미디어와 대역폭(Bandwidth) 문제

오디오 파일의 용량은 크다. 그리고 비디오 파일들의 용량은 더욱 크다. 따라
서, 당신이 둘 중 어느 매체를 중심으로 팟캐스팅을 시작한다면 대역폭 사용의
급격한 상승에 대한 준비가 되어 있어야 한다. 당신의 웹사이트 관리업체나 웹
팀은 모니터링 도구를 준비해야 하고 필요한 경우, 대역폭의 용량을 늘려야 한
다. 당신은 대역폭이 적합한지, 어떤 제한이 있는지에 관해 워드프레스닷컴 또
는 타이프패드와 같은 당신의 서비스 공급자에게 확인을 해야 할 것이다. 당신
은 더 높은 수준의 팟캐스팅을 운영하기 위해 업그레이드할 필요가 있을지도
모른다.

■ 사진의 공유

플리커닷컴Flickr.com 의 인기 있는 서비스 중 하나인 포토스트림
photostream은 블로그 상에서 당신과 친구, 동료들의 사진을 제공할 수

있는 훌륭한 방법이다. 비즈니스에서는 이 서비스를 작업장이나 이벤트와 제품을 보여주는 방법으로 활용한다. 애플사의 아이웹iWeb 서비스는 독자들이 당신의 이미지 피드를 구독할 수 있고, 새로운 이미지가 등록될 때마다 업데이트되는 포토캐스팅photocasting 기능을 제공한다.

이미지, 비디오 그리고 오디오를 추가하는 것은 블로그를 개설하고 페이지, 서버, 블로그 엔진에 그들의 최적화된 코드를 작성하고자 하는 블로거들에게는 다양한 추가 기능들이 있다. 다음 섹션에서 우리는 맞춤 가능한 블로그 소프트웨어를 어떻게 활용하는지에 대해 알아보도록 한다.

04. 추가 기능들을 활용한 성능 향상

당신의 블로그 소프트웨어가 얼마나 강력한 기능을 가지고 있든지 또는 초보적인 수준이든 간에 블로그 소프트웨어에서 '누락된' 기능들을 발견하게 되는 순간이 있을 것이다.

만약 당신의 블로그 엔진에 추가하길 원하는 유용한 기능들이 있다면 널리 사용되고 있는 프로그램이나 스크립트 또는 간단하게 작성하는 프로그램을 활용하여 당신의 블로그 소프트웨어의 성능을 확장할 수 있다.

■ 블로그에 기능을 추가하기

가장 기본적인 수준으로, 페이지 템플릿에 HTML 또는 자바스크립트_{JavaScript} 코드를 삽입함으로써 당신의 페이지에 여러 가지 위젯_{widget} 들을 추가할 수 있다. 제 4 장에서 구글 검색 기능을 블로그 페이지에 추가시키는 것에 대해 설명한 것은 이러한 작업에 대한 하나의 사례이다. 그 사례에서, 추가 작업은 단순히 페이지에 약간의 코드를 복사하여 붙여 넣는 문제였다. 대부분의 HTML 또는 JavaScript 페이지의 성능 향상은 그러한 방식으로 가입형 블로그 시스템을 포함한 대부분의 블로그에 설치될 수 있다.

페이지에 약간의 프로그램을 추가하는 것도 성능 향상에 도움이 되지만, 가장 강력한 성능의 향상은 블로그 소프트웨어에 플러그인_{plug-in}을 설치하거나 블로그를 운영 중인 서버에 스크립트를 추가하는 것이다. 이러한 방법은 당신의 블로그에 중요한 기능을 추가할 수 있다. 플러그인이나 서버스크립트를 설치하는 것은 가입형 블로그 서비스에서는 일반적으로 불가능하지만 자신의 서버나 ISP의 서버 상에서 블로그 서비스를 운영 중이라면 쉬운 작업이다.

블로그 커뮤니티는 일반적으로 그들이 개발한 기능 추가를 위한 스크립트와 프로그램들을 공유하는 것에 긍정적이고 우호적이다. *www.scriptygoddess.com* 과 *www.sixapart.com/pronet/plugins/* 와 같이 스크립트들과 플러그인들을 자유롭게 다운로드할 수 있는 많은 사이트들이 있다. 이 분야는 지금 발전 단계이고, 만일 당신이 설치하고 싶은 기능이 있다면, 손쉽게 이용할 수 있는 확률이 높다.

■ 플러그인과 스크립트

많은 조사를 통해 당신의 요구와 가장 근접한 블로그 서비스를 선택했다 하더라도 당신은 또 다시 이용하고 싶은 추가적인 기능을 발견하게 될 것이다. 다행히도 일반적인 설치형 블로그 소프트웨어의 대부분은 서버의 작업을 변경하는 스크립트를 추가하거나 블로그 어플리케이션의 작동을 변경할 수 있는 플러그인을 설치하는 방법으로 성능을 눈에 띄게 강화할 수 있다. 플러그인과 서버 스크립트는 강력한 성능 향상을 제공하지만 일반적으로 사용자가 서버에 직접 접근할 수 없는 가입형 블로그 서비스에서는 이용할 수 없다.

대부분의 플러그인들은 쉐어웨어shareware 또는 프리웨어freeware로 이용할 수 있고, 이용 가능한 플러그인의 목록은 구글 검색에 사용 중인 블로그 어플리케이션의 이름과 '플러그인'을 조합하여 검색하면 쉽게 찾을 수 있다. 당신이 원하는 어플리케이션을 찾아 다운로드한 후 설치, 설정, 그리고 그것이 제대로 작동하는지에 대한 테스트를 위해 전문가의 도움이 필요할 수도 있다.

일반적으로 플러그인과 스크립트의 활용을 통해 요청되는 기능은 다음과 같다.

▷ 스팸 필터링

스팸 댓글은 상업적인 홍보업자가 검색 엔진 내에 그들의 웹사이트 노출을 강화하기 위하여 사용한다. 그들은 그들 사이트의 링크를 삽입할 의도로 댓글을 작성할 수 있는 블로그들을 찾기 위해 인터넷을 돌아다니는 웹 로봇을 활용한다. 적당한 블로그 포스트를 발견하게 되면, 웹 로봇은 자동적으로 댓글을 등록한다. 스팸 댓글은 거의 다음과 같은 문구로 되어 있다. '당신의 블로그를 좋아합니다. 계속 좋은 글 부탁 드립니다. 온라인 포커를 이용하시려면 여기로!' 사람들이 스패머의 사이트에 링크를 연결한 것처럼 검색엔진을 속임으로써 구글 내에 그들의 페이지 랭크를 향상시키려는 속셈 때문에 당연히, 그들의 사이트 링크가 포함된다. 이러한 형식의 댓글은 마치 블로거닷컴Blogger.com 이 스패머가 블로그닷컴의 필터를 통과하여 홈페이지에 포스트를 했을 때처럼 난감하다그림 5.3 참조.

댓글 스패머들은 종종 그들의 댓글들 내에 다중 링크를 삽입한다. 일부 플러그인들은 댓글 작성자에게 링크의 수를 제한할 수 있다. 또 다른 플러그인들은 스팸에 사용되는 공통적인 단어 또는 구절을 포함한혹은 사용자가 정의한 단어를 포함한 댓글을 자동적으로 삭제하는 기능을 제공한다.

| 그림 5.3 | 스패머들은 그들의 교활한 댓글들을 인기 있는 페이지, 심지어 블로거닷컴의 로그인이 필요한 페이지에도 등록하려고 한다. |

우리는 블로그 비즈니스 서밋Blog Business Summit 사이트에서 우리의 기고자들이 리뷰와 승인을 하기 전까지 코멘트가 게시되는 것을 방지하는 스팸 플러그인과 필터의 조합을 사용한다.

▷ 워크플로(Workflow)

기업이 직원들의 블로깅에 관해 가장 염려하는 것들 중에 하나는 직원들의 블로그를 통해 전달되는 회사에 관한 메시지에 대해서 통제하지 못하게 되지는 않을까 하는 두려움이다. 확인 없이 직원들이 순식간에 외부로 포스트를 배포하는 것은 위험한 일이 될 수 있다. 데이빗 레인즈David Raynes가 명명한 워드프레스WordPress를 위한 저자 워크플로와 필터Workflow and Moderate Authors 플러그인과 같은 워크플로 플러그인을 활용하면, 그들이 블로그 사이트에 실시간으로 포스트를 발행하기 전에 관리자의 승인을 거치도록 할 수 있다.

▷ 사이트 로그 분석

모든 블로그 서비스들과 서버 호스팅 회사들은 당신의 블로그에 얼마나 많은 방문자가 있는지를 추적하기 위한 기본적인 도구를 제공하지만, 더욱 다양한 분석 리포팅 기능을 제공하는 도구들이 플러그인과 스크립트 형식으로 사용 가능하다. 숀 인만Shaun Inman의 민트Mint와 구글 애널리틱스Google Analytics 모두 방문자가 당신의 사이트들 방문하여 어떤 일들을 하는지 상세하게 분석할 수 있는 기능을 제공하는 강력한 스크립트 기반의 로그 분석 프로그램들이다.

능숙한 블로거들은 자바스트립트가 HTML 웹페이지에 직접 삽입하여 작은 부가적 기능을 제공하고 그 페이지의 기능을 향상시키는 간단한 코드라는 것을 이미 잘 알고 있다. 광고, 설문 입력, 이메일을 통한 사이트의 구독 신청 그리고 블로그 검색 등은 당신의 페이지에 쉽게 삽입할 수 있는 일반적인 '위젯 (widget)'들이다.

자바스크립트는 유용하지만 이것과 정확하게 블로그의 데이터베이스를 제어하는 '서버측' 스크립트 또는 블로그 소프트웨어 플러그인과 헷갈리지 않도록 해야 한다. 자바스크립트는 당신의 블로그 페이지를 생성하는 데이터베이스를 제어 할 수 없다. 이것은 단지 페이지들이 어떻게 보이는지 또는 어떻게 동작하는지에 대해서만 관여한다. 만약 당신이 블로그의 데이터를 제어하길 원한다면 서버에 접근 권한이 필요하다. 일반적인 가입형 블로그 서비스는 이러한 접근 권한을 주지 않을 것이다.

▪ RSS와 신디케이션의 강화

대부분의 블로그들은 새로운또는 모든 포스트들을 독자들에게 단순한 피드로 공급하고 있다. 그러나, 이것은 당신의 구독자들이 원하고 있는 것이 아닐지도 모른다. 또한 당신은 때때로 모든 메뉴를 원하지는 않을 것이다!

당신이 사용 중인 블로그 소프트웨어에 따라, 더욱 선택적이고 타깃화된 신디케이션 옵션이 유용할지도 모른다특히 독자적 서버에 설치된 블로깅 엔진을 사용하는 경우. '공급 과다'가 많은 RSS 구독 신청자들이 대표적으로 불만을 가지고 있는 사례이다. 당신의 독자들이 찾고 있는 특정 정보를 제공하는 것이 현명한 일이다. 이것은 더 많은 피드 구독자를 얻는 것과 당신의 피드를 구독하는 독자들로부터의 높은 수준의 관심을 얻는 것을 의미한다.

당신의 블로그 엔진이 이러한 확장된 신디케이션 기능을 어떻게 지원하는가에 대한 특성은 사용하는 소프트웨어에 따라 달라질 것이다. 플러그 인은 그들의 기능을 수행할 수 있는 설치형 시스템을 위해 존재하고, 가입형 서비스는 이러한 통합된 기능들을 다 갖지는 못한다는 표현이 맞을 것이다.

당신이 고려해야 하는 타깃화된 신디케이션 옵션의 일부는 다음과 같다.

▷ 카테고리 피드

편집상으로 통일성 있는 블로그조차도 다양한 화제의 포스트를 담고 있다. 독자들은 당신의 신제품에 대해 듣길 원하지만 당신이 참가하려는 무역 전시회에 대해선 관심이 없을지도 모른다. 포스트들은 카테고리에 속해 분류되고 있기 때문에 특정 카테고리만의 피드를 제공하는 것은 방문자들에게 그들의 관심 분야에 더욱 집중하여 구독 신청할 수 있게 할 것이다. 많은 설치형 블로그 시스템들은 이러한 기능을 수행하는 시스템 구성이또는 플러그인의 설치가 가능하다. 불행히도 대부분의 가입형 블로그 시스템들은 이러한 기능을 가지고 있지 않지만스퀘어스페이스Squarespace는 드문 경우 중에 하나이다 때때로 스크립트 또는 다른 필터링 사이트의 링크들은 카테고리 피드를 가능하게 할 수 있다.

▷ 달력 피드

구독자들은 조직의 달력에 어떠한 일들이 계획되어 있는지 알고 싶어할 것이다. 콜로라도 스키 컨트리Colorado Ski Country는 선호하는 리조트의 새로운 이벤트들에 대해 관심이 있는 독자들을 대상으로 블로그를 운영한다. 그래서 그들은 독자들이 원하는 이벤트 일정이 담긴 달력 피드를 제공한다.

▷ 작가 피드

일부 블로그는 여러명의 작가로 구성된 팀블로그의 성격을 갖는다. 구독자는 그 중 자신의 관심사에 대해 글을 쓰는 특정 작가의 포스트만을 구독하기를 원할지도 모른다. 예를 들어, 뉴욕 타임즈 같은 경우는 각각의 작가에 대한 개별 RSS 피드를 제공한다.

▷ 댓글 피드

많은 독자들은 블로그의 포스트들뿐만 아니라 다른 포스트에 등록된 새로운 댓글들에 대해서도 알고 싶어한다. 강력한 기능의 설치형 블로그 시스템들은 현재 옵션으로 댓글 피드의 기능을 제공하고 있고, 블로그가 결국은 '대화' 그 자체라는 사실을 감안한다면 새로운 댓글이 업데이트되었을 때 통보하는 방식도 의미가 있다.

▷ 맞춤형 피드의 구성

가까운 미래에, 우리는 독자들이 자신에게 적합한 신디케이션의 조건을 짜 맞힐 수 있는 피드 '마법사wizard' 기능을 제공하는 블로그를 보게 될 것이다. 우리는 종종 특정 카테고리, 작가, 그리고 키워드를 조건으로 맞춤 피드를 만들 수 있는 사이트들을 방문한다.

그 자체는 비록 블로그가 아니지만, 애플사의 프로그래머는 RSS 피드를 그들의 음악 어플리케이션 아이튠즈에 통합하고, 그들의 구독자에게 큰 유연성을 제공한다. 아이튠즈 서비스에서 당신은 새로 나온 앨범, 톱10 음악들 그리고 그 이상의 정보를 피드로 구독할 수 있다.

다양한 개별 취향에 맞는 피드 제공에 단점 중의 하나는그리고 가입형 블로그 시스템이 맞춤 피드 제공을 피하는 이유는 블로그를 운영 중인 서버에 부담을 준다는 것이다. 수천 명의 독자들이 수백 개의 맞춤 컨텐츠를 스트리밍 받는다는 것은 새로운 컨텐츠가 추가될 때마다 지속적인 모니터링을 해야하기 때문에 당신의 서버에 과중한 부담을 줄 수 있다.

맞춤 피드를 제공하는 것은 당신의 독자들에게 편리함을 제공할 뿐만 아니라 당신에게는 수익이 되기도 한다. 다음에서 우리는 당신의 페이지와 피드를 특별하게 수정하여 광고주와 후원자를 끌어들일 수 있는 방법에 대해 논의할 것이다.

05. 블로그에 광고 적용하기

블로그가 당신의 비즈니스 향상에 유용할 수 있으며, 때로는 당신의 블로그 자체가 바로 비즈니스가 될 수 있다.

광고와 스폰서십은 블로거들이 그들의 사이트로부터 수입을 얻을 수 있는 주요한 방법이다. 그리고 실제로 이러한 수익원으로 수익을 얻고 있는 블로거들이 적지 않다. 좋은 소식은 광고와 같은 수익을 창출할 수 있는 기능을 당신의 블로그에 추가하는 것이 매우 쉽다는 것이다. 그러나 힘든 점은 당신의 블로그가 수익을 얻기 위해서는 보통 이상으로 인기를 얻을 필요가 있다는 점이다. 대부분의 블로거들은 많은 수익을 얻는 것이 어렵다면 그저 그들의 블로그 서비스 호스팅 비용을 충당할 수 있는 것만으로도 기뻐할 것이다.

■ 블로거들을 위한 광고 서비스

대부분의 광고주들은 그들의 광고비를 전통적인 매체TV광고, 인쇄광고 등로부터 온라인 사이트와 블로그로 옮겨가고 있다. 이러한 트랜드는 블로거들에게 아주 유익한 현상이다. 2005년 어드버타이징 에이지Advertising Age는 구글과 야후의 광고 수익과 ABC, CBS와 NBC 방송의 프라임 타임 광고 수익이 대등하다고 보고했다. 인터넷은 이제 명실상부 빠르게 성장하고 있는 광고 매체로 자리 잡았다.

스폰서십은 블로거들이 노력에 대한 보상을 받을 수 있는 또 다른 방법이다. 타겟 고객에게 맞추어 블로그를 잘 만드는 것은 기업의 후원을 유치할 수 있다. 많은 기업들은 잘 운영되고 있는 블로그에 브랜딩하기를 원한다. 우리는 광고와 스폰서십으로 수익을 얻고 있는 사이트를 가지고 있으며 많은 블로거들이 스폰서십은 일반적으로 더 수익성이 좋고 그들의 방문자들에게 더 나은 경험을 제공할 수 있다고 말하는 것을 직접 확인할 수 있었다.

베스파 블로그Vespa Blog(*www.vespablog.com*, Piaggio USA의 후원을 받음), 리얼베이킹위드로즈realbaking with rose(*www.realbakingwithrose.com*, Gold Medal Flour의 후원을 받음), 그리고 인플라이트HQ보잉 Connexion의 후원을 받음들은 스폰서를 받고 있는 사이트들의 좋은 예이다.

■ 광고 진행 과정

당신이 인기 있는 블로그를 운영한다면, 당신의 블로그에 광고를 게재하고 돈을 투자하기를 원하는 많은 기업들이 있을 것이다. 만약 블로그가 큰 인기가 없다고 해도 당신의 블로그에 광고 캠페인을 진행할 수 있는 몇몇의 광고 네트워크들은 여전히 존재한다.

당신의 블로그에 광고를 추가하는 것은 매우 단순한 작업일 수 있다. 당신이 해야 하는 일은 온라인 광고 네트워크서비스[4]에 가입을 하는 것뿐이다. 서비스에 가입하게 되면 당신의 페이지 템플릿 또는 웹서버에 삽입해야 하는 HTML 또는 스크립팅 코드를 제공받게 될 것이다. 코드를 제대로 삽입하게 되면, 작은 텍스트 광고가 보이기 시작할 것이고 사람들은 클릭하기 시작할 것이다. 그리고 운이 좋으면 수익이 생기기 시작할 것이다.

대부분의 블로거들에게 가장 인기가 있는 광고 서비스는 구글의 애드센스AdSense 네트워크이다. 애드센스 가입자는 그들의 페이지 상의 광고를 얼마나 많은 방문자가 클릭하였나를 기준으로 광고비를 받는

---

4 온라인 광고를 게시하고 그로 인해 발생한 성과에 비례하여 광고 수익금을 배분 받는 형식의 광고 게시 서비스.

다. 애드센스 사이트에 가입하고 구글사의 승인을 거치고 나면 광고가 보이게 되는 조건을 설정광고가 보이는 형태에 대해 크기와 색상을 제외하고는 특별하게 제어할 수 없지만 당신의 경쟁사의 광고나 특정 문구의 광고를 설정에서 제외할 수 있다할 수 있을 것이다.

다음으로, 당신의 블로그에 삽입할 맞춤 광고 코드를 제공받게 될 것이다. 광고 코드가 정상적으로 삽입되면 광고들이 당신의 블로그에 제공되는 것이다.

블로그에서 광고가 등록되어 2~3시간 정도 실행이 지난 후에, 당신의 애드센스 어카운트 페이지에서 얼마나 많은 사람들이 광고를 보고 이러한 것을 임프레션impressions[5]이라고 부른다, 광고를 클릭하였는지, 그리고 무엇보다 얼마나 많은 이익을 얻었는지를 조회할 수 있다.

이와 유사한 다른 몇 개의 광고 네트워크가 있다. 야후와 카누들 Kanoodle이 다른 광고 네트워크를 제공하며 후발 주자로 계속 나타나고 있다. 카누들은 타이프패드와 같은 일부 가입형 블로그 서비스에 통합하여 그 네트워크의 사용자를 위해 가입 과정을 보다 단순하게 했다.

클릭당 지불pay-per-click 광고 네트워크를 선택할 때, 그 서비스가 당신의 독자와 관련된 광고 배치를 제공하고 있는지를 확인해야 한다. 그렇게 함으로써 당신의 광고가 확실히 더 많은 클릭을 얻게 된다. 애드센스와 야후가 이러한 분야에서는 선두주자이다. 우리가 여러 가지

---

5 광고가 사용자에게 1번 보여지는 경우를 1 Impression(1회 노출)이라 함. Ad View와 같은 개념으로 쓰이며, 노출(Page View)의 뜻으로도 통용됨.

서비스를 검토한 것에 의하면, 일부 서비스는 지역적 타깃팅이나 심지어 키워드 분석에 의한 광고 배치와 같은 일은 할 수 없다. 이것은 애드센스와 야후가 제공하는 기능이다.

애드센스와 같은 클릭 광고 네트워크의 경우, 수익은 사이트에 얼마나 많은 방문자가 방문하는지, 광고들이 어디에 위치하는지, 사람들이 클릭을 하게 될 가능성, 광고주가 클릭에 대해 구글에 제공하는 비용비아그라의 광고주가 껌의 광고주보다 더 많은 비용을 지불한다과 같은 몇몇 요인에 의해 영향을 받는다. 대략적으로 계산해보면, 우리가 운영 중인 디지털 사진 블로그는 대략 하루 평균 600명의 방문자보통의 트래픽 수준가 있고 카메라와 아주 밀접한 관계가 있는 광고를 우선 배치광고주에게는 보통 비용 적용하여 광고의 클릭에 대한 수익으로 월 평균 50달러를 받고 있다.

광고를 게시하는 동안 균일한 요금의 광고를 게재할 수도 있다. 블로그애즈BlogAds와 같은 인기 있는 일부 광고 네트워크는 페이지 상에 다양한 크기와 위치에 광고를 배치하고 광고주에게 자신의 광고 가격을 설정할 수 있게 한다. 광고를 통한 수익의 일정 비율을 블로그애즈 서비스에 지불해야 한다.

▷ RSS 피드 상에 광고
인터넷 광고 수익의 새로운 블로그 중심 기반은 RSS 광고 게재 부분에 있다. 광고를 블로그에 게재하는 동일한 일부 네트워크들은 광고를 당신의 블로그 피드에 삽입하려고 할 것이다.

이것은 당신의 블로그를 방문하지 않고 그들의 뉴스 리더를 통해 당신의 포스트를 읽는 사람들이 아직도 '수익원'일 수 있다는 것을 의미한다. 이러한 광고의 배치가 아직 초기 개발 단계이지만 이 광고 장르의 중요성은 시간이 흐르면서 더욱 더 중요해질 것이다. 우리는 머지않아 피드를 활용한 광고가 블로그를 통한 광고 수익에 있어서 주요한 부분이 될 것이라고 기대한다.

이 책을 작성하고 있는 현재, 구글은 애드센스 가입자들에게 선택적 기능으로 RSS 광고를 테스트하고 있다. 이 분야의 선구자 중의 하나인 피드버너FeedBurner(www.feedburner.com)는 당신의 피드에 삽입한 광고에 대한 보상뿐 아니라 당신의 독자층 통계와 함께 배포되는 컨텐츠를 얼마나 많은 사람들이 구독하고 있는지에 대한 상세한 추적 분석을 제공한다.

피드버너와 대부분의 다른 RSS 광고 서비스의 결점 중 하나는, 엄밀히 말해 실제로 방문자는 당신의 피드를 구독하고 있지 않다는 것이다. 대신, 그들은 당신의 컨텐츠를 포함한 피드버너의 피드를 구독하고 있는 것이다. 이것은 만약 당신이 피드버너의 RSS 광고 서비스 이용을 중단또는 다른 서비스로 전환한다면, 현재 당신의 블로그 구독자 모두 '길을 잃게' 될 것이고, 더 이상 당신의 포스트를 수신하지 못한다는 것을 의미한다. 당신은 다른 피드 주소로 독자들이 가입하게 유도해야 할 것이다.

만약 당신이 블로깅 소프트웨어를 자체 서버에 설치하여 운영 중이라면가입형 블로그 서비스를 이용하는 것과 대비해서, RSS에 당신이 자체적으로 광고를 배치할 수 있는 플러그인 또는 스크립트를 이용할 수 있을 것이다.

이것은 당신이 자신의 제품을 광고할 수 있거나, 또는 다른 사이트에 당신 피드의 광고 공간을 판매할 수 있음을 의미한다.

일부 인터넷 순수주의자는 RSS 컨텐츠의 순수성을 욕되게 하는 이러한 광고 개념을 지독하게 싫어한다. 그러므로, 광고를 삽입하는 것은 일부의 부정적인 댓글을 유발할 수도 있다. 가우커 미디어Gawker Media는 이러한 점에 혁신적인 접근을 시도했다. 그들은 광고 없는 부분적인 컨텐츠제목과 본문 일부를 제공하는 피드와 광고가 삽입된 전체 컨텐츠완전한 포스트를 제공하는 피드, 두 가지 종류의 피드를 제공한다.

▷ 스폰서십 계약

때때로 광고주는 블로그 상에 독점적인 광고이기를 기대하며, 당신의 포스트 내에서 그들의 제품 또는 서비스에 대해 언급해 주길 바랄지도 모른다. 심지어 일부의 경우, 당신에게 타겟 시장을 겨냥해 새로운 블로그를 개설할 것을 요구할 지도 모른다. 약속한 블로그 포스트에 얼마나 많은 노력을 하는지 그리고 얼마나 많은 노출과 입소문을 블로그에서 생성해 내는지에 따라, 애드센스의 수익 이상의 많은 수익을 거둘 수 있을 것이다.

NOTE 만약 당신이 수익을 지급받는다면 누구로부터 혹은 어느 기업으로부터 지급을 받는지를 밝혀라. 돈을 받고도 사실을 밝히지 않은 블로거들이 적발된 사례가 여러 번 있었다. 비윤리적인 것보다 더 빠르게 블로그를 침몰시키는 것은 없다.

이러한 사례로 소니의 라이프 해커Life Hacker 블로그 스폰서십을 들수 있다. 소니는 라이프 해커의 단독 광고주가 되기 위해 3개월 동안 매달, 가우커 미디어 네트워크 산하 블로그에 25,000달러를 지불했다. 컨텐츠의 편집에는 영향을 행사하지 않았다. 아주 이상적인 시나리오 처럼 들릴 수도 있지만, 그렇다고 생업을 포기하는 모험을 하면 안 된다. 이러한 방식의 보상은 인기가 있는 사이트의 네트워크를 주관하고 있지 않은 단독 블로거에게는 불가능한 일이다. 소니사가 가우커 미디어를 선택한 이유는 그들이 상당한 트래픽을 만들어 내는 네트워크를 보유했기 때문이다. 네트워크 상에 다른 블로그들로부터 라이프 해커 블로그의 언급과 링크 연결들을 할 수 있게 됨으로써 라이프 해커와 소니사는 검색엔진의 노출 우위를 누릴 수 있었다.

■ 광고 전략

다른 마케팅 관련 블로깅 시도에서처럼, 당신 블로그를 위한 주요 전략적 목표는 많은 방문자들, 독자들, 그리고 인바운드 링크를 가지는 것이다. 만약 당신의 블로그가 그 목표를 달성한다면, 당신이 관리하는 광고 또는 스폰서십 프로그램도 훨씬 수익성 높은 입장에 놓이게 될 것이다. 트래픽과 링크를 늘이는 상위 노출의 전략은 제 7 장 '블로그의 시작 그리고 홍보'에서 깊게 다루게 될 것이다. 일단은 블로그로 더 많은 광고 수익을 얻을 수 있는 몇 가지의 기본적인 전술적 접근에 대한 설명을 하도록 하겠다.

첫 번째는 잘 알고 있는대로 '위치'다. 당신의 페이지 상에 광고를 어디에 배치하는지는 매우 중요하다. 우리가 제4장에서 소개한 시선 추적 지도eye-tracking map를 사용하는 것은 광고를 최상의 가시성을 얻을 수 있는 위치에 배치하도록 도울 수 있다. 또한, 이러한 광고들을 각 포스트 최상단 또는 최하단에 배치하는 방법도 있다. 애드센스 광고로부터 매달 수천 달러를 수익으로 얻는 우리가 알고 있는 블로거는 광고를 포스트 중간에 삽입하는 배치가 가장 많은 클릭을 유도한다고 주장한다.

화제가 되고 있는 주제를 다루는 당신의 포스트는 블로그에 많은 트래픽을 유도할 수 있고 결과적으로 많은 방문자들에 의한 광고 클릭을 초래할 수 있을 것이다. 우리는 아이팟 또는 신작 해리포터 영화와 같이 뜨거운 화제를 다루는 포스트들이 방문수와 광고 클릭의 임시적인 급증을 초래할 수 있다는 것을 알게 되었다. 당신이 시사 화제와 블로그의 임무에 충실한 상태를 유지하는 한, 이러한 전략은 블로그의 주제적인 초점을 약화시키지 않고 부가적인 광고 수입을 효과적으로 얻을 수 있게 할 수 있다.

비록 모든 블로거들에게 적용되는 이야기는 아니지만, 광고와 스폰서십은 블로깅의 비용을 충당시키고 운이 좋다면 수익을 얻어 상당한 부를 축적할 수 있는 손쉬운 방법일 수 있다.

만약 당신의 블로그가 많은 트래픽을 생성하고 화면 상의 중요한 공간을 광고에 빼앗겨도 상관없다면, 당신은 이러한 가능성도 검토해 보아야 한다.

기능과 도구들은 항상 변화와 진보하고 있음을 명심하라. 우리가 이

장에서 소개한 기능들은 현재 조금씩 변했을지도 모른다. 소프트웨어와 서비스는 끊임없이 업데이트되고 서드파티third-party[6] 기능 강화 요인들은 계속적으로 만들어지고 있다.

다행히 가입형 서비스, 설치형 시스템, 엔터프라이즈 레벨 시스템의 기본요소들은 아마도 당분간은 유지될 것이다. 또한, 우리가 이번 장에서 제공한 정보를 발판삼아 처음 블로깅을 접한 사람들이 자신이 원하는 기능과 다른 가능성에 대해 좀 더 깊은 연구를 할 수 있었으면 하는 바램이다.

제 6 장, '블로그에서 글쓰기'에서는 당신이 시스템을 준비하고 운영하기 시작 한 후에 가장 중요하게 해야 할 일과 글쓰기의 시작에 대해 알아보도록 하자.

---

6 하드웨어나 소프트웨어를 개발하는 업체 외에 중소규모의 개발자들이 주어진 규격에 맞추어 제품을 생산하는 경우를 말한다.

비즈니스 포스팅(Business Posting)

고객과 소통하기 위해 그동안 마케터, 홍보 담당자들은 비즈니스 라이팅, 인터넷 글쓰기 등 다양한 글쓰기 방식을 이해하고 사용해 왔다. 그러나, 이제 온라인 상에서의 커뮤니케이션은 웹의 진화, 즉 쓰기 가능한 웹으로의 진화로 누구나 참여가 가능하게 확대되어 또 다른 커뮤니케이션의 방식이 등장하기 시작하였다. 이러한 새로운 커뮤니케이션의 방식 중 국내에서도 활발하게 진행중인 기업 블로그 상의 소통의 방식, 비즈니스 포스팅의 특징과 방법을 설명하고자 한다.

■ 일반 포스팅 VS 비즈니스 포스팅

블로그의 게시물을 작성하는 포스팅의 의미로서는 동일하나 제작된 컨텐츠가 게시되는 블로그의 종류에 따라 일반 포스팅과 비즈니스 포스팅으로 나누어볼 수 있다. 일반 포스팅은 블로그의 화자가 자유로운 주제로 자유로운 형식의 게시물을 작성할 수 있지만 비즈니스 블로그는 기업을 대표하여 특정의 화자가 독자를 대상으로 게시물을 작성하는 것이므로 상대적으로 주제나 표현 방식이 제한적이다. 이를 위해 대부분의 기업들이 이러한 비즈니스 포스팅에 대한 가이드 라인을 자체적으로 제공하고 있다. 만약, 임직원이 개인 블로그에서 기업의 메시지나 서비스를 소개하는 경우도 비즈니스 포스팅의 범주에 포함되므로 해당 포스트에서만은 기업의 가이드 라인을 준수하여야 한다. 그러나, 일반 포스팅과 비즈니스 포스팅 모두 블로그 포스트의 사적인 대화체 형식의 커뮤니케이션 방식을 준수하여야 함을 명심하라.

그림 1 IBM은 블로그를 넘어 Social Computing에 관한 가이드 라인을 임직원에게 제공하고 있다. *http://www.ibm.com/blogs/zz/en/guidelines.html*

■ 비즈니스 포스팅(Business Posting)

이제 국내에서도 대부분의 기업들이 블로그를 통해 대화의 장에 참여하고 있다. 이처럼 기업들이 고객과의 소통을 위해 개설한 기업 블로그에서 게시물을 작성하고 운영하는 활동을 비즈니스 포스팅이라 한다. 즉, 비즈니스 포스팅은 단순히 블로그에 글을 작성하는 것을 넘어 포스트를 기획하고 제작된 포스트를 확산시키고 독자들과 관계를 만드는 일련의 활동을 포함한다.

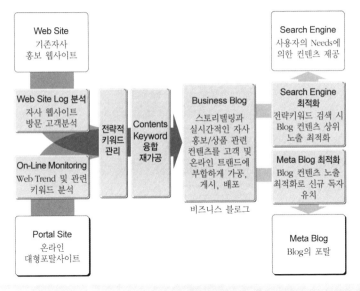

그림 2 비즈니스 포스팅의 과정

■ 비즈니스 포스팅의 화자

블로그는 기본적으로 사적 대화체의 커뮤니케이션으로 진행한다.

따라서, 대화의 중심인 화자가 필요한 커뮤니케이션이다. 대부분 팀 블로그 방식으로 운영되는 국내 기업 블로그의 비즈니스 포스팅에서 화자는 두 가지 방법으로 표현된다.

'소니, 스타일을 말하다*www.stylezineblog.com*'의 스타일지기, '풀무원, 아주 사적인 이야기*pulmuone.tistory.com*'의 풀반장 등 대표화자, 또는 운영팀의 이름을 활용하는 방법과 'GM DAEWOO TALK*blog.gmdaewoo.co.kr*', 'LG, The Blog*blog.lge.com*', '삼성전자, Turn On Tomorrow*www.samsungtomorrow.com*'와 같이 포스팅별 작성자의 실명이나 필명을 공개하는 방법이다. 전자와 같은 경우는 초기 개설된 기업 블로그에서 많이 보여지는 방식으로 임직원 개개인의 노출을 기업이 권장하지 않거나 블로그와 연계한 아이덴터티를 구축하거나 기업블로그를 대행사가 운영하는 경우에 주로 사용되는 방식이다. 최근에는 기업 블로그의 임직원의 참여가 증가함에 따라 각 개별 포스트의 작성 화자명을 공개하는 후자의 방법이 많이 사용되는 추세이다.

■ 비즈니스 포스팅에서 글쓰기

앞에서 비즈니스 포스팅을 기업 블로그에서 포스트를 기획하여 제작하고, 제작된 포스트를 확산시키며, 독자들과의 관계를 만드는 일련의 활동으로 정의하였다. 이러한 비즈니스 포스팅의 초기단계, 즉 포스트 기획 및 제작 단계에서 글쓰기, 컨텐츠의 구성, 리치 미디어의 활용 등의 방법에 대해 알아보자.

■ 비즈니스 포스팅을 시작하기 전 고려사항

비즈니스 포스팅을 시작하기 전, 새로운 커뮤니케이션 방식이 적용되는 블로그의 특성을 고려하여 반드시 명심해야 할 부분은 바로 '독자고객와 눈높이 맞추기'이다. 독자와 눈높이를 맞추고 간극을 줄이는 부분이 소셜 웹 커뮤니케이션의 목표이자 장점이므로 포스팅 전에 반드시 숙지해야 할 것이다. 기본적으로 비즈니스 포스팅을 통해 독자와 눈높이를 맞추는 것은 포스트 기획 시 소재 선택과 포스트 작성시 톤 앤 매너, 두 가지 부분에서 고려되어야 한다.

포스트 기획 시 기업의 전반적인 정보를 숙지한 상태의 담당자들은 기업이 전달해야 하는 주제를 중심으로 포스트의 소재를 선택하거나 처음부터 독자가 기업이나 기업의 서비스 제품에 대해 많은 부분을 이해하고 있다는 가정하에 소재를 선택하는 오류를 범하곤 한다. 따라서, 독자의 입장에서 자사의 기업 블로그에서 어떠한 부분을 먼저 듣고 싶은지를 먼저 고민하여 포스트의 소재를 결정하는 것이 중요하다. 이렇게 독자의 관심, 눈높이에서 선택된 소재는 또한, 독자들의 쉽게 이해하고 공감할 수 있는 톤 앤 매너, 대화체로 전달되어야 효과적일 것이다.

구체적인 사례는 이후 설명에서 살펴보기로 하자. 독자와의 눈높이를 맞추는 것은 비즈니스 포스팅 작업 동안 내내 고려해야 할 사항임을 명심하고 다음 일련의 작업들을 살펴보자.

■ 비즈니스 포스트의 기획

비즈니스 포스트의 첫 번째 단계는 비즈니스 포스트의 기획, 즉 어떠한 이야기를 할 것인가를 결정하는 것이다. 비즈니스 포스트의 기획에서는 상시적인 모니터링 작업과 분석을 통한 기본 작업이 중요하다. 이러한 기본 작업을 거친 인사이트를 기업의 환경과 접목하여 최종적으로 기업의 메시지가 녹아있는 독자들을 위한 포스트의 기획이 완성되는 것이다.

1. 상시적인 모니터링

기업 블로그의 운영을 위해 지속적으로 관심을 가지고 모니터링을 해야 하는 몇 가지 중요한 부분들이 있다. 이러한 모니터링은 우리가 대화를 진행할 때 상대방의 이야기를 먼저 듣고 자신의 이야기를 하는 것에 해당하는 부분이다. 블로그는 곧 독자와 대화라고 할 수 있다. 따라서, 이러한 모니터링의 과정은 중요하므로 매일 정기적인 시간을 할당해 두는 것이 좋다. 자 그럼 기본적으로 모니터링해야 하는 것들을 살펴보도록 하자.

- 블로고스피어

필자도 매일 아침 포스트 발행 전에 항상 그날의 블로거들의 포스트들을 살펴본다. 기업 블로거들은 특히 자사의 비즈니스 영역을 중심으로 블로거들의 포스트를 모니터링하여야 한다. 블로거들의 새로운 포스트를 매번 검색하여 모니터링하기보다는 메타 블로그를 활용하는 것이 시간을 절약해 줄 것이다. 다음 뷰*http://v.daum.net* , 올블로그*www.*

allblog.net, 이글루스 밸리*http://valley.egloos.com* 등 국내 다양한 메타 블로그들을 살펴보라. 자사의 비즈니스 영역을 대표하는 카테고리의 포스트들에서 오고 가는 이야기들을 살펴보고 각 메타 블로그별 베스트 추천 포스트들을 모니터링하여 많은 블로거들의 관심을 파악하고 분석하라.

- 댓글과 트랙백

기업 블로그에 남겨진 독자들의 댓글과 트랙백을 주기적으로 모니터링하라. 댓글과 트랙백은 당신이 포스트를 통해 전한 이야기에 대한 독자들의 대답이다. 대화를 시작하면 상대방의 응대를 주목해야 다음 이야기로 진행할 수 있듯이 댓글과 트랙백에 대한 반응을 모니터링하고 분석한 결과를 당신의 다음 대화, 포스트에 반영하여야 블로그를 통한 대화도 진행됨을 기억하라.

댓글의 모니터링은 포스트 주제 선정에 도움 이외에도 뜻밖에 수확을 안겨주기도 한다.

- 유입 경로와 유입 키워드

기업 블로그를 어떠한 경로를 통해 독자들이 방문하고 있는지, 기업 블로그의 포스트들이 어떠한 키워드로 검색되고 있는지를 모니터링하라. 방문자의 유입 경로를 추적하다보면 알지 못했던 새로운 사실들과 만나게 되는 경우가 많을 것이다. 또한, 지속적으로 방문을 유도하는 경로가 나타난다면 해당 경로를 정기적 모니터링 사이트에 추가하는 것이 좋다. 유입 키워드, 즉 독자들의 검색 키워드는 비즈니스 포스팅의 좋은 소재가 된다. 기업 블로거들의 예상을 깨는 독자들의 관심사들이 드러나기 때문이다. 한국지엠 블로그의 경우 마티즈 크리에이티브 신차 발표 후 지속적으로 검출된 '마티즈 크리에이티브 색상'이라는 유입 키워드를 통해 독자들의 니즈를 파악하고 '마티즈 크리에이티브 색상 중 가장 맘에 드는 색상은 바로 이것!*http://blog.gmdaewoo.co.kr/59*'이라는 주제의 포스트를 발행하여 많은 방문자들을 추가로 유입한 사례가 있다.

- 자사의 이슈

기업 블로그의 특성상 자사의 행사나 신제품 그리고 이슈들에 대해 모니터링하여 포스트 발행 스케줄에 반영하여야 한다. 특히 행사와 같이 비즈니스 포스팅을 위해 취재가 필요한 경우는 일정을 미리 파악하여 취재 방향 및 인원을 결정해 두어야 한다.

- 세상의 이슈

현재 세상에서 회자되고 있는 이슈들을 모니터링하는 것은 블로그를 떠나 모든 대화의 기본일 것이다. 블로그에서는 특히 당장의 이슈와 시즌별 이슈를 구분하여 모니터링하는 것이 좋겠다. 이 글을 여러분들이 읽게 되는 시점의 이슈는 아무래도 '여름휴가'가 아닐까?

2. 인사이트 도출을 위한 분석

지속적인 모니터링의 결과를 비즈니스 포스팅이나 운영에 반영하기 위해서 기본적으로 일간, 주간 단위의 분석이 필요하다. 댓글과 트랙백 등과 같은 경우는 실시간적으로 분석하고 대응하는 경우가 많지만 나머지 모니터링의 결과는 기업 블로그의 운영진과 공유하여 비즈니스 포스트의 주제로 가공하는 것이 바람직하다.

3. 비즈니스 포스트의 주제 설정

모니터링과 분석을 통해 인사이트가 도출되면, 이제는 비즈니스 포스트의 주제로 사용하기 위해 수정과 보완을 하는 단계로 들어선다. 이 단계에서 다음과 같은 항목들을 확인한 후 비즈니스 포스트의 주제로 활용하라.

- 비즈니스 포스트로서 명분이 있는 주제인가?
- 기업의 메시지를 담아낼 수 있는 주제인가?
- 당장의 주제인가 아니면 장기적 주제인가?
  - 기업의 이익이나 기업과 관련된 사람들, 다른 기업에 위험한 주제인가?
- 기업의 비밀을 담지 않는 주제인가?
- 독자들이 이해하기 쉬운 주제인가?

상기의 질문들을 통과하였다면 이제 두 가지 주제 설정 시 많이 실수하는 주의사항을 살펴보자.

첫 번째는 서두에 이야기하였던 '독자와의 눈높이 맞추기'이다. 사례를 들어보면, '윈도우, 익숙하지만 새로운이야기 www.windowstalk.co.kr 런칭 초기, '윈도우 7 새로 설치하기'에 관한 주제를 설정하는 데 '너무 쉬운 주제가 아니냐?', '마이크로소프트 블로그 포스트의 수준을 너무 낮추는 것이 아니냐?', '이것도 모르는 고객들이 있냐?' 등의 부정적인 의견이 많았으나, 정작 포스트 발행 후 다음 메인 화면에 노출될 정도로 많은 독자들의 관심을 유도하게 되었다. 독자는 당신 기업의 직원이 아님을 명심하라. 직원들이 생각하기에 가장 기본적인 것들을 모르고 있다는 사실을 이해하고 눈높이를 맞추어라.

두 번째는 주제를 너무 광범위하게 설정하지 말아야 하는 점이다. 예를 들어 '윈도우 7 설치'라는 주제도 '윈도우 비스타에서 윈도우 7으로 업그레이드', '윈도우 7 새로 설치하기', '윈도우 7 설치 달인의 노하우' 등으로 세분화하여 다루는 것이 좋다. 운영자의 입장에서는 주제가 나누어짐으로 포스팅의 숫자를 늘일수 있고 독자의 입장에서는 좀더 상세한 정보를 들을 수 있어서 좋다. 가장 나쁜 실수는 너무 포괄적인 주제로 개괄적인 설명만 하는 포스트이다.

■ 비즈니스 포스트의 구성

'무엇을 이야기 할 것인가?'에 대한 비즈니스 포스트의 주제가 결정되면 이번엔 '어떻게 이야기 할 것인가?'에 대한 단계, 즉 비즈니스 포스트의 구성 단계를 거치게 된다. 어떤 사진을 어떻게 사용할 것인가?, 동영상을 삽입할 것인가? 내용의 구성은 어떤 순서로 전개할 것인가? 등 스토리의 효과적 전달을 위한 고민의 시간이다. 이때 다른 블로거들의 포스트 구성 방식을 참조하는 것도 도움이 될 것이다. 지금부터 비즈니스 포스트 구성 단계에서 고려해야 할 몇 가지 사항들을 소개한다.

1. 전반적으로 쉽게 훑어볼 수 있는 구성을 고려하라

대부분의 독자들은 블로그 운영자들의 기대처럼 힘들게 만든 포스트를 처음부터 꼼꼼히 정독하지 않는다여러분이 다른 블로그의 포스트를 읽을 때를 떠올려보라. 대신 휠마우스를 활용하여 포스트를 훑어 내려가며 내용을 확인할 것이다. 따라서, 비즈니스 포스트를 제작하는 경우 독자들이 쉽게 살펴볼 수 있도록 구성해야 한다. '마티즈 크리에이티브, 이미지로 미리 만나봅니다.'http://blog.gmdaewoo.co.kr/41 와 같이, 경우에 따라 다양한 사진을 배치하는 것만으로도 효과적인 비즈니스 포스트가 될 수 있다.

2. 사진과 동영상 삽입과 배치를 고려하라

국내 블로그 운영에서 사진과 동영상의 역할은 점점 더 중요해지고 있다. 만약 포스트에 사진이나 동영상 없이 텍스트로만 구성을 한다면 대부분 독자들의 외면을 받게 될 것은 자명하다. 사진의 경우, 직접 촬영한 사진은 더욱 큰 효과를 거둘 수 있다. 사진 공유사이트를 통해 인용한 사진들은 사진 품질이 좋거나 편리할 지는 모르겠으나 독자들의 주목을 끄는 데는 직접 촬영한 사진을 넘어설 수 없다. 그리고, 기업 블로그의 경우 이렇게 인용한 사진들은 CCL의 상업적 이용 부분에 대해 민감한 경우도 발생할 수 있으니 주의해야 한다. 훑어볼 수 있는 포스트 제작과 연관하여 블로그 포스트 작성시에 사진으로 먼저 스토리를 만들어 배치하고 글을 작성하는 방법이 좋다. 이 방법은 글쓰기가 서투른 경우에 배치된 사진을 설명하는 방식으로 사진 해설을 작성하게 되면 글쓰기의 부담을 덜 수 있을 뿐만 아니라 독자들은 사진을 훑어보는 것만으로도 포스트의 내용을 이해할 수 있는 장점을 지닌다. 여기서 주의할 것은 사진에 대한 해당 설명은 사진 상단 부분이 아닌 자세한 신차 발표회 현장 소식은 추후 정리해서 포스팅하겠습니다. 이번 포스트에서는 여러분들이 궁금해할 궁금이나 아이 들어드리기 위해 현장 이미지를 글로벌 내용본 경우의 기준 마티즈 크리에이티브를 소개해 드리겠습니다.

자 그럼 멋지고 크리에이티브한 마티즈 크리에이티브를 이미지로 미리 만나 보시죠?

| 그림 3 | '마티즈 크리에이티브, 이미지로 미리 만나봅니다.' 훑어보기 좋은 포스트의 사례이다. *http://blog.gmdaewoo.co.kr/41* |

하단 부분에 배치해야 하는 점이다. 여러분의 경우를 상상해 보라, 포스트를 훑어보다가 궁금한 사진이 있으면 무의식적으로 어느 부분에서 해설을 찾는지.

동영상 삽입의 경우, 전체 동영상이 1분을 넘지 않게 편집하는 점을 잊지마라. 기업 관련 1분 이상의 영상을 지켜보고 있을 독자가 많지 않음을 명심하라. 그리고, 가능하다면 편집시 자막 처리를 해 주는 것도 좋은 방법이다.

3. 많은 링크 연결을 고려하라

비즈니스 포스트 작성시 많은 자료 참조가 필요하다. 이때, 해당 자료의 출처에 링크로 연결해 주는 것은 블로깅의 기본적인 예의이다. 또한, 기존 자사 블로그의 관련 포스트를 연결하는 내부 링크를 적극적으로 활용하라. 물론 연결되는 기존 포스트는 신규 작성되는 포스트와 내용적 관련성이 있어야 한다.

지난 포스트에서 간편하게 블로깅을 즐길 수 있는 윈도우 라이브 라이터에 대해서 소개해 드렸었죠?

>> 윈도우 라이브 라이터, 블로그 관리가 편안해지는 프로그램!
>> 윈도우 라이브 라이터와 블로그 계정 연결하기

이번 포스트에서는 윈도우 라이브 라이터의 편리한 사진 편집기능에 대해서 설명해 드리려 합니다.
티스토리와 비교했을 경우, 윈도우 라이브 라이터는 좀 더 다양하게 사진을 구성 할 수 있답니다.

| 그림 4 | 내부 링크를 활용하여 포스트를 연재하는 것도 좋은 방법이다. *http://windowstalk.co.kr/97* |

'소니, 스타일을 말하다' 블로그의 경우 포스트 하단에 내부 링크를 재미있게 활용한 사례도 참조해 보자.

>> 소니 사이버샷 DSC-HX5V가 더 궁금한 당신이라면?

* GPS 탑재 소니 디카 사이버샷 HX5V 제품 리뷰 외관편
* GPS 탑재 소니 디카 HX5V를 이미지로 미리 만나보세요
* GPS 기능이 탑재된 소니 사이버샷 DSC-HX5V 출시

그림 5   내부 링크를 활용하여 관련 컨텐츠로 독자를 이동시키는 재미있는 네비게이션을 만들 수도 있다. *http://www.stylezineblog.com/1102*

4. 통일성, 가독성 있는 컨텐츠의 배치를 고려하라

기업 블로그는 다양한 화자들이 팀 블로그 형식으로 포스팅을 하는 경우가 대부분이므로 포스트 구성에 통일성을 주기 위해 가이드 라인을 미리 준비하여 활용하여야 한다. 가이드 라인 작성시 자사의 타겟 독자의 성향을 반영한 컨텐츠 배치를 정의하는 것이 중요하다. 예를 들어 30대~40대 연령의 독자를 타겟으로 한다면 포스트는 중앙 정렬보다는 왼쪽 정렬이 더욱 가독성을 높이는 데 효과적일 것이다.

5. 시간의 흐름 순으로 이야기를 전개하라

현장 취재 포스트의 경우, 시간의 흐름에 따른 순서로 스토리를 전개하는 것이 독자들의 공감을 얻는 데 도움이 될 것이다. '박쥐 시사회장에서 만난 박찬욱 감독, 배우 김옥빈 그리고 브라비아'*http://www.stylezineblog.com/527* 포스트는 시간의 흐름과 기업의 메시지, 그리고 독자의 관

심을 자연스럽게 배치한 사례로 참조해보자.

■ 비즈니스 포스팅에서 글쓰기

이제 비즈니스 포스팅의 컨텐츠 제작의 마지막 단계인 글쓰기 단계이다. 많은 기업 블로거들이 어려워하는 부분이다. 그러나, 사실 '블로그에서 글을 쓴다는 것은 세상에 이메일을 보내는 것과 같다' 라는 말처럼 쉽고 편하게 작성해야 독자도 그만큼 편하게 읽을 수 있다. 많은 독자들에게 대화를 걸 듯 편하게 그리고, 진정성이 담긴 대화체를 활용하는 점에서 일반 글쓰기와는 다르지만 이 차이를 이해하지 못한다면 블로그에서 글쓰기는 상당히 곤혹스러운 작업이 될 수도 있다. 이외에도 특히 비즈니스 포스팅의 글쓰기에서 주의해야 할 점을 살펴보자.

1. 전문 용어를 사용하지 말고 고객의 언어를 사용하여 쉽게 설명하라

기업 블로거들이 가장 많이 하는 실수이다. 자신의 분야와 업무와 관련한 포스트에서 많이 등장한다. 독자들은 당신만큼 당신의 분야의 전문가가 아님을 명심하라. 전문 용어를 쉽게 풀어서 독자를 이해시키는 것이 독자와 눈높이를 맞추는 중요한 작업이다. 독자들이 사용하는 언어를 찾아내어서 활용하는 것이 눈높이를 맞추는 좋은 방법이다. 고객의 언어는 검색엔진의 검색 키워드와 연관 검색어에서도 쉽게 찾아볼 수 있고 블로그를 방문하는 유입 키워드에서도 찾아볼 수 있다. 좀더 구체적으로 살펴보려면 고객에게 기업의 메시지를 설명해 주고 설명받은 고객이 다른 고객에게 설명을 전달할 때 등장하는 고객들만의

회사일을 꼼꼼히(?) 마친 후 영화 '박쥐'의 시사회가 있는 충무로 대한극장으로 향했습니다. "Welcome to DAEMAN", 대한극장이 반갑게 인사하네요~~

평일 오후임에도 불구하고 대한극장앞에는 많은 사람들이 즐거운 표정으로 이야기를 나누고 있었답니다.
로비에 들어선 순간 왠지 모를 자부심이....'특별 시사회'...역시 특별이 주는 감동.
영화 '박쥐'는 기자시사회 이외 일반인들을 대상으로 하는 시사회가 오늘이 처음이자 마지막이라는 이야기를 들었기에 더욱 의미가 있는 것 같았습니다. 사실 제가 시사회에 참석한게 꽤 오래간만이어서 더욱 감회가 새로 왔지요~~

언어를 찾아내는 방법도 참고해보자.

2. 재미있게 그리고 표현은 풍부하게 써라

블로그 포스트의 구성에서도 언급했듯이 재미적 요소는 필수이다. 기업의 메시지를 담은 비즈니스 포스트도 예외는 아니다. 독자에게 읽고 싶은 흥미를 전달하라. 여기서 주의할 점은 재미있는 포스트가 말장난이나 이모티콘의 남발로 연결되어서는 안 된다는 점이다. 기업 블로거로서의 품위를 유지하고 포스팅을 하는 것이 중요하다. 웃음을 전해 주는 것이 재미에 전부라고 생각하지 말자. 제품에 대한 비하인드 스토리나 깊은 정보도 관심 독자에게는 충분한 재미거리가 될 수 있음을 생각해 보라.

3. 문장을 간결하게 작성하라

긴 문장을 사용하는 것은 초보 블로거에게서 많이 보여지는 실수이다. 많은 접속사로 이어지는 장문은 글쓰는 사람에게는 문장의 논지를 흐리게 하고 읽는 독자에게도 전하고자 하는 이야기가 잘 전달되지 않는 경우가 많다. 짧은 호흡, 간결한 문장으로 요점을 빠르고 쉽게 이해할 수 있도록 하라.

4. 사적인 대화체의 글을 써라

블로그는 사적인 대화체로 이야기를 이어가는 것이 기본이다. 여기에 화자의 개성이 담기는 부분까지 고민을 해보자. 개인적인 화자의 스타일이 담긴 대화체의 이야기는 독자들의 많은 관심을 얻게 될 것이다.

5. 다른 블로거들의 글을 많이 읽어라

글을 잘 쓰는 방법의 정도는 다른 사람의 글을 많이 읽는 것이다. 마찬가지로 비즈니스 포스팅의 경우는 많은 다른 블로거들의 포스트를 읽어야 한다. 그리고, 포스트를 이해하고 여기에 나아가 많이 포스팅을 해 보는 것이다. 경험을 따라올 지름길은 비즈니스 포스팅의 경우에서도 없다는 점을 명심하라.

지금까지 비즈니스 포스팅의 기획과 구성, 그리고 글쓰기 작업시에 고려사항들을 살펴보았다. 마지막에서도 언급했지만 효과적인 비즈니스 포스팅을 위해서는 다른 블로거들의 포스트를 많이 읽고 많이 써보는 방법이 중요하다. 그런 의미에서 여러분들도 오늘 세상의 모든 사람들에게 자신의 이야기를 이메일 띄워보시는 것이 어떠할까?

BUSINESS BLOG

Chapter **06**

블로그에서 글쓰기

블로그에서 글쓰기

블 로깅의 관점에서 보면 글쓰기는 매우 중요한 시작이다. 당신이 최상의 소프트웨어, 성능 좋은 서버, 최고의 전문가 팀을 가진 다 해도 블로그에 적절한 주제를 적절한 방법으로 표현하고, 적절한 시점에 발행하지 않는다면 심각한 불이익을 얻게 될 것이다.

이번 장에서는 주목과 관심을 받는 킬러 컨텐츠를 제작하기 위해 당신의 기술과 재능을 활용하는 방법에 대해 알아보자.

01. 열정과 목적

많은 독자를 가진 유명한 블로그에는 자신의 블로그에 열정적이고 훌륭한 목적을 지닌 헌신적인 운영자들이 있다. 열정과 목적이 있는 블로그들은 정기적인 업데이트, 양질의 컨텐츠, 독자들과의 소통이란 세 가지 성공 조건을 충족시킨다. 이러한 세 가지 성공 조건이 어떻게 작용하는지를 이해하는 것은 단지 좋은 블로그가 아닌 파워풀한 블로그를 유지하는 데 결정적으로 중요하다.

■ 컨텐츠에 전념하라

만약 12명의 블로거들이 한자리에 모인다면 블로고스피어의 최근 이슈에 관해 즉석에서 토론이 시작될 것이다. 부분적인 피드 공급은 나쁜가? (꼭 필요하다면) 코멘트는 어떻게 필터링해야 하는가? 태그를 붙이는 건 중요한가? 등등. 당신은 경험이 풍부한 블로거들이 전체적으로 동의하는 사항이 거의 없다는 사실을 알게 될 것이다. 그러나, 대부분 논의의 여지가 없는 항목 중에 하나는 블로그 운영자는 그들의 독자에게 중요한 정보를 제공하는 데 전념해야 하고, 독자들의 재방문을 유도할 양질의 컨텐츠를 만들어야 한다는 점이다.

많은 고정적인 독자층을 가진 영향력 있는 블로거들은 이러한 사명을 따르는 것이 독자를 행복하게 할 뿐만 아니라 많은 트래픽을 유도할 수 있다는 사실을 알고 있다. 그렇게 되면, 자연히 블로거들이 우리가 제 2 장 '블로그의 주제를 결정하라' 에서처럼 처음에 블로그를 시작하게 된 주요 동기인 '사고의 리더십' 수준에 다다르게 될 것이다.

컨텐츠에 전념한다는 것은 포스팅이 이제 당신의 생활에 없어서는 안될 중요한 부분이라는 인식을 하고 있다는 것을 의미한다. 그것은 당신이 작성하려는 주제들에 대한 주변조사를 끊임없이 하고, 어떻게 그 주제들이 당신의 독자들에게 연관되는지 해석하고 싶어하는 것을 의미한다. 이 장의 후반에서, 우리는 적합한 주제들이 등장하는 것을 알아내기 위해 가상의 '감시탑' 을 만드는 특정 방법에 대해 논의할 것이다.

만약 주목 받는 컨텐츠를 제공하는 것이 성공을 위한 전략이라면, 핵심 전술은 새로운 화제를 이끌어 내는 것에 초점을 맞추는 것이다. 많은 소재가 반복되고 어떠한 확장이나 향상 또는 통찰 없이 여러 번 링크되기 때문에 블로고스피어는 종종 '에코'로 비판 받는다.

2005년 캘리포니아 버클리 대학교에서 실시된 연구에서 블로그 독자들은 단순 인용하여 되뇌이는 컨텐츠보다 새로운 화제를 선호한다는 것을 확인했다. 보고서에 따르면 '좋은 포스트는 새로운 정보를 기고하거나 아니면 적어도 전문적인 지식이 있는 어떤 이슈에 대해 폭넓은 논평을 하는 것'이라는 의견이 지배적이었다.

당신은 '게른 브란스톤Gern Blanston의 회사 관리가 어떻게 갑자기 햄스터 사육 산업의 주요 이슈가 되었는지에 관하여 오늘 포스트 했다' 라는 식으로 말하는 포스트를 종종 볼 것이다. 이것을 다음 포스트와 비교해보라. '게른은 그의 포스트에서 잘못된 언급을 했을지도 모른다. 나는 어제 1998년 햄스터코Hamsterco의 전 CFO와 인터뷰를 했는데 그 때만 해도 위기의 조짐이 보인다고 말했었다.' 전자는 우리가 '역류성생각 없이 그래도 되뇌이는'이라고 부르는 것이다. 후자는 주제를 강화하고 확장한다. '이것 좀 봐, 여기엔 마우이Maui에서의 휴가에 관한 기사들이 많이 있어' 대신에 '이 기사는 마우이에 있는 우리가 좋아하는 레스토랑 중의 하나에 대해 언급한다. 당신이 그곳에 간다면, 멋진 일몰 경치를 가진 발코니 테이블을 차지하려고 노력하라'처럼, 만약 당신이 기존의 포스트를 참조한다면 생각 없이 그냥 되뇌이는 식이 아니라 강화하고 확장하라.

그러나, 실제로는 다른 블로그 포스트들과 전혀 상관없는 포스트들을 만들려고 노력하는 것이 더욱 좋다. '당신이 아는 것을 써라'라는 말이 있다. 분명히 당신의 비즈니스에 관해 당신만큼 잘 아는 사람도 없을 것이다. 다른 사람들이 그대로 되뇌일 수 있는 원본 컨텐츠를 만들기 위해 당신만의 개인 경험과 지식을 사용하라.

■ 당신의 독자를 위하여 포스팅하라

블로깅은 운영자들이 흥미로워 하는 어떤 화제든 포스트로 작성할 수 있는 플랫폼으로 시작하였고 이러한 포스트들에 매력을 느낀 방문객들을 끌어 들였다. 이런 운영자 중심 모델의 블로거는 자신을 위해 글을 쓰고 특정 독자의 요구들을 특별히 고려하지는 않는다. 이 모델의 장점은 블로거들이 자신의 관심사에 관하여 포스트를 작성할 때, 포스트를 더 자주 쓰는 경향이 있고, 자신들의 포스트에 더 많은 열정이 있다는 것이다. 또 하나의 이점은 운영자와 독자 사이에 자연스러운 교류가 이루어진다는 것이다.

비즈니스 블로그에는 독자 타깃팅에 대한 고려의 비중이 상대적으로 훨씬 높다. 한편, 제 1 장 '블로그란?'에서 비즈니스에서 고려해야 하는 몇몇의 다른 블로그 타입에 대해 서술했다. 그리고, 이것은 특정 독자 그룹을 만족시키기 위해 분명히 필요하다. 만약 당신이 특정한 독자들을 끌어들이길 기대한다면, 당신이 느끼는 대로 쓰는 것은 최선의 방법이 아닐지도 모른다.

당신의 타깃이 무엇을 원하는지 이해하고, 포스팅을 그들의 요구에 응대하기 위해 눈높이를 맞추는 것은 좋은 아이디어다. 잘 알고 있는 것처럼 신문 산업과 유사한 방법이 당신의 독자층을 늘릴 수 있는 전략이다. 노스웨스턴 대학의 리더십 연구소는 구독자의 요구를 이해하고 맞추는 데 집중하는 신문이 더 나은 실적을 보인다는 사실을 입증했다. 연구소의 2002년 Impact Study of Readership 보고서에 따르면, '신문이 독자 지향적으로 변화함에 따라 그들의 독자들도 더욱 증가하는 경향이 있었다'라고 한다.

수십 년간, 모든 종류의 출판은 그들의 독자들을 더 잘 이해하기 위해 노력했다. 서베이, 포커스그룹 인터뷰는 이러한 노력의 유용한 도구이다. 줌랭닷컴Zoomerang.com 과 서베이몽키닷컴Surveymonkey.com 과 같은 서베이 서비스들은 독자들이 무엇을 높이 평가하는지 파악하도록 해 준다. 그리고 민트Mint와 구글 애널리틱스Google Analytics와 같은 트래픽 모니터링 도구들은 어떤 포스트가 가장 많이 클릭되었는지 알 수 있게 해 준다. (트래픽은 제 8 장 '블로그의 모니터링과 관리'에서 논의할 것이다.)

블로거들은 출판과 웹사이트가 가지지 못한 강력한 도구를 자유자재로 사용한다. 즉, 포스트에 직접 작성하는 댓글은 비평과 찬사를 제공해 앞으로의 방향성을 가늠하게 한다. 팜 OSPalm OS를 지원하는 블로그, 탐스팜TamsPalm(http://tamspalm.tamoggemon.com)의 블로거들은 2005년에 '익명의 수많은 코멘트들은 우리 컨텐츠의 적용 범위를 확장하고, 개선하는 것에 도움을 주었다' 라고 말했다. 비록 사람들이 당신의 사이트에 대해 댓글을 달지 않더라도, 테크노라티, 펍섭과 구글 블로그 검색과 같은 블로그 검색엔진들은 당신의 포스트에 대한 다른 사람들의 의견을 쉽게 찾을 수 있게 해 준다.

> **Tip** 그러나, 당신의 블로그가 댓글에만 의존해서 끌려다니지 않도록 하라. 댓글은 단지 당신의 블로그에 요소 중 하나일 뿐이다. 당신만의 아이디어와 철학을 가지고, 당신 자신을 보여 주는 것이 가장 중요하다.

블로거들이 고려할 수 있는 전술로 다른 출판업계를 오랫동안 효과적으로 사용한 방법이 있다. 편집 '자문 위원회'의 구성은 더욱 타깃화된 포스트의 개발을 도울 수 있다. 또한, 그 위원회에 눈에 띄고, 영향력 있는 구성 멤버를 선발하는 것은 일부 홍보용 가치를 더할 수 있다. 우리는 블로그 비즈니스 서밋blog Business Summit의 론칭 시에 이 방법을 사용했는데, 분명히 좋은 컨텐츠를 만드는 것에 도움이 되었고 결과적으로 트래픽도 상승시켰다.

■ 자주 포스팅하라

열정과 목적을 가진 블로거들은 그들의 사이트에 새로운 컨텐츠를 끊임없이 추가하고 있다. 경험이 많은 블로그 운영자는 포스팅을 자주 할수록 블로그가 더 많은 관심을 받는다는 사실을 알고 있다. 실제로 구글은 사이트가 얼마나 자주 업데이트되는지에 주목하고 있고 이는 사이트가 얼마나 주제와 관련되었는지를 결정할 때 중요한 요인으로 작용한다. 다른 모든 조건이 동일한 상황에서 하루에 서너 번 포스트가 업데이트되는 블로그는 일주일에 한 번 업데이트되는 블로그보다 높은 랭킹을 얻게 될 것이다. 또한 구글은 블로그 포스트의 제목행에 주의를 기울인다. 따라서 블로고스피어에 더 독특한 제목 행으로 참여하면, 더 많이 검색엔진에 리스트될 것이다.

이런 이유로 대다수 인기 있는 블로거 사이트들은 포스트를 짧게 자주 쓴다. 이러한 블로거들은 긴 글을 짧게 하여 더 집중할 수 있는 포스트로 분할하는 경향이 있다. 예를 들면, 당신이 개발 중인 신제품에 관해 긴 글을 쓰려 한다면, 하나의 포스트로 모든 내용을 전부 쓰는 것이 아니라 시장 분석, 디자이너들과의 작업, 시제품 설계, 생산 시작 등의 방식으로 몇 개의 포스트로 분할할 수 있을 것이다. 그러므로, 가능한 당신의 화제를 가장 작은 덩어리로 분할하려고 노력하라. 이것은 검색엔진에 당신의 사이트가 리스트되는 것을 촉진할 뿐만 아니라 독자들이 웹과 상호 작용하는 방법에도 적합하다.

블로거 제프리 젤드만Jeffrey Zeldman은 포스팅을 하지 않으면 트래픽이 영향을 받는다는 사실을 배웠다. 어 리스트 파트A List Apart를 출판하는 젤드만Zeldman(www.zeldman.com)은 몇 주 동안 새로운 포스트를 그의 개인 사이트에 업데이트하지 않았고 그 결과, 충격적인 수치로 트래픽이 감소했다. 그 후 사이트는 재설계되고, 새로운 기사로 자주 업데이트 되었는데 이것은 상당한 트래픽을 유도하여 결국 복귀에 성공하였다. 방문자의 감소를 방지하기 위해 많은 블로거들은 그들이 다른 프로젝트를예를 들면 집필이나 수행하거나 휴가를 가게 되는 동안 다른 블로거들을 고용하거나 블로그를 대신 돌봐줄 '베이비-시터'를 구하기도 한다.

최적의 포스팅 주기가 얼마인지에 대한 정확한 규칙이 있는 것은 아니지만그리고 구글은 어떻게 사이트 업데이트에 반영하는지에 대해 밝히지 않는다, 테크노라티의 추적에 의한 TOP 100 블로그들의 포스트 업데이트 주기 분석에 의하면 그들은 하루 5~6개의 포스트를 평균적으로 업데이트한다고 한다. 포스팅 주기를 최적화하고, 그 결과 트래픽량을 분석한 많은 블로거들은 1주 3개의 포스트가 최저치이고, 1일 3번의 주기는 일부 트래픽을 얻기 시작하는 주기라고 주장한다. 우리가 생각하는 최고의 가이드라인은 '당신의 가장 가까운 경쟁자보다 조금 더 자주 포스팅 할 필요가 있다'라고 말한 버즈 부르거만의 제언이다.

열정과 목적을 가지고 임하면 당신의 블로그는 자발적으로 실용적 비즈니스 목표를 달성할 것이다. 무엇이 필요한지 이해하고, 여러 도구를 자유롭게 사용하면 당신이 파워 블로거로의 성공을 달성하지 못할 이유가 없다. 인생에서의 다른 모험과 같이, 열정과 헌신은 모든 것을 가능하게 만들 수 있다.

02. 대화의 시작

만약 우리가 '블로그'란 단어와 관련해 가장 많이 연상되는 단어가 있다면, 그것은 바로 '대화conversation'이다. 2001년 '웹강령 95 The

Cluetrain Manifesto'[1] 이라는 책에서 독 셜즈Doc Searls와 데이빗 와인버거David Weinberger는 비즈니스가 온라인 커뮤니티를 '목표물'로 취급하는 것을 중지해야 한다고 주장했고, 그 대신 '시장은 대화이다'라고 제안하였다.

많은 비즈니스 블로거들은 그들의 기업이 '클루트레인에 올라탈' 필요가 있다는 것을 굳게 믿고 대부분 웹 상의 토론을 유도하기 위한 설계뿐만 아니라 대화식 스타일로 작성되는 블로그들을 만들었다.

독자들을 끌어들이고 코멘트와 링크 연결로 참여하기를 독려하는 것이 당신의 목적이 될 것이다. 투명하고 신뢰할 만하고 접근하기 쉬운 스타일을 가지는 것은 당신의 목적을 실현 가능하게 하는 훌륭한 방법이다.

■ 신뢰가 담긴 대화체

당신이 진심으로 독자 참여를 원한다면, 마케팅과 PR 부서의 관행이었던 커뮤니케이션 스타일은 피하고 싶을 것이다. 보도 자료와 기업 홈페이지들의 만연한 형식적인 어투는 형식적이지 않고 진실한 목소리가 담긴 카피만큼 당신의 독자들에게는 받아들여지지 않을 것이다.

신뢰할 만한 대화식 형태가 통하는 데는 여러 이유가 있다. 그 이유 중 하나는 단순히 좋은 글이기 때문이다. 입문서로써, 우리는 당신이

---

1 데이비드 와인버거, 닥설즈, 릭 르바인, 크리스토퍼 로그, 네 명의 저자가 개설한 웹사이트 〈www.cluetrain.com〉을 통해 제시되었던 웹강령 95개조를 엮은 책으로 웹의 본질을 다시 찾고, 대화 공동체인 웹 속 시장 사람들의 이야기에 귀 기울이길 권유하는 내용을 중심으로 한다.

윌리엄 스트렁크William Strunk와 E.B. 화이트E.B. White의 '글쓰기 전략The Elements of Style'을 읽어볼 것을 권장한다. 그들은 작가들에게 '모든 매너리즘, 책략, 장식'을 피하라고 충고한다. 그 대신 '명백, 단순함, 질서정연, 진정성'을 제안한다. '글을 잘 쓰는 법On Writing Well'에서 윌리엄 진저 William Zinsser는 '좋은 작가는 자신이 쓴 글에 항상 존재감이 묻어 있다 Good writers are always visible just behind their words'고 말한다.

   대화식 접근을 채택하는 또 다른 이유는 이것이 당신과 조직이 독자들과 밀접한 관계를 만드는 데 도움이 된다는 점이다. 인간적인 목소리는 직관적으로 당신의 청중과 연대감을 형성한다는 사실을 뒷받침해 주는 구체적인 증거도 있다.

   채플 힐Chapel Hill에 있는 노스캐롤라이나 대학School of Journalism and Mass Communication의 2006년 연구에 의하면 기업 블로그들은 조직에 '대화방식의 인간적 목소리'를 심어 주는 경향이 있다는 것을 확인했다. 그리고, 그러한 '인지 관계 전략대화방식의 인간적 목소리, 대화를 통한 관계 형성은 관계형 결과들신뢰, 만족, 상호 관계 제어, 헌신과 상당이 관련이 있다는 것을 알았다. 바꿔 말하면, 대화방식의 인간적 목소리로 쓰여진 블로그들은 기업과 고객이 긍정적인 관계를 맺는 것을 도울 수 있다.

   대화식 글쓰기는 보통 말하기와 똑같지는 않다. 작가는 여전히 자신의 글을 조심스럽게 정교하게 만들고 철저하게 편집할 필요가 있다. 대화식 글쓰기의 특성은 스타일의 문제이다. 대화적인 스타일은 비공식적이고전문용어와 화려한 언어를 피한다, 시선을 끌고친근하게, 피드백을 격려한다, 투명하고솔직하고. 홍보적이 아닌, 직접적이고요점을 말하고, 마음을 끈다유머감각을 불러낸다.

'우리는 프로세스 기반 시스템 장애의 가장 일반적인 원인이 읽기, 쓰기, 헤드 맞물림 이슈를 포함한다는 것을 발견했다' 와 '대부분의 컴퓨터 고장은 불량 하드 드라이브에 기인한다'의 표현을 비교해 보라. 전자는 글이 길고 이해하기도 어렵다. 하지만 후자는 대화적이고 명백하며 이해하기 쉽다.

대화적인 글쓰기 방법을 배우기 위해 우선 당신은 다른 글 스타일을 이해하기 위해 많은 블로그들을 읽기 시작해야 한다. ALA의 글쓰기에 대한 글들http://www.alistapart.com/articles/writebetter 을 확인하고 '블로깅은 세상으로 이메일을 보내는 것과 같다'는 사실을 인식해라. 친구에게 보낼 때 사용하는 이메일 화법은 블로그를 위한 바람직한 화법이다.

특히 당신이 문법에 대해 확신할 수 없으면 참고서Strunk & White와 같은 를 참고하는 것도 좋은 방법이 될 수 있다. 만일 당신이 글 쓰는 것에 자신이 없다면, 자신감을 얻기 위한 최고의 방법은 많은 포스팅을 작성하는 것이다. 케이트 로빈슨Keith Robinson의 독자들www.7nights.com/asterisk/ 은 다양한 제안을 제공하고, 심지어 그의 문법과 철자를 편집함으로써 그가 능숙하게 글을 쓸 수 있게 돕기까지 했다.

우리는 장문의 포스트들을 작성할 때, 오류를 확실히 확인하기 위해 마이크로소프트사의 Word를 통해 철자와 문법을 체크한다. 또한 우리는 서로 초안 상태로 포스트들을 서로 공유하며 피드백을 요청하기도 한다.

데니스 A. 마호니Dennis A.Mahoney는 그의 글 〈좋은 블로그를 위한 글쓰기 방법How to Write a Better Weblog〉에서 '1994년에는 만약 당신의 냉장고 아래의 금형에 대한 포스트를 쓴다면 당신의 블로그에 천 명의 독자들을 끌어들였을 것이다. 현재는 당신의 포스트가 아무리 훌륭하다고 하더라도 백 명의 정규 독자를 얻는다는 것은 행운이다'라고 말했다. 핵심은 마치 독자들이 당신에게 돈을 지불하고 당신의 RSS 피드 구독 신청을 하고 싶어하는 글을 쓰는 것이다. 그렇게 하기 위해서는 당신은 무엇인가 흥미있는 이야깃거리가 있어야 한다. 그리고 그 이야깃거리에 대해 분명하게 포스팅해야 할 것이다.

■ 흥미롭게 그리고 표현은 풍부하게

초기 블로그들이 인기를 얻게 된 중요한 이유 중에 하나는 구글, RSS 피드, 또는 어떠한 기술적인 부분도 관계가 없었다. 그때나 지금이나 모든 사람들은 블로그들이 웹 상에 개인적인 경험을 표현하기 때문에 블로그들을 읽는다. 블로그는 내부자의 관점을 제공하고 전통적인 저널리즘에 의해 제공되지 않는 세상을 연다. 이것이 요즘의 독자들이 찾고 받아들이는 글쓰기의 형태이다. 비록 당신이 연간 수백만 페이지뷰를 얻지 못한다 하더라도, 적어도 당신은 자신의 비즈니스를 공개하고 독자들을 끌어들이는 방식으로 자신을 표현할 수 있다.

표현이 풍부한 작가는 그들의 집필에 활력을 불어넣기 위해 자신의 경험과 일화, 유머 그리고 감정을 활용한다. 그들은 평범한 것을 피하고 그들이 정말로 느끼는 것을 담는 단어를 사용하기 위해 시간을 소요한다. 저녁시간이 단지 '훌륭했다'라고 쓸 것인가? 아니면 그것이 당신이 '어렸을 때 현관 밖에서 놀던 여름 밤을 연상시켰다'고 쓸 것인가?

우리는 작가들에게 그들의 평범한 일상 생활을 세세하게 깊이 파고 들라고 제안하지 않는다_{당신의 고양이가 아침에 무엇을 먹었는지 아마 아무도 신경 쓰지 않을 것이다}. 그러나, 독자들에게 당신이 누구인지 파악할 수 있도록 노력은 해야 한다.

가장 인기 있는 블로그들은 강한 개성을 가지고 있다. 일부는 과대한 허풍이 담겨 있고_{www.andrewsullivan.com} 심지어 자신의 성생활을 담고 있기도_{www.washingtonienne.com/blog.html} 하다. 대부분의 비즈니스 블로그들이 모든 것을 말하고 폭로하는 사이트가 아니지만_{회사의 가이드 라인을 준수하는 범위 내에서} 흥미를 유발하는 포스트 정도는 괜찮다. 정보 전송 매체 이상의 느낌을 받을 때 독자들은 작가들과 관계를 이어간다.

가장 인기 있는 기술 관련 블로그들의 대부분은 작가들의 휴가, 외식 그리고 다른 개인적인 경험들에 관한 포스트들을 포함한다. 당신의 스타일에 벗어나지 않는 범위에서 이러한 글들을 자유자재로 섞어 써도 무방하다. 당신의 글에 당신의 존재감을 적당하게 표현하라. 독자들은 그것에 대해 감사할 것이고, 당신은 글 쓰는 작업이 점점 쉬워지는 것을 알게 될 것이다.

■ 간단하고 적절하게

글은 짧을수록 더 좋다. 긴 포스트는 아마추어 작가의 특징이다. 훌륭한 블로거는 간결함을 추구한다. 짧은 글은 요점을 빠르고 쉽게 이해 할 수 있도록 해 줄 뿐만 아니라 글쓰기 작업을 더 쉽게 해 준다.

간결한 글쓰기를 위해서는 포스트를 공개하기 전에 작성한 글을 리뷰하고 다듬는 시간이 필요하다. 피해야 하는 단어와 구절은 '기본적으로', '……라는 사실로 인하여', '하여간에', '……의 경향을 나타내는'과 같은 말들이다. 의미를 추가하지 않는 단어는 삭제해도 무방하다.

- **다음의 두 문장을 비교해 보라**
  - 작가와 독자 사이에 주고 받는 대화를 허용하는 커뮤니티 중심 기능을 포함하는 블로그 소프트웨어를 선택하라.
  - 댓글 기능을 가진 블로그 소프트웨어를 구입하라.

이렇듯, 잘 다듬어진 글과 다듬어 지지 않은 글 사이에는 큰 차이가 있다.

훌륭한 블로거는 대화체로, 간결하고 자신의 존재감을 확실하게 전달한다. 당신의 개인적인 글쓰기 스타일이 아직 정해져 있지 않다면 우리는 시간을 투자해서 다른 사람들의 블로그 포스트를 읽고 당신의 개성과 가장 잘 어울릴 것 같은 접근법을 모색하길 제안하고 싶다. 다양한 글을 많이 읽으면 글쓰기에 더 좋을 것이다.

03. 강한 인상을 남겨라

세상에서 가장 위대한 글이라도 읽어 주는 독자가 없다면 가치가 없는 것이다. 만약 당신의 포스트가 발견될 가능성에 영향을 미치는 요소를 고려해 본다면 당신의 독자층은 늘어날 것이다. 글을 검색할 때 다른 글보다 당신의 글을 더 읽고 싶게 만들 수 있는 몇 가지 기술을 소개한다.

■ 읽고 싶어지는 글 쓰기

최대 독자층을 얻기 위해 노력할 때, 가장 중요한 선택 중 하나는 당신의 포스트에 제목을 정하는 것이다. 검색엔진은 각 포스트의 최상위에 나타나는 제목에 비중을 둔다. 그리고 만약 독자들이 더 읽기 위해 클릭하지 않는 한 RSS 뉴스 리더는 일반적으로 제목만 표시하게 된다.

이러한 이유 때문에, 현명한 블로거들은 타겟 독자들이 검색할 것이라고 예상되는 검색어를 찾기 위해 많은 시간을 투자한다. 또한 구독 신청자들이 더 읽고 싶어할 만한 제목을 찾는다.

두 가지 목표를 모두 충족시키는 쉬운 방법은 애매모호하고 필요 이상 친근한 척하는 제목을 피하는 것이다. '이것 좀 체크해 보세요', '어떻게 생각합니까?', 그리고 '어때, 잘 지내?'와 같은 제목들은 검색자들의 기호에 일치하지 않고, 더 읽고 싶다는 느낌이 들지도 않는다. 양쪽의 장점을 최대한 살리는 구절은 '나는 아이팟을 수시로 사용한다.', '값싼 정기항공 요금을 찾는 방법' 또는 '구글에 취직하기 위해 면접 보는 방법' 등을 생각해 볼 수 있다.

포스트의 첫 번째 구절은 나머지 구절보다 검색 엔진에서 더 높은 비중을 부여 받는다. 그래서 관련 조항을 포스트 초기에 소개하려고 노력하고 싶어질 것이다. 제 7 장 '블로그의 시작 그리고 홍보'에서 우리는 당신의 독자에게 적합한 검색 키워드를 식별하는 방법에 대해 더 깊이 알아보도록 하자.

■ 많은 링크를 연결하라

우리가 블로그를 위해 확립한 정책 중의 하나는 "모든 포스트들이 적어도 하나는 외부로의 링크를 포함해야만 한다"라는 것이다. 왜 방문자들에게 당신의 사이트를 쉽게 떠나 다른 사이트로 이동하도록 만드는가? 일부에게 이러한 생각은 어리석게 보일지도 모른다. 우리가 아는 구 시대 컴퓨터 출판 관리자는 우리가 '막다른 길'이라고 부르는 정책, 즉 '어떠한 외부로의 연결도 허락하지 않는다'는 정책을 가졌었다. 그들의 생각인즉 그들의 회사에서 운영하는 사이트는 어떠한 이탈 수단도 권장해서는 안 된다는 것이다. 재미있는 사실은 현재 그들의 직원 중 하나가 오로지 외부 링크에 의존하고 있는 사이트를 가진 블로거라는 것이다. 이 블로거 사이트는 그의 이전 고용주의 '바퀴벌레 퇴치기식역주: 바퀴벌레가 일단 퇴치기 안에 잡히면 절대 밖으로 빠져나가지 못한다는 것에 비유해 씀' 온라인 네트워크보다 훨씬 더 인기가 있다.

당신의 사이트에서 외부로 연결되는 링크를 제공하는 것은 합리적이고, 또 당신에게 이득이 될 것이다. 일례로 구글이 다른 사이트들, 특히 구글이 '권위' 있다고 인정한 사이트 페이지에 링크로 연결되어 있는 블로그를 좋아한다. 또한 외부로의 링크들은 당신의 사이트를 알리는 방법이 될 수 있다는 것이다. 많은 블로거들은 그들의 유입로그를 세심하게 모니터링한다. 그리고, 당신의 사이트로부터 방문자가 유입되는 것을 그들은 알아차릴 것이다. 이때 블로거들은 응답으로 댓글을 달거나 또는 링크를 다시 돌려주는 연결을 할지도 모른다. 사실 이것은 블로고스피어에서 서로 지켜야 할 매너이며, 블로깅 커뮤니티의 당당한 회원으로 당신을 인정하는 것이다.

무엇보다 중요한 점은 좋은 링크들은 당신의 독자들에게 가치를 제공한다는 것이다. 링크들은 당신의 위치를 명확히 하거나, 지원할 수 있다. 또한 독자들이 더 많은 정보를 얻을 수 있도록 설명과 함께 제공되는 가치 있는 자원으로써의 링크는 새로운 방문자가 당신의 피드를 구독 신청하게 하거나, 당신의 이메일 목록에 가입하게 되는 계기를 제공할 것이다.

■ 자극적인 것을 활용하라

우리가 블로그 글쓰기에 관해 알고 있는 팁 하나는, 자극적인 포스트가 밋밋한 포스트보다는 많은 클릭, 많은 링크 연결과 많은 댓글들을 얻는다는 것이다. 논쟁거리는 활발한 대화를 촉발시키고, 사람들의 사고를 유도하는 훌륭한 방법이다. 적절한 상황에, 우리는 모든 블로거들이 주의를 끌 수 있는 자극을 사용해 볼 것을 권장한다.

자극적인 것이 싸움을 의미하는 것은 아니다. 일부 블로거들은 논쟁으로 그들의 경력을 만들고, 대부분의 시간을 단지 관심을 얻기 위해 싸움을 거는 것에 사용한다. 버릇없는 아이들처럼, 그들은 모든 것에 호전적인 태도를 취한다. 그리고, 그들의 글은 부정적인 분위기를 풍기고 종종 모욕적이기까지 하다. 그런 블로거는 되지 말자.

자극적인 주제도 긍정적인 방법으로 접근할 수 있다. 예를 들어 '비즈니스 블로그 ××는 댓글 기능을 차단했다. 그것은 스팸을 다루는 최상의 방법일까?'와 같이 때때로 질문하는 것만으로도 문제를 제기할 수 있다. 단순히 어떤 사실을 보고하는 것 역시 강력한 토론을 유도할 수 있다. 우리가 구글에서 '로버트 스코블Robert Scoble'이라는 키워드를 검색한 결과가 세계 최고의 PR 회사 중 하나의 이름으로 검색한 것보다 더 많은 결과가 나왔다는 사실에 관해 블로깅을 했을 때 독자들은 많은 관심을 보였다. 전자는 몇 해 동안 블로깅을 하였고, 후자는 수천의 보도 자료를 수십 년간 발행했다. 많은 독자들은 'PR 회사는 그들 자신이 아니라 고객사를 선전하기 위해 존재한다'와 '구글 검색결과는 그렇게 정확하지 않다'와 같이 단계적으로 그들의 의견을 덧붙였다. 우리는 쾌재를 불렀다. 더 많은 사람들이 이야기할수록, 우리는 더 많은 트래픽과 링크를 얻게 되었다.

파티에서 외톨이가 되지 마라. 사람들의 참여와 흥미를 유발할 수 있는 화제를 내 놓아라. 토론을 뜨겁게 달구어라. 당신의 독자들은 당신에게 관심을 기울일 것이다. 그리고 블로고스피어에서 당신의 존재는 강화될 것이다.

지옥 같은 음성 서비스 안내에 지긋지긋했던 한 블로거는 수십 개의 회사에 전화를 할 때 안내원에게 바로 연결될 수 있는 방법을 알려주는 컨닝 페이퍼를 만들었다. 그의 사이트*www.gethuman.com*는 대기업에 대항하고 있는 도전적인 태도 덕분에 엄청난 인기를 얻게 되었다.

단순한 전략만으로도 독자층과 실적에 있어서 커다란 이익을 낳을 수 있다. 대화를 촉발시킬 수 있는 주제에 대한 신중한 검토와 함께 검색자와 구독 신청자의 선택 방법에 초점을 맞춘다면 당신의 블로그가 무리 속에서 길을 잃지 않을 수 있다.

04. 포스트 등록 과정

블로그 운영에서 가장 중요한 것은 포스팅이다. 포스팅을 잘한다면 그만큼 블로그는 성공하게 될 것이다. 모든 블로거들은 자신만의 독특한 스타일을 가지고 있겠지만 보다 성공적인 포스팅을 위해 포스트 등록 과정에 도움이 될 수 있는 몇 개의 방법과 기술을 알아보도록 하자.

■ 당신의 비즈니스 영역을 주시하라

성공하는 블로거들은 그들의 주제 영역에 관련한 최신 정보를 찾아내는 감각을 가지고 있다. 중요한 정보의 수집에 있어서 항상 선두를 유지하게 되면 다른 웹사이트보다 우위를 갖게 되는데, 사실 최고의 블로거들은 최신 속보보다 앞서 나가는 비결을 알고 있다.

물론 당신의 비즈니스 영역에서 일어나는 상황에 대해 알아내는 방법은 수백 가지가 넘겠지만 당장의 효과를 얻을 수 있는 중요한 방법

및 기술 몇 가지를 소개한다.

가장 중요한 방법은 RSS 뉴스 구독을 당장 시작하는 것이다. RSS 리더는 중앙 집중적이고 개인화된 '대쉬보드' 역할을 하며 이를 통해 수신하고자 하는 모든 정보가 흘러 들어간다. 또한 RSS 리더는 사용자가 신청한 각각의 RSS 피드들을 신디케이션해서 한 곳에서 모두 볼 수 있게 해 준다. 따라서 파워 블로거들은 블로그라인즈www.bloglines.com, 그림 6.1 와 같은 웹사이트나 PC용 뉴스게이터NewsGator 또는 Mac용 넷뉴스와이어NetNewsWire와 같은 소프트웨어의 중앙 집중 대쉬보드를 이용한다.

언급된 사이트나 소프트웨어 이외에도 주요 웹 브라우저를 포함한 피드 구독 신청 사이트를 관리할 수 있는 프로그램과 사이트들이 많이 제공되고 있다.

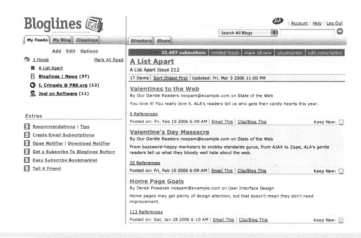

그림 6.1　블로그라인즈Bloglines는 신디케이션 피드 신청 사이트를 관리할 수 있는 유명한 온라인 뉴스 구독기이다.

RSS 리더의 선택을 위해 웹기반 서비스형Bloglines과 데스크탑 어플리케이션 소프트웨어ㅡ뉴스게이터(NewsGator), 넷뉴스와이어(NetNewsWire)의 장단점을 살펴보자.

먼저 블로그라인즈Bloglines와 같은 웹 기반의 서비스형 RSS 리더를 사용할 때 장점은 핫메일 또는 야후의 이메일 계정을 사용하는 것 같이 어떤 컴퓨터라도 인터넷이 연결된 웹브라우저를 사용할 수 있는 환경에서 피드들을 조회할 수 있다는 점이다. 반면 데스크탑 어플리케이션 RSS 리더 사용 시 장점은 사용자가 온라인에 접속하지 않은 상태에서도 피드들을 조회할 있다는 점이다.

만약, 당신이 비행기 내에서 뉴스게이터를 사용한다면 가장 최근에 다운로드된 피드들을 조회할 수 있다. 그러나 만약 30,000피트 상공이라면기내 인터넷서비스를 사용하지 않는 조건에서 블로그라인즈Bloglines에 로그인 할 수 없다.

데스크탑 어플리케이션 RSS 리더를 사용할 때 또 다른 장점은 다운로드 받은 피드들에 필터링 작업을 할 수 있다는 점이다. 예를 들면 넷뉴스와이어는 수천 개 또는 그 이상의 다운로드한 피드에 키워드 필터링이 가능하다. 피드 구독을 신청한 12개의 와인 블로그에서 'Walla Walla'역주: 올라올라 밸리 – 와인 산지명라는 키워드와 관련된 포스트가 등록될 때 RSS 리더에 알려 준다고 상상해보자. 이러한 기능은 데스크탑 어플리케이션 RSS 리더에서는 쉬운 일이다.

각각의 장점을 파악했으므로 이제 당신은 RSS 리더를 준비하여 시작할 수 있다. 그리고 이제 모든 RSS 피드를 수집할 수 있다. 이제 가장 큰 문제는 어떠한 피드를 수신할 것인가이다. 정보를 구독하는 방법에 대한 완전한 이해는 관련 정보의 보물창고를 제공 받을 수 있을 것이다. 그곳에는 문자 그대로 사용 가능한 수백만 개의 피드들이 있다. 여기에 당신이 구독 신청할 수 있는 3개의 카테고리들을 알아보자.

▷ 사이트 피드에 구독 신청

당신이 관련 블로그를_{또는 RSS 피드 기능을 제공하는 사이트를} 찾았을 때, 그것을 당신의 RSS 리더에 등록하라. 사이트에 별다른 표시가 없는 한, 이런 종류의 구독은 그 사이트에서 발행하는 모든 정보를 당신의 RSS 리더에 자동적으로 제공할 것이다.

▷ 블로그 RSS 검색에 구독 신청

피드 구독의 효과는 대부분 다른 블로그들의 검색 결과를 보면 알 수 있다. 아마도 당신은 구글 또는 야후와 같은 검색엔진을 이미 사용 중일 것이고 그것들은 특정한 질문에 대한 해답을 찾는 데 유용할 것이다. 그러나 문제는 새로운 검색조건에 부합하는 새로운 아이템들이 나타날 때 알림 통지를 받을 수 있는 쉬운 방법이 없다는 것이다. 만약 구글이 경쟁자에 대한 언급을 검색해 낼 때 그것에 대해 알고 싶다 하더라도 불가능할 것이다.

다행히도 검색어를 입력하면 새로운 포스트가 등록될 때 당신의 RSS 리더에 자동으로 업데이트된 RSS 피드를 결과로 보여 주는 특화된 블로그 검색엔진들이 있다. 테크노라티, 펍섭, 피드스터와 같은 사이트를 검색하고 다른 블로그들그리고 피드를 공급하는 사이트들을 탐색한 다음, 구독 신청을 하도록 한다. 비록 조금 늦게 참가하였지만 구글은 지금 그들만의 특별한 블로그 검색엔진www.blogsearch.google.com 을 만들었다. 그리고 그들의 검색 결과 또한 피드로 구독할 수 있다.

▷ RSS를 지원하지 않는 컨텐츠 구독하기

당신은 특정한 블로그들로부터 모든 RSS 정보들을 구독할 수 있으며 RSS 컨텐츠 검색을 할 수 있다. 그러나 웹 상의 방대한 양의 정보들은 일반적으로 구독이 가능하지 않다. 만약 신디케이션을 지원하지 않는 사이트에서 업데이트된 컨텐츠를 쉽게 받아 볼 수 있다면 정말 좋지 않을까? 다행히도 RSS를 경유하여 이용할 수 없는 컨텐츠들을 당신의 RSS 리더로 볼 수 있는 방법이 있다. 구글과 야후는 모두 뉴스 전용 검색페이지를 가지고 있으며 뉴스를 위해 신문, TV 그리고 다른 매체들을 탐색한다. 그들이 검색 결과로 제공하는 대부분의 정보는 RSS 피드로부터 얻는 것이 아니지만 검색 결과로 만들어지는 페이지는 피드로써 구독할 수 있다. 이것으로 당신 경쟁사의 이름을 입력하고 자동으로 그들의 홍보 보도자료들을 바로 당신의 RSS 리더로 받아 보는 것이 가능하다. 구글과 야후에는 안 된 일이지만 뉴스와 관련 없는 웹사이트에서 회사에 대해 언급하는 것이 큰 도움이 되지 않아도 그래도 여전히 수많은 관련 정보를 얻을 수 있는 훌륭한 방법이다.

마이크로소프트사의 MSN 검색엔진에서 피드로써 일반 검색 결과를 저장할 수 있다는 것을 알고 있는 사람은 극히 소수다. 이것은 블로그가 아닌 사이트들이 그들의 검색엔진에 노출됨에 따라 업데이트되는 컨텐츠의 제목을 수신할 수 있음을 의미한다. 이러한 이유로 우리는 MSN을 많이 이용한다. 이것은 내용이 수시로 반복되는 단점이 있긴 하지만 다른 블로거들이 귀 기울이지 않는 정보를 얻을 수 있는 방법이다.

■ 포스팅 도구들

제5장 '블로그 실행을 위한 도구'에서 우리는 오프라인일 때도 포스트 제작과 컨텐츠 관리에 도움을 주는 데스크탑용 블로그 에디터 사용의 사례를 소개하였다. 대부분의 다작 블로거들에게 있어서 데스크탑 블로깅 도구는 우리가 앞에 언급한 이유 때문만이 아니라도 다양한 RSS 리더에 직접적으로 통합할 수 있기 때문에 필수적이다. 이러한 통합화는 자주 포스트하고 가장 신선한 내용을 제공하려고 노력하는 블로거들에게 큰 이점을 제공할 수 있다.

피드 리더와 포스팅 어플리케이션이 서로 교류할 수 있을 때, 그것은 당신이 쉽고 빠르게 흥미 있는 항목을 선택할 수 있고, 찾아낸 것을 포스트하고, 그것을 당신 자신의 블로그에 코멘트와 함께 주입할 수 있음을 의미한다. 이 간단명료한 전송은 다양한 어플리케이션들 사이에 복사하고 붙이는 성가신 절차를 대체할 수 있고 당신의 데스크탑에 도착한 수많은 정보를 근거로 하여 새로운 포스트를 만들 수 있다.

우리는 가장 신선한 정보를 모든 사이트에 새로운 포스트로 전송하

그림
6.2
넷뉴스와이어에서 보이는 어떤 포스트도 엑토Ecto를 포함하는 몇몇의 블로그 에디터로 자동적으로 전송할 수 있다.

기 위해 넷뉴스와이어NetNewsWire(RSS 리더)와 엑토Ecto(데스크탑 에디터, 그림 6.2)의 조합을 사용한다.

가능한 또 다른 조합은 블로그젯높은 등급의 데스크탑 블로그 에디터에 뉴스게이터 그리고 피드데몬FeedDemon(모두 우수한 RSS 리더)으로부터 착신한 포스트 연결을 포함한다.

선택 가능한 RSS 리더와 에디터가 수십 개나 되고 앵커와 그 연결이 일정하지 않으므로, 첫 번째로 우리는 당신이 원하는 기능을 가지고 있는지를 알기 위해 RSS 리더를 살펴보기를 제안한다. 그런 다음 당신은 어떤 에디터가 조합이 가능한지를 알기 위해 더 나아가 조사할 수 있을 것이다. 이런 정보는 당신이 조사하고 있는 RSS 리더의 웹사이트에서 살펴볼 수 있을 것이다.

우리는 어떻게 블로그 엔진이 페이지를 만드는 데 사용된 표준을 준수한 cleanHTML이 전통적인 HTML로 구축한 사이트와 데이터베이스를 적용한 방법보다 더 많은 이익들을 제공하는지에 대해 기술했다. 구글에 친화적이고 다양한 디바이스(핸드폰, PDA, Screen Reader)에서 쉽게 읽힐 수 있는 코드를 적용하는 것은 다른 사이트들이 쉽게 도달하지 못하는 많은 독자들과의 접촉을 가능하게 한다. 여러 해 동안, 우리는 이벤트를 통해 고객들과 독자에게 그들이 작성하는 포스트에 지저분한 불용의 HTML 코드를 삽입함으로써 큰 그림을 망치지 않도록 주의시켰다. 포스트 텍스트에 HTML 코드를 삽입하는 것은 가독성을 강화하는 형식을 추가하는 반면 때로는 표준이 아닐 수도 있다.

예를 들면, Microsoft Word를 활용할 때 HTML 생성 표준을 준수하지 않는다면 구글의 clean HTML을 못쓰게 될 것이다. 게다가 포스트가 윈도우 익스플로러를 사용하지 않는 브라우저와 디바이스에서는 읽혀지지 않게 될 것이다. 저작과 철자, 문법 체크를 위해서만 Word를 사용하고 포맷팅용 옵션으로는 사용하지 않도록 하자. 우리는 일반적으로 Word로부터 순수하게 텍스트만을 다루는 프로그램에 복사하고 붙이고 난 뒤 그것을 다시 우리의 블로그 엔진 또는 에디터로 복사하여 붙이는 방식을 활용하고 있다.

Mac용 Text Edit 또는 BBEdit와 같은 프로그램에 Word 텍스트를 복사하는 것과 Windows용 Clip Strip과 같은 클립보드 유틸리티를 사용하여 문제없이 깔끔한 평문으로 복사할 수 있게 해 준다. 삽입된 어떤 Word 형식도 남지 않게 해 주는 방법은 Word doc 파일을 단순한 텍스트 형식(.txt 확장자를 사용하는)으로 저장하고 그것을 복사하여 당신의 블로그 저작 도구에 붙이는 것이다.

만일 HTML에 익숙하지 못하지만 볼드, 이탤릭 또는 다른 형식의 제어를 원한다면 블로그 서비스 또는 에디터(Ecto, BlogJet, 기타)에서 사용 가능한 옵션을 이용하도록 하라. 이러한 도구들은 표준 준수 시 필요한 clean HTML을 만드는 경향이 있다.

05. 블로깅을 위한 시간

우리가 자주 언급한 것처럼, 대화를 촉진하는 시기 적절하게 쓰여진 빈번한 포스트들은 당신의 사이트를 주목 받게 할 수 있다. 모든 근원은 포스팅이다. 이 점을 당신은 잊지 말아야 한다.

그리고 (인생의 모든 것들과 마찬가지로) 만약 당신이 시간과 효과적인 시스템 모두를 바친다면 당신의 블로그는 성공할 것이다.

블로깅을 위한 시간을 내는 것이 어려울 수도 있다. 그리고, 많은 파워 블로거들 조차도 하루에 몇 개의 포스트를 하는 것이 어렵다는 것을 알고 있다. 그러나, 수많은 블로거들은 만일 하루에 한두 시간을 조사와 포스팅에 충실하게 투자한다면 필요한 추진력을 얻을 수 있을 것이라고 말한다. 이른 아침이나 또는 심야 시간이 블로그를 하기 위한 좋은 시간이라는 것을 많은 사람들은 알고 있다. 당신의 스케줄의 허락 여부에 상관없이 매일 몇 분 또는 몇 시간 동안 만이라도 모니터링과 숙고, 글쓰기에 집중하는 것은 당신의 블로깅에 많은 도움을 줄 것이다.

작업 방식의 특성은 당신에게 달려 있지만 일반적인 블로깅의 프로세스는 다음과 같다. 블로그에 달린 댓글을 읽는 것부터 시작하라. 당신이 응답해야 할 필요가 있을 지도 모르며 혹은 독자들이 당신의 조사와 확장을 위한 링크를 제공했을지도 모른다. 당신의 독자들은 블로그 대화의 중심이고 때때로 그들이 추구하는 방향으로 훌륭하게 이끌 것이다.

다음으로 이메일을 검토하라. 관련 소재의 중요한 상당부분은 친구, 가족 그리고 동료들이 당신에게 보낸 글들에서부터 얻어진다. 우리는 포스팅 시 정보검색을 위해 흥미로운 이야기들을 별도의 폴더에 저장해 둔다. 비공식적인 정보를 포함한 이메일조차도 유익한 포스트에 기여할 수 있는 통찰을 낳을지도 모른다. 당신의 블로그가 유명해짐에 따라 당신의 독자들이 포스트를 위한 관련 소재들을 보내오게 될 수도 있다.

RSS 피드를 공급하지는 않았으나 당신의 집필 영역에 중요한 정보를 담고 있는 일부 핵심 사이트를 정독하라. 만약 당신이 정기적인 방문자이고 그곳에서 새로운 소재를 발견했을 때 다행히도 아직 포스트화되지 않았다면 당신은 블로고스피어의 '특종기사'를 가질 수 있다. 이러한 이유로 우리는 다른 블로거들이 세심한 관심을 기울이지 않는 사이트들을 좋아한다.

이 단계에서 당신은 즉시 블로그에 올려야 하는, 시간에 민감한 아이템을 찾아 낼 수도 있다. 만약 그런 아이템이라면 즉시 포스팅하고 그런 아이템이 아니라면 가능한 집필 재료를 계속해서 더 수집하도록 하라. 다음으로 트래픽 분석을 위한 약간의 시간을 가져라. 당신이 알지 못했던 사이트로부터 클릭이 들어오고 있음을 발견할 지도 모른다. 당신에 대해 누가 이야기하고 있는지를 알고 그들의 사이트를 방문해 폭을 넓히게 되면 예상치 못한 편집의 아이디어를 얻을 수도 있다.

그 다음, 최신 업데이트에 대한 당신의 RSS 리더를 검토하라. 대부분의 어플리케이션은 포스팅을 위해 아이템을 개별 선택하여 설정하는 기능을 허용하는 특징이 있어서 다수의 엔트리를 정리할 수 있고, 나중에 다시 볼 엔트리를 별도로 모아둘 수 있다. 이것으로 당신이 한 시간 동안 수백 개의 아이템을 걸러내는 것이 가능하다. 따라서 당신이 투자할 수 있는 시간에 따라 하루에 수백의 웹사이트 컨텐츠를 정독하는 것 또한 충분히 가능하다.

상기 예시와 같이 포스팅에 체계적인 접근을 하게 되면 매일 더 나은 포스트를 더 많이 쓸 수 있게 된다. 우리의 방법을 당신의 프로세스에 반드시 적용할 필요는 없지만, 적용하면 도움이 되는 약간의 팁들을 발견하길 희망한다.

새로운 화제를 대화 주제로 가져온 포스트로 당신의 독자와 조우하는 것과 집필 프로세스에 당신의 에너지를 바치는 것은 기대 이상의 이익을 수확하게 할 것이다. 2 ~ 3개월 노력을 기울인다면 독자들이 늘어나는 것과 당신의 글쓰기 실력이 늘어나는 것을 실감하게 될 것이다.

제 7 장에서 우리는 더 많은 방문자를 유도하고 당신의 블로그가 주목 받게 하기 위한 요령들을 알아보도록 하자.

비즈니스 포스팅의 검색엔진 최적화

지난 장에서 비즈니스 포스트를 기획하고 제작하는 방법에 대해 알아보았다. 이번 장에서는 이렇게 제작된 비즈니스 포스트를 많은 고객과 독자들이 검색하고 공유하는 검색엔진에 최적화 노출하는 방법에 대해 살펴보자.

■ 검색엔진과 블로그

웹 2.0의 시대의 접어들면서 사람들이 정보를 검색하고 공유하는 검색엔진의 중요성은 더욱 높아지고 있다. 특히 기업의 경우, 고객들이 자사의 정보를 더 이상 웹사이트에서 찾지 않고 서로 정보를 교환하는 방식으로 정보를 취득하는 그라운드스웰 현상이 뚜렷한 요즘, 고객들의 정보 교환과 소통의 장이 되는 검색엔진에서 자사의 정보나 메시지를 노출하는 것은 이제 무엇보다도 중요한 사안일 것이다.

블로그는 기본적으로 검색엔진에 친화적 구조를 지니고 있다. 컨텐츠 중심의 사이트를 구현하다 보니 기존의 웹사이트보다 더욱 간단하고 표준 웹을 준수하는 설계를 기본으로 하고 있다. 여기에 포스팅을 통한 빈번한 업데이트는 검색엔진의 편향적인 애정을 받기에 충분하다.

또한, 쓰기 가능한 웹으로 진화하면서 사람들은 타인의 개인적 경험이 담긴 쉽고 재미있는 정보를 참조하는 것을 선호하는 경향이 있기 때문에 검색결과 화면에서 블로그 검색 영역의 노출된 컨텐츠들은 사람들에게 더욱 인기가 높다.

여러 가지 사항을 검토해 보아도 현재 블로그를 통한 검색엔진 상에 메시지 노출은 다른 사이트를 통한 방법보다 쉬워 보인다. 그러나, 하루에 수천 개씩 개설되고 있는 새로운 블로그와 이미 개설되어 있는 블로그에서 쏟아져 나오는 매일 매일 포스트를 생각한다면 블로그의 포스트도 검색엔진 최적화를 거치지 않고는 검색 결과의 상위 노출을 얻기 힘들 것이다.

■ 비즈니스 블로그의 검색엔진 최적화

비즈니스 블로그의 검색엔진 최적화 작업은 크게 세 가지로 나누어 볼 수 있다. 먼저, 비즈니스 블로그를 개설하기 전 기획단계에서 최적화, 포스트를 발행할 때마다 적용해야 하는 최적화, 그리고 비즈니스 블로그를 운영하면서 고려해야 하는 최적화 작업이다. 지금부터 세 가지 단계에서 고려해야 하는 검색엔진 최적화 작업을 하나씩 살펴보기로 하자.

1. 검색엔진 최적화를 고려한 비즈니스 블로그 개설 기획

- 비즈니스 블로그 개발시 메타 태그

메타 태그의 검색엔진에 대한 영향력은 점점 약해지는 것은 사실이지만, 중요한 4가지 메타 태그만 최적화해도 기대 이상의 효과를 거둘

수 있으므로 참조하자.

① 문자코드를 지정

```
<meta http-equiv=""Content-Type""content=""text/html"
    "icharset=""XXXX"">
```

⇧

문자코드로서 euc-kr, utf-8 등을 지정

② 키워드가 포함된 설명문을 전달

```
<meta name=""description""content=""XXXX"">
```

⇧

검색엔진에 노출하고 되고 싶은 키워드를 포함하여 120자 정도의 설명문을 작성한다.

③ 키워드를 설정

```
<meta name=""keyword""content=""X,X,X"">
```

⇧

페이지별 키워드를 ',' 로 구분하여 나열한다. (3~10개)

④ 검색엔진에 등록을 설정

```
<meta name=""robots"" content=""noindex, nofollow"">
```
⇧

noindex : 검색엔진에
    등록하지 않음,
Index : 검색엔진의 등록

nofollow : 링크를 포함하지 않음
follow : 링크를 포함하여 모두
    검색엔진에 등록

2. 포스트 발행 시 검색엔진 최적화

모든 문제에 대한 해결 방법이 그렇듯, 블로그의 검색엔진 최적화에도 단기적인 해결 방법과 장기적인 해결 방법이 있다. 먼저 단기적인 검색엔진 최적화 방안, 즉 포스트 발행 시마다 적용해야 하는 단기적인 방법들을 살펴보자. 비즈니스 포스트를 작성하는 시점에서 아래와 같은 순서로 적용하여 보라.

- 고객들의 키워드를 찾아라

비즈니스 포스팅의 주제를 결정하였다면, 주제에 맞는 키워드를 찾아야 한다. 이때의 키워드는 마케터나 비즈니스 블로그의 운영자의 키워드가 아닌 독자들, 즉 고객들의 키워드를 찾아야 한다는 점이다. 예를 들면, 블로그 포스트 주제의 키워드로 '신학기' 또는 '새학기'라는 두 가지 키워드를 찾아낸 후 적용할 키워드를 최종으로 결정해야 한다면 어떤 키워드가 맞는 키워드인가?

'신학기' 또는 '새학기' 중 문법적으로 어떤 단어가 맞는지 고민한다면 당신은 고객의 키워드를 놓치는 상황에 이를 수도 있음을 명심하라. 가장 최선의 방법은 문법을 검토하는 것이 아니라, 검색엔진에서 현재 사람들의 두 키워드 검색 조회수를 비교하여 더 많은 검색 조회수를 갖는 키워드를 선택하는 방법이다. 결국 검색에서 사람들이 많이 사용하는 실제의 키워드를 찾아내야 한다.

이러한 고객들의 키워드를 찾는 방법에는 검색 조회수 이외에도 검색포탈에서 제공하는 연관검색어, 실시간 검색어를 참조하는 방법이 있다.

키워드 선정 시에 또한 고려해야 할 사항은 선정한 키워드가 현재 검색 트렌드가 상승세인지, 하락세인지를 파악하여 반영해야 하는 점이다. 이것은 다음 검색의 트렌드차트 서비스를 활용하면 쉽게 확인할 수 있다. 예를 들어 '신학기' 키워드의 트렌드가 궁금하다면 다음 검색창에 '신학기 트렌드차트'를 입력하고 검색하면 그림과 같은 결과를 얻게 된다.

이러한 트렌드차트의 트렌드 분석을 통해 키워드의 현재 상황을 알고 적용하는 것이 중요하다한 가지 참고해야 할 사항, 트렌드차트의 결과는 다음 검색엔진의 검색 트렌드임을 고려하라.

마지막으로 키워드 선정 시 고려해야 할 사항은 국내 검색엔진별 이용자 특성을 고려하는 것이다. 경험적으로 이야기한다면 가장 높은 검색점유율을 가진 네이버는 일반적인 키워드 전반에 대해 검색이 이루어지고, 다음과 같은 경우는 여성적, 감성적 키워드의 조회가 높으며 구글은 세부적인 키워드나 문장형 키워드 조회가 많다.

- 키워드를 적절히 배치하라

포스트에 고객들, 독자들의 키워드까지 결정되었다면 이제는 이러한 키워드를 효과적으로 배치하는 것이 필요하다. 비즈니스 포스트에서 키워드를 배치해야 하는 위치별로 방법을 자세히 살펴보자.

① 제목에 키워드 배치

비즈니스 포스트에서 검색엔진 최적화에 가장 중요한 위치이다. 선택한 키워드를 제목 맨 처음에 배치해야 한다는 점만 명심하라. 검색엔진은 제목부분에 키워드가 어디에 위치하였는지를 중요하게 판단하여 노출 순위를 결정하므로 키워드를 제목 맨 처음에 배치하는 것은 매우 중요하다.

이렇게 중요하면서도 쉬운 원칙들을 사람들이 놓치는 이유는 무엇일까? 대부분의 키워드는 명사의 단어이기 때문에 포스트를 제작하면서 제목을 강조하고 자연스럽게 하기 위해 수식어들을 붙이기 시작하면서 원칙이 깨어지기 시작한다.

사례를 들어보면 '부산국제모터쇼에 깜짝 등장한 이민정, 정경호!' 보다는 '이민정, 정경호! 부산국제모터쇼에 깜짝 등장!!'이 '이민정'을 키워드로 결정하였을 때 좋은 제목이다.

또한, 제목에 [이나 ' 와 같은 기호로 시작하는 제목은 다른 경쟁 포스트에 비해 기호만큼 한 자리씩 뒤에 키워드가 배치된다는 점을 주의하라.

② 본문에 키워드 배치

제목에 키워드를 배치하였다면, 이제는 본문에 키워드를 적절히 배치해 보자. 본문 중에서 가장 중요한 영역은 바로 포스트 상단, 즉 처음 문단이다. 여기에 선택한 키워드를 2~3번 적절하게 문장에 어색하지 않게 반복하라. 검색엔진은 키워드가 본문 초에 반복되어 있는 당신의 포스트를 중요하게 생각할 것이다. 그러나, 3번을 넘게 반복하거나 문맥과 관계없이 키워드가 반복되는 포스트는 검색엔진이 트릭으로 판단하고 제재를 가하게 될지도 모르니 주의하라.

이전에 많이 쓰던 흰색 배경에 흰색으로 키워드를 여러 번 반복하여 숨겨두는 방법은 이제 검색엔진에게 더 이상 통하지 않음을 명심하라.

대신 한 가지 팁을 드린다면, 키워드가 여러 가지 표현으로 사용될 수 있는 경우, 예를 들면 '윈도우 7', '윈도 7', 'Windows 7'와 같이 같은 의미 다른 표현의 키워드는 대표적으로 '윈도우 7'을 키워드로 선정하여 제목과 본문 상단에 배치한 후 본문 나머지 부분에서 자연스럽게 '윈도 7', 'Windows 7'을 사용하는 것이 좋다.

③ 태그에 키워드 배치

설정된 키워드를 태그에도 배치하라. 여러 개의 태그 중, 맨 앞에 위치하는 것이 좋긴 하지만 대부분의 국내 블로그 서비스는 발행 시 글자순으로 재배치하므로 키워드를 빠뜨리지 않고 배치하는 것만이라도 지키자.

주의할 기본적인 사항은 태그의 키워드는 반드시 본문에 관련 내용이 포함되어 있어야 하며 태그의 숫자도 너무 많지 않은 것이 좋다. 스팸 태그를 분리하기 위해 국내 일부 블로그 서비스는 태그의 숫자도 제한하고 있다는 점을 기억하라.

④ 이미지에 키워드 배치

검색엔진에게 이미지는 이미지로 인식될 뿐이다. 즉 〈IMG src="a.jpg"〉라는 소스 코드로 인지된다. 그러나, 이러한 이미지에도 선정한 키워드를 배치할 수 있다.

이전 인터넷 회선이 좋지 않던 시절, 이미지 파일이 깨지거나 다운로드가 되지 않는 경우를 대비하여 'ALT' 태그가 사용되었음을 기억하는가? 이 'ALT' 태그를 활용한다면 이미지에도 검색엔진이 인식할 수 있는 키워드를 배치할 수 있다.

즉, 〈IMG src="a.jpg"〉라는 소스코드를 〈IMG src="a.jpg" ALT="신학기 가방"〉으로 수정한다면, 검색엔진도 독자와 같이 이미지가 신학기 가방임을 인지하게 될 것이다.

⑤ 링크에 키워드 배치

검색엔진은 언제나 링크를 중요하게 생각한다는 점을 명심하라. 만약 비즈니스 포스트 본문 내에 링크 연결이 있다면 여기에 키워드 배치도 놓치지 마라. 예를 들면 비즈니스 포스트 본문 중 신학기 이벤트로 연결되는 링크의 텍스트를 '여기 클릭'이라고 작성하지 말고 '신학기 이벤트 바로가기'와 같이 링크에 키워드를 배치할 수 있다. 이렇게 수정한다면 검색엔진은 링크가 연결되어 있는 '신학기'라는 키워드를 중요하게 보게 될 것이다.

 - 마지막으로 포스트 발행 전 체크사항

키워드 선정과 배치가 모두 끝나고 포스트 작성이 완료되었다면, 이제 발행단계이다. 이 발행단계에서 잠시 시간을 내어 최종적인 검색엔진 최적화 부분을 두 가지 점검해보자.

- 첫 번째, 제목의 오타부분을 점검하라.

힘들여 키워드 선정과 배치까지 마무리했는데 제목의 오타로 모든 것을 수포로 만들지 마라.

제목 부분, 특히 키워드에 치명적 오타가 포함되는 경우가 무시하지 못할 만큼 자주 일어난다. 포스트를 발행하게 되면 거의 실시간으로 메타 블로그나 검색엔진에 노출이 되므로 잠시 시간을 내어 오타 검수를 하는 작업은 매우 중요하며 꼭 필요하다.

- 두 번째, 독자나 고객의 입장에 서서 발행될 포스트를 검색엔진에서 검색 하려면 어떠한 검색어로 검색할 수 있을까를 살펴보라.

비즈니스 포스트의 내용까지 모두 작성이 완료된 상태에서 객관적 입장으로 이 포스트를 독자들이 어떠한 키워드로 검색해 낼 수 있을까를 고민해 보는 것이 중요하다. 경험적으로 이 작업을 거치게 되면 최소한 40% 이상은 키워드를 재 선정하게 된다. 키워드를 선정 배치 후 실제 포스트 작업에서 또 다른 키워드가 나오거나 포스트 내용이 원래 선정했던 키워드에서 방향성이 바뀌는 경우가 많기 때문이다. 작성자 본인이 객관적인 입장이 될 수 없다면 포스트 제작과 상관없는 제 3 자에게 질문을 통해 검수를 해 보자. 반드시 발행 전 체크하여 공들여 작성한 포스트를 헛되이 노출하지 말자.

3. 블로그 운영시 검색엔진 최적화

비즈니스 포스트 발행시 고려해야 하는 단기적인 비즈니스 블로그의 검색엔진 최적화 방법을 살펴보았다. 이제부터는 조금은 시간이 걸리는 장기적인 방법, 즉 비즈니스 블로그 운영 시 고려해야 하는 검색엔진 최적화 방법에 대해 살펴보기로 하자.

- 비즈니스 포스트 발행주기를 관리하라

블로그가 검색엔진에 친화적이게 되는 중요한 요소 중의 하나가 바로 빈번한 업데이트이다. 이 빈번한 업데이트는 또한 블로그의 기본 특성 중의 하나이기도 하다.

근래 국내에도 기업 블로그가 늘어남에 따라 비즈니스 포스트의 발행주기도 매우 중요한 경쟁요소로 등장하였다. 실제로 '소니, 스타일을 말하다www.stylezinblog.com'과 '윈도우, 익숙하지만 새로운 이야기www.windowstalk.co.kr' 등의 대부분의 기업 블로그는 최소 1일 1포스트 발행을 준수하고 있고, '한국지엠 톡blog.gmdaewoo.co.kr'과 같은 경우는 최소 1일 2~3 포스트 발행 주기를 가지고 있다. 발행 주기가 빈번할수록 트래픽이 증가하는 것은 물론 발행 포스트의 수준도 중요하겠지만 어느 정도 사실이다. 그러나, 발행 포스트를 불규칙적으로 몰아서 일시에 발행하는 것은 검색엔진 최적화에 도움이 되지 않는다는 사실을 명심하라.

만약, 1주에 3개의 포스트를 발행할 수밖에 없는 상황이라면 3개의 포스트 발행 요일을 결정하여 규칙적으로 발행하는 것이 중요하다. 검색엔진은 규칙성이 있는 사이트를 선호하기 때문이다.

– 비즈니스 포스트의 누적 포스트 숫자도 중요하다

비즈니스 블로그의 포스트 숫자는 블로그의 레벨을 높이는 데 중요하다. 그리고, 레벨이 높은 블로그의 포스트는 검색엔진이 중요하게 생각한다는 사실을 기억하자.

비즈니스 블로그를 개설하고 발행 포스트에 검색엔진 최적화를 적용하여 규칙적인 발행주기로 포스트를 발행하는 경우, 발행 즉시 검색엔진에 상위 노출되리라 기대하겠지만 현실은 그렇지 않다.

경험적으로 이야기 한다면 비즈니스 블로그 개설 후 국내 가장 높은 검색 점유율을 가진 네이버 검색에 본격적으로 노출되는 시점은 누적 포스트 수가 70~100개가 되는시점이다. 1일 1포스트 발행 주기를 갖는다면 3개월에서 4개월의 시간이 걸리는 셈이다. 따라서, 비즈니스 블로그를 개설하고 3개월 동안은 꾸준한 포스트 발행하여 여러분의 비즈니스 블로그의 레벨을 올리는 데 주력하라.

또한, 많은 비즈니스 포스트는 트래픽 부분에서 롱테일 효과를 가져올 것이다. 오래된 포스트는 검색엔진에서 사라지지 않고 지속적으로 방문자를 유도할 것이다. 이런 포스트들이 많으면 많을수록 트래픽이 늘어나는 것은 자명한 사실이다.

– 링크와 트랙백을 유도하라

링크의 수는 검색엔진이 중요하게 보는 요소 중 하나이다. 정확하게 말하자면 다른 사람이 내게 링크로 연결하는 인바운드 링크를 중요하게 생각한다. 구글의 경우 노출 순위를 결정하는 구글주스에 이 인바운드 링크수는 중요한 영향을 미친다구글 주스는 구글 툴바를 설치하면 쉽게 살펴볼 수 있다. 따라서, 비즈니스 블로그 운영시 인바운드 링크를 유도할 수 있는 포스트나 이벤트의 진행은 필수적으로 고민해 보아야 한다.

■ 상위노출이 목표가 아니다

지금까지 비즈니스 블로그를 개설하기 전 기획단계에서 검색엔진 최적화, 포스트를 발행할 때 마다 적용해야 하는 검색엔진 최적화 그리고, 비즈니스 블로그를 운영하면서 고려해야 하는 검색엔진 최적화 방법을 살펴보았다.

그러나, 착각하지 마라. 검색엔진 최적화의 목표는 비즈니스 포스트의 상위노출이 아니다. 궁극적인 목표는 검색엔진 결과 화면의 상위노출이 아니라 상위노출을 통한 방문자의 유도이다.

실제로 검색엔진 결과에 특정 키워드의 상위 노출이 되면서도 검색자의 클릭을 유도하지 못하는 포스트들이 다반수이다. 따라서, 검색엔진 상위노출은 최적화의 단계일 뿐 목표가 아님을 인지하고 다음의 추가 작업들을 고민하여야 한다.

- 클릭을 유도하는 제목을 작성하라

초기 이메일 마케팅에서 발송된 이메일의 개봉률을 높이는 제목 작성법에 대해 경험적으로 배운 것들이 있을 것이다. 같은 방법을 비즈니스 포스트의 제목에도 적용하자. 먼저 제목만 읽어도 포스트의 내용을 대략 추측할 수 있는 것보다는 궁금증을 유발할 수 있는 제목을 활용하자. 의문형 문장을 활용한 제목이 대표적인 사례일 것이다. 예를 들어 '윈도우 휴지통 어디까지 써 봤니?'란 제목을 참조해보라.

- 키워드가 문맥에 맞지 않게 반복되는 제목을 피하라

선정한 키워드로 상위 노출을 위해 제목에 어색하게 반복되는 것을 피하라. 어색하게 키워드가 반복된 제목을 보고 독자들은 포스트의 수준을 예측할 수 있기 때문이다.

- 본문의 키워드 반복부분을 흥미있게 하라

키워드가 중복 배치된 본문의 내용도 위의 두 가지 검토 사항을 적용하라. 검색 결과 화면을 살펴보면 제목 하단에 키워드가 들어 있는 짧은 문단이 소개됨을 알 것이다. 독자는 이 부분을 읽음으로써 전체 컨텐츠를 열람할 것을 결정한다는 사실을 잊지 마라.

이상으로 검색엔진에 비즈니스 포스트를 효과적으로 노출하는 방법을 살펴보았다. 다음 장에서는 검색엔진 못지않게 비즈니스 블로그의 트래픽 유도의 중요한 부분을 차지하고 있는 메타 블로그를 중심으로 비즈니스 블로그의 소셜미디어 최적화 방법에 대해 알아보자.

BUSINESS BLOG

Chapter **07**

블로그의 시작 그리고 홍보

블로그의 시작
그리고 홍보

최 근에는 독자들의 관심을 받기 위한 블로그들의 경쟁이 너무나
치열해져 블로고스피어에서 평판을 얻는 것이 점점 더 어려워
지고 있다. 우리는 그럼에도 불구하고 다른 블로거들과는 다르게 일부
블로거들이 어떻게 우뚝 설 수 있었는지에 대해 자세히 알아 본 결과
독자층을 모으는 데 나름의 방법들이 있었다.

많은 사람들은 양질의 포스트들을 많이 발행하는 것이 독자들의 주
의를 끄는 데 가장 중요하다고 말한다. 이 말에 우리는 100% 동의하
지 않는다. 우리의 경험과 더불어 다른 블로거들과의 대화에서 이보다
는 더 많은 것을 추가적으로 해야 한다는 사실을 알았기 때문이다.
다음으로 이어지는 섹션의 내용은 최근 개설된 새로운 블로그들과
블로고스피어가 시작된 이래 지속되어 온 기존 블로그들 모두가 해당
된다.

01. 본격적으로 시작하라

블로그가 다른 어떤 매체보다 인기 있고 효과적인 매체이긴 하지만, 당신은 단순히 비즈니스 블로그를 개설한 채, 팔짱만 끼고 수천 명의 방문자와 고객이 방문하길 기다릴 수만은 없을 것이다.

초기 성공적인 블로그들은 대부분 기업가 정신의 우연한 결과였다. 하지만, 이제는 이러한 행운의 경우를 더 이상 기대할 수 없으며 론칭 전략을 가지고 철저히 준비하는 것이 중요하다.

우리의 특별한 론칭에 대한 전략은우리가 제 4 장 '독자를 위한 블로그 설계'에서 기술한 것처럼 잘 디자인되고 적절한 기능을 보유한 블로그와 함께 본격적으로 시작하는 것이다. 그리고, 론칭 첫날 포스트를 몇 개 준비해서 독자들의 피드백을 요구하라. 당신이 그들의 말에 귀 기울이고 있다는 것을 보여 주기 위해 코멘트에 빠르게 응답하라. 부동산 사이트를 위한 블로그, 질로우Zillow(www.zillowblog.com) 는 성공적인 론칭의 좋은 사례이다. 그들의 자산 평가 사이트를 론칭하던 날, 질문에 응답하고 질로우가 어떻게 일하는지 설명하고, 일하는 사람들을 소개하기 위해 사이트와 함께 블로그를 론칭했다.

그들의 마케팅 팀장 말에 따르면, '우리가 처음 질로우 블로그를 론칭하기로 결정했을 때 우리 모두는 블로그가 사람들에게 말하고, 사람들로부터 듣고, 사이트를 이용하는 실제 고객들과 대화를 나눌 수 있는 강력한 방법이라는 것에 동의했다'고 한다. 질로우는 블로고스피어에 참여할 준비가 되어 있는 상태에서, 그들의 블로그를 론칭하였고,

그리고 모든 면에서 커다란 성공을 거두었다.

02. 흥미 있게 만들어라

사내 자판기 근처 휴게실과 중역회의실은 모두 비즈니스맨들이 모이고 정보를 교환하는 장소이다. 전자는 새로운 개발과 때때로 사무적으로 관련된 일에서 벗어난 토론의 비공식적인 장소인 반면, 후자는 일반적으로 안정되어 보이나 종종 위협적이기도 한 장소로 지루한 컨텐츠내용. 대화가 있는 곳이기도 하다. 그래서, 우리는 사내 자판기 근처 휴게실이 훨씬 흥미 있고 매력적인 공간을 제공하기 때문에 블로거들이블로그의 목적과 적합하다면 이 장소을 모방하는 것이 최선이라고 생각한다.

■ 새로운 것을 언급하라

블로거들은 일반적으로 새로운 소재를 포함한 포스트들이 많은 주목을 받는다는 사실에 동의한다. 문제는 신선한 컨텐츠를 정기적으로 제공한다는 것은 그들에게 힘든 도전일 수 있다는 것이다. 많은 블로거들은 독창적인 소재를 제공하는 최고의 방법이 개인 경험에 중점을 두는 것이라 생각한다. 당신의 독특한 지식 기반과 입장은 다른 블로거들과의 차별화를 가져올 수 있기 때문이다.

그러나 개인적인 이야기는 산업과 시장 중심의 블로그에서는 적절하지 않은 것일 지도 모른다. 최신 뉴스 또는 다른 독점적인 컨텐츠를 블로고스피어에 처음 소개하는 것이 가장 중요한 것일 수 있다. 우리는 운영하는 모든 블로그에서, 독자들에게 흥미를 유발할 새로운 뉴스들을 첫 번째로 포스트하기 위해서 부지런히 노력한다. 우리가 '독점기사'를 가졌을 때, 트래픽이 급증하기 때문이다.

또 하나의 접근 방법으로는 RSS로 정보를 즉시 제공하고 있지 않은 자료를 찾아내는 데 집중하는 것이다. 이것은 블로그와 신디케이션 피드를 제공하는 뉴스, 매거진 사이트를 피하는 것을 의미한다. 바로 여기서 당신의 개인 전문 지식이 도움이 된다. 어쩌면 당신의 관심 영역에서 피드를 제공하지 않는 사이트를 알고 있을 것이다. 당신은 이러한 아이디어를 블로고스피어에 소개하는 사람이 되어야 하는 것이다.

우리가 다른 사람의 컨텐츠를 '리퍼포징repurposing'[1] 하거나 전체를 복제하는 것에 대해 논의하고 있지 않는 점에 주의하여야 한다. 원저작자 표시 없이 전체 글을 복사하여 붙이는 일부 '블랙햇black-hat'[2] 블로거들은 전체 사이트를 복제하고, 그것에 광고를 부가하는 자동화 시스템을 사용하기도 한다. 이 같은 블로그는 웹 상의 해악이다. 정상적인 방법은 이러한 글들의 작은 부분을 인용하고 간단한 요약 코멘트를 쓰는 것이다. 그리고, 예외 없이 원본으로의 링크를 연결해야 한다. 만일 당신이 흥미있는 새로운 소스 사이트들을 세상의 모든 피드 구독자들에게 소개하고, 트래픽을 그 사이트들의 방향으로 유도할 수 있다면

---

1 주어진 컨텐츠를 그대로 인용하거나 단순히 재조합하는 것이 아니라, 새로운 기능이나 목적을 부가함으로써 기존의 컨텐츠와는 다른 새로운 가치를 창출하는 것.
2 이해관계자나 명예를 위해 다른 사람의 컴퓨터 시스템이나 네트워크에 침입하는 해커나 크래커를 일컫는 용어.

이것은 모두가 이익을 얻는 길이 될 것이다.

　당신이 신디케이션을 제공하지 않는 소스 사이트들을 찾아냈다면, 다음 문제는 어떻게 당신이 끊임없이 사이트를 방문하고 새로운 정보를 위해 그 사이트들을 훑어보지 않고도 최신 정보를 얻을 수 있는가이다. 우리는 올바른 도구를 잘 사용할 수 있다면, 세상 어느 누구도 수신하지 않는 RSS 피드들을 실제로 얻을 수 있다는 사실을 알아냈다.

　하나의 솔루션은 Google Alert_www.googlealert.com_에 유료 서비스 가입을 하는 것이다_Google Alerts 서비스와 혼돈하지 마라_. 이 서비스는 검색 항목을 입력하고 그 항목들이 구글 검색에 나타나는 것에 따라서 새로운 검색 결과를 수신하는 서비스를 제공한다. 우리는 특정 사이트의 검색 요구_메뉴 사이드 바를 확인하라_와 이러한 서비스를 조합함으로써 목표로 하는 새로운 컨텐츠를 아주 빨리 찾아낼 수 있다는 사실을 알게 되었다. 새로운 아이템의 포스팅과 그것이 당신의 RSS 리더에 보이기까지 시차가 하루나 이틀 정도밖에는 나지 않는다. 그러나, 이 방법에는 단점도 있다. 비용 문제 이외에도, 때때로 이전에 검토했었던 오래된 아이템이 시스템에서 새로운 컨텐츠로 다시 등장하는 것을 보게 되는 경우도 있다.

　우리는 거의 어떤 웹사이트라도 RSS 피드들을 도출할 수 있는 강력한 '무료피드_Feed for Free_' 서비스_www.feed43.com_에 감동했다. 이 서비스는 피드에 포함될 키워드를 미리 등록하면 해당 항목들이 나타날 때 당신의 뉴스리더에 새로운 제목과 링크들을 보내 준다. 이 서비스는 심지어 많은 포럼들과 지원 사이트들로부터 검색을 저장하고 호출할 수 있다. 이 서비스를 이용하여, 우리는 다른 블로그들이 가질 수 없는 피드들을 가질 수 있기 때문에 다른 블로그들에 앞서 독점적으로 특종 포스트를 제공할 수 있었다. 이 방법의 유일한 문제는 새로운 피드를 설정하는 것이 웹 프로그래밍에 전문가가 아닌 사람들에게는 쉽지 않다는 점이다. 그러므로 약간의 HTML의 지식과 웹 페이지 제작 방법에 대한 이해를 필요로 한다.

또한 회원 가입 기반 사이트들의 글과 보고서들은 다른 블로거들이 즉시 이용할 수 없는 컨텐츠들의 손쉬운 공급원이다. 만일 당신이 일반인들은 이용할 수 없는 접근 권한이 허용된 멤버십을 누리는 행운이 있다면, 당신은 블로고스피어로 그것들의 일부를 가지고 올 수 있을 것이다. 더 좋은 공급원으로는 웹에 그들의 소재를 전혀 제공하지 않는 출판물들이 있다. 만일 출판 기반의 신문 또는 인쇄물들을 얻는다면, 당신의 독자들로부터 흥미롭고 통찰력 있는 의견을 찾는 것도 좋은 방법일 것이다.

■ 약간의 논쟁거리를 제공하라

우리가 제 6 장, '블로그에서 글쓰기'에서 언급한 것과 같이 자극적인 포스팅이 이익을 낳을 수도 있다. 인기 있는 라디오 토크쇼을 들어봤다면, 당신은 그 토크쇼에 공통적인 특징이 있다는 사실을 알아 차렸을 것이다. 바로 많은 트래픽을 유발하는 미디어 운영자들은 핫 이슈에 확고한 입장을 견지한다는 점이다. 웹 상에도 이와 유사한 경우가 있다. 테크노라티의 상위 100위 블로거들의 목록을 살펴보면 대부분의 상위 파워 블로그들은 수줍은 내향적인 타입들과는 거리가 있음을 알 수 있다. 가장 인기 있는 블로그들 중에 인스타펀딧Instapundit www.instapundit.com, 데일리코스Daily Kos(www.dailykos.com) 그리고 허핑턴 포스트The Huffington Post(www.huffingtonpost.com)와 같은 정치적인 사이트들은 중요한 비중을 차지한다. 그리고 이러한 블로그들의 운영자들은 스스로 '객관적인' 뉴스 공급원이 아니라고 먼저 밝히기도 한다. 사실, 전문적으로 테크놀로지 관련 이슈를 다루고 있는 블로그를 제외한다면, 상위 100위 블로그들 중에 대부분이 자기의 의견을 고집하는 컨텐츠를 가지고 있음이 틀림없다.

만약 반대 의견의 컨텐츠가 트래픽과 토론을 유도할 수 있다면, 어떻게 당신 조직과 홍보의 필요성을 접목하고, 동시에 그곳에서 '특별하게 노출'할 수 있을까? 당신이 만약 Acme 위젯Acme Widgets을 위해 블로깅을 한다면, 어떤 포스트들이 토론을 촉발하면서, 동시에 상관들의 격노를 피할 수 있을까? 하나의 전략으로써 당신의 타겟 독자를 파악하면서, 그들이 가지고 있는 일부 가정들에 대해 질문하는 것이다.

예를 들어, Acme 위젯사가 빠르게 성장하고 있는 태양 발전산업에서 새로운 판매를 촉발시킬 수 있는 중요한 기회를 포착했다고 상상해 보자. 에너지 자원으로서 태양력의 예상 지수 증가에 관한 포스팅과 그것이 중동 지역에 미치는 영향에 대해 포스팅을 한다면 흥미 있는 토론과 논쟁을 유도할 지도 모른다.

아마도 사우디 아라비아가 20%의 실업을 경험하게 될 것이라 믿는 전문가의 말을 인용한다면 더 많은 링크 연결과 트래픽을 얻게 되는 결과를 낳을 것이다.

위험성이 낮으면서 토론을 유도할 수 있는 또 다른 전략은 다른 사람, 특히 당신이 링크로 연결되길 원하는 사람일 경우, 그 사람의 자극적인 포스트를 참조하는 것이다.

우리들의 경험에 비추어 볼 때, 적당히 논쟁적이어야 한다고 하는 다른 블로거들의 주장은 일리가 있다. 내성적이지 마라, 피드백을 요구하라. 그리고, 문장이 긴 포스트를 피하라. 토론을 활발하게 하기 위해 충분히 투자하라. 그러나, 학술적 내용은 적절하지 않다. 모든 토론과 논쟁은 대화로 해야 한다. 이것은 강의가 아니기 때문이다.

■ 당신의 독자를 파악하라

성공적인 블로깅은 새로운 독자을 얻고, 그 독자들을 더 많이 재방문하게 하는 것에 있다. 당신의 독자들을 더 잘 알수록 그들을 위한 전달자의 위치에 설 수 있는 좋은 기회를 갖게 될 것이다. 실제로 당신의 사이트를 방문하거나 포스트를 구독하는 사람들은 당신이 원래 생각했던 독자와 다를 지도 모른다. 그래서 정확하게 누가, 왜 방문하고 있는지를 파악하는 것은 매우 중요한 일이다.

콜로라도 스키 컨츄리는 우리 고객사 중 하나이다. 그들의 블로그는 대부분 스키 리조트의 팸플릿 수준의 웹사이트를 뛰어 넘는다. 우리가 대화를 나눠본 일부 리조트 관리자는 우리에게 무엇보다도 먼저 그들의 방문자는 '지역 특유의 느낌을 느끼고' 싶어 한다고 말했다. 이것은 전통적인 마케팅 조사를 간과한 것이다. 고객의 요구에 대해 귀 기울일수록 더 많은 사람들이 리조트 커뮤니티의 회원이 되고 싶도록 만드는 포스트를 만들 수 있다.

당신의 독자들을 더 잘 이해하는 데 도움이 되는 여러 가지 도구와 기술들이 있다. 이러한 대부분의 도구들은 무료이거나 비용이 저렴하다. 그리고, 무엇보다 중요한 것은 유용한 결과를 위해서는 시간과 노력이 필요하다는 점이다.

댓글을 남기는 사람들은 큰 자원이다. 이것은 당신이 토론을 계속 진행하게 할 수 있으므로, 방문자들이 누구인지 그리고, 그들이 왜 방문하였는가에 대해 더 많이 배우려고 노력하라. 이런 질문들을 묻기 위해 그들에게 이메일을 보내는 방법도 좋다. 만약 블로그에 아직 서투르고 많은 댓글을 받지 못하고 있다면, 당신의 블로그와 유사한 주제를 가진 다른 블로그들을 찾아 방문하고 그 블로그들 상에 자주 댓글을 남기는 사람들과 어울려라.

포스팅은 내용이 충실한 정보를 제공하는 것 이상이다. 일부 파워 블로거들은 포스팅에도 스테이크가 지글지글 구워지는 소리와 같은 효과음 같은 것이 필요하다고 말한다. 당신의 독자를 대상으로 하는 적절한 정보는 판매를 유발하고, 기업 이미지를 강화하고, 결국 블로고스피어에서 당신의 목표 달성을 돕는 넓은 독자층을 당신에게 가져다 줄 것이다.

03. 대화를 진행하라

블로그에서는 포스팅이 가장 중요하지만 블로그를 막 시작한 처음에는 주의를 끌기가 쉽지 않다. 매일 개설되고 있는 수천 개의 새로운 블로그와 더불어, 대화를 이끌어 가려면 당신의 블로그가 그들 사이에서 먼저 눈에 띄어야만 한다. 따라서, 우선 초보 블로그들은 대화를 시작하기 위해 공격적이지만 현명하게 블로깅할 필요가 있다.

■ 블로고스피어에 참여하라

독자층을 유도하는 최상의 방법 중의 하나는 다른 블로거들이 당신 블로그의 존재를 알아차리고 링크로 연결하게 하는 것이다. 사실, 다른 블로거들과 상호 교류를 가지지 않고는 성공한 블로그가 될 수 없다. 이것은 다행히도 적은 시간과 노력만으로도, 대화에 동참할 수 있을 것이다. 단, 너무 성급하게 교류하지 않도록 주의하여야 한다.

당신만 블로거들에게 알려지기를 바라는 것이 아니다. 많은 기업 고객들과 PR 전문가들은 우리에게 '어떻게 블로거들에게 선전할 수 있을까?'라고 묻는다. 우리는 전통 마케팅 담당자들이 블로고스피어의 영향을 인정했기 때문에 기쁘지만, 매번 반복되는 질문을 받을 때마다 난감하다. 간단하게 대답한다면 '하지 마라'이다. '선전한다'는 것은 적절한 표현이 아니다. 훨씬 더 적합한 질문은 '우리 시장이 신뢰하는 선택된 블로거들과 어떻게 함께 교감할 수 있을까?' 이다.

이러한 '선전'과 같이 지나치게 공격적인 자세는 블로거들이 홍보

회사를 믿지 않는 이유 중의 하나이다. 2005년 테크노라티에 의해 실시된 연구 결과에서, 홍보회사로부터 보내진 메시지를 얼마나 신뢰하는지 821명의 블로거들에게 1 ~ 10점의 단위로 물었다. 평균 점수는 얼마였을까? 참담하게도 4.6점밖에 되지 않았다.

우리는 많은 조직들이 무수한 방법들로 블로고스피어에 접촉하려는 것을 보아 왔기 때문에 효과적인 방법과 그렇지 않은 방법에 대해 대충 느낌으로 알 수가 있다. 블로거의 흥미를 끌려고 하는 대상이 당신의 제품이든 또는 블로깅 그 자체든 간에 몇 가지 하지 말아야 할 일들이 있다.

- 대상을 무차별적으로 선택하지 마라. 누구와 이야기하고 싶은지 신중하게 결정하라. 다른 사람의 이메일 발송 리스트에 올라 있는 1,000명의 블로거들을 귀찮게 하는 것보다 당신과 관련된 영역에서 상위 10위 내 블로거들을 목표로 하는 것이 훨씬 더 좋은 방법이다.
- 당신이 접촉하고 싶은 블로거들에게 맞지 않는 메시지를 보내지 마라. 일반적인 대량의 이메일을 보내지 마라. 그들이 만든 포스트를 읽고, 서로 잘 아는 동료나 다른 연결고리에 대해 언급할 시간을 가져라.
- 보도 자료를 보내지 마라. 대부분의 블로거들은 마케팅 어조의 글을 받으면, 보낸이를 '블로깅을 모르는 무지한몰지각한 존재'라

는 증거로 받아들인다.

- 이메일은 효과적이다. 그러나, 더 좋은 선택이 있다. 그들의 블로그에 대해 코멘트하고, 트랙백으로 그들에게 연결하여 블로그 포스트를 쓰는 것은 대화의 시작을 만들고, 블로거들과 교감을 나눌 수 있다.

만약 당신 블로그의 주제 또는 시장과 관련된 영역의 블로그들을 꾸준히 읽는다면 아마도 현명하고 적절하게 응답할 수 있는 기회가 많음을 발견하게 될 것이다. 영향력 있는 인사의 의견에 대해 찬성이나 반대를 표시하고 더 나아가 부연하는 것은 주목을 받고 대화에 참여하기 위한 훌륭한 방법이다.

대화를 발전시키는 좋은 방법은 당신의 영역에 연관된 분야의 파워 블로거들과 인터뷰를 하는 것이다. 앞의 내용으로 돌아가 태양 에너지 시장이 Acme 위젯에 기회를 제공한다고 가정한다면, Acme사는 태양 에너지의 비중이 성장하는 것에 관련하여 블로깅을 하고 있는 전문가와 인터뷰를 진행하고 위젯이 왜 이러한 새로운 에너지에 적합한지 댓글을 남기도록 블로거를 유도할 지도 모른다. 인터뷰를 녹음하고 팟캐스팅하는 것은 컨텐츠를 빨리 등록할 수 있는 손쉬운 방법이고 인터뷰를 한 사람으로부터 인바운드 링크를 거의 확실히 얻을 수 있는 방법이다.

읽기, 댓글달기, 그리고 블로깅은 관련 블로거들의 관심을 얻고 링크를 연결하게 하는 최고의 방법이다. 대화에 참여하고 통찰력 있는 의견을 기여하는 것은 PR 전문가가 기획한 어떤 계산된 '환영'적인 캠페인보다도 더 많은 이익을 수확할 수 있다.

■ 댓글과 트랙백을 독려하라

댓글과 트랙백은 당신의 블로그를 더욱 좋게 만들 수 있는 가치 있는 피드백을 제공한다. 많은 댓글들과 토론 또한 당신의 사이트에 방문자를 위해 더 많은 가치를 추가하는 '커뮤니티'적인 특성을 제공한다. 사이트의 노출성을 더 한층 강화할 수 있는 '무료 컨텐츠' 들에 대해 잘 생각해 보라.

댓글을 요청하고 듣는 것으로 어떻게 제품을 팔 수 있을까?

마이크 데이비드슨(Mike Davidson)은 최신 뉴스를 캡쳐하고, 포스트하는 것을 도와주는 것으로 인기가 있는 그의 뉴스바인(Newsvine) 서비스를 개발하기 위해 독자 코멘트를 광범위하게 활용했다. 마이크가 뉴스바인을 개발하고 있었을 당시, 새로운 온라인 서비스를 만드는 데 참여하길 간절히 원하는 그의 열혈 독자들로부터 아이디어와 피드백을 받기 위해 블로그를 사용하였다. 그 다음으로 그는 블로거들, 동료, 친구 그리고 가족의 그룹을 프로그램의 베타 테스트에 초대했고, 이들은 최종적인 서비스가 어떻게 작동해야 하는지 윤곽을 잡는 데 결정적인 역할을 했다. 또한 신제품 론칭 시에 이러한 독자들과 블로거들의 참여 덕분에 시장에서 신제품이 성공할 수 있도록 이끄는 데 필요한 입소문을 만들 수 있었다.

비슷한 경우로 숀 인먼(Shaun Inman)은 그의 블로그를 활용하여 프로토 타입의 스크린 샷들을 포스팅하고 독자들에게 피드백을 요구하는 방식으로 사이트 통계 프로그램 민트(Mint)를 개발했다. 그는 접수된 댓글을 세심히 살핌으로써 독자들의 요구에 잘 부합할 수 있었고 마침내 소프트웨어를 출시하였을 때, 이미 그의 제품을 기다리고 있던 시장에서 대환영을 받았다.

이러한 새로운 타입의 소프트웨어 개발자들은 어플리케이션을 제작하고, 판매할 때 새롭고 개방적인 접근 방법을 취한다. 제품 계획을 비밀로 지키고, 게임 마지막 부분에 소수 선택된 사람들에게 공개하는 것 대신에 개발 과정에서 블로그를 통해 독자들과 대화하는 것이 그들의 신제품을 성공하게 할 수 있다는 것을 배웠다.

독자들에게 댓글 또는 트랙백을 통해 토론을 유발한 블로거들은 이러한 참여를 독려할 수 있는 모든 일을 해야 한다. 자극적인 포스트들, 댓글 참여를 요청하는 것, 그 외 다른 테크닉들도 유용하다. 그러나, 효과적인 댓글 관리 시스템을 통합하는 것 또한 중요하다.

당신은 댓글을 달기가 쉽고, 매력적이며, 즉각적인 응답 방식으로 블로그를 이끌어가야 한다. 쉽다는 것은 성가신 등록 과정이 없다는 것을 의미한다. 매력적이라는 것은 다른 사람들을 불쾌하게 만드는 악플들을 허용하지 않는 것을 의미한다. 즉각적인 응답 방식은 말 그대로 댓글을 작성한 사람들에게 즉각적인 응답을 해 준다는 것을 의미한다. 우리는 모든 댓글의 수위를 조절하고 다른 사람에게 좋지 않은 태도의 악플들을 게시하지 않는다. 또한 우리에게 댓글을 쓰기 위해 시간을 투자한 사람들에게 가능하면 직접 자주 응답하기 위해 노력한다. 무버블 타입과 워드프레스의 서비스는 블로그 운영자에게 모든 댓글들이 게시되기 전에 읽고 승인할 수 있도록 허용한다. 제 4 장에서 언급했던 댓글들을 다루는 방법을 기억하도록 하자.

■ 블로그 상에 존재를 유지하라

포스팅이 블로고스피어에서 존재를 확립하고 유지하기 위해 당신이 할 수 있는 가장 중요한 일이지만, 웹 상에서 당신의 비즈니스를 위한 확고한 입지를 만들고 유지하는 것을 도울 수 있는 다른 유용한 옵션들도 많이 있다.

다른 사람들이 작성한 포스트특히 유명한 블로그에 적극적으로 댓글을 작성하는 것은 파워 블로거에게 당신의 존재를 각인시킬 뿐만 아니라 다른 댓글 작성자들이 당신의 블로그에 방문하여 둘러보게 만들 것이다.

온라인 토론은 단지 블로거들 사이에서만 일어나고 있는 것이 아니다. 야후 그룹Yahoo! Groups 구글 그룹Google Groups과 같은 토론과 커뮤니티 사이트는 당신의 블로그에 관한 인지도를 향상시키기 위한 훌륭한 집약적 장소가 된다. 이러한 그룹에서 대화에 참여하라. 그리고 동시에 재치있는 방법으로 당신의 블로그에 대해 언급하라.

다른 블로그들에게 링크로 연결되도록 유도하라. 우리가 알고 있는 대부분의 블로거들은 사람들이 그들의 사이트를 링크로 연결할 때 즉시 통보 받을 수 있게 구성하였다. 이것은 영향력 있는 사람들에게 당신의 존재를 각인시키거나 '통보'하는 좋은 방법이다.

실제로 직접 사람들을 만나고 이야기를 나누어라. 관련 컨퍼런스에 참석하는 것은 입소문을 전파하고 당신의 포스팅을 위한 새로운 정보를 모으는 훌륭한 방법이다. 요즘 컨퍼런스는 더욱 더 많은 네트워크 기회를 제공하며, 대다수의 기술분야 관련 블로거들이 말하듯, 이러한 모임에서 제공한 귀중한 정보들을 수집하고, 당신의 열정을 전파할 수 있다. 블로그는 당신의 비즈니스의 한 부분이며, 그에 합당한 대우를 해 주어야 한다.

당신의 블로그 주소를 가능한 많이 공개하라. 이메일 하단 부분의 서명란에 블로그 주소 링크를 삽입하라. 그리고, 당신의 모든 마케팅과 그외 부수적인 것들에 블로그 주소를 포함하려고 노력하라.

만약 당신의 주제에 대해 열정이 있다면, 블로거들이 어디에 있는지 부지런히 찾고, 다른 사람들에게 정중하면서도 열성적인 모습을 보이고, 사이트의 댓글들과 트랙백들에 응답을 한다면, 당신은 블로고스피어에 교감하고 자리매김하고 있다고 말할 수 있다. 그리고, 당신이 입지를 확고히 굳히면 굳힐수록 더 많은 독자층을 확보하게 될 것이다. 노력과 운이 어느 정도는 필요하겠지만 머지않아 다른 블로거들이 당신을 대화에 참여시키기 위해 비슷한 전략을 사용하는 것을 볼 수 있게 될 것이다.

04. 상위 노출의 규칙

상위 노출이란 검색엔진이 당신의 사이트를 발견하고 연관성이 있다고 여기게 만드는 것을 말한다. 핵심은 당신의 잠재 고객이 검색 키워드를 검색했을 때 당신이 결과 리스트 상단에 노출되고 다른 경쟁자들은 그 뒤에 나타나는 것이다.

구글은 검색엔진에서 큰 영향력을 행사한다. 그들이 사이트의 중요도를 결정하기 위해 사용하는 방법들을 다른 검색 포탈들Yahoo!, MSN 등도 뒤따르고 있다. 만일 당신의 사이트가 구글에 최적화되었다면, 다른 검색엔진에서도 마찬가지일 것이다. 이러한 사항을 명심하고, 다음으로 블로깅하면서 고려해야 하는 몇 가지 아이디어를 소개하겠다.

■ 구글이 당신의 사이트를 어떻게 보고 있는지 알아보라

만약 주요 블로거에게 그의 방문자들이 어디로부터 오는지를 묻는다면, 아마도 그들은 검색엔진을 통한 방문이 주요한 비중을 차지하며, 그 중 에서도 구글은 다른 모든 검색엔진들을 앞서는 최고의 엔진이라고 말할 것이다. 이것은 구글이 웹 검색의 5분의 4를 차지하고 웹사이트 방문의 75%를 차지한다는 2005년 와이어드 뉴스Wired news[3]가 주장한 기사 내용을 반영한 것이다.

이러한 사실을 고려하여, 블로거들은 주요한 트래픽 자원에서 유리한 위치를 유지하기 위해 노력을 집중해야 하며 이를 위해 구글이 그들의 사이트를 어떻게 '보는'지 이해할 필요가 있다. 여기서, 우리의 의견을 오해하지 말기를 - 우리는 지금 '검색엔진 최적화SEO(Search Engine Optimization)' 강의로 전환하려는 것이 아니다. 세계적으로 많은 기업들이 그들의 사이트를 상위에 노출하려는 시도로써 검색엔진 최적화는 지난 몇 해 동안 중요한 산업으로 성장했다. 블로거들은 검색엔진 최적화의 복잡한 일들을 모두 이해할 필요는 없다. 수많은 어려운 작업들이 이미 블로깅 소프트웨어에 의해 해결되었고 일반 블로깅 실행은 그

---

3 IT, 기술, 경제 등 뉴스, IT업계 전망 분석을 소개하는 뉴스.

러한 부분을 제외한 나머지만 수행하면 되기 때문이다. 이 점을 명심하고 구글이 당신의 사이트를 방문하였을 때 가장 중요시 하는 항목에 대한 개요를 아래와 같이 소개한다.

- 누가 당신에게 링크로 연결하고 있는가? 당신의 블로그에 연결된 다른 유명한 사이트들이 있는가? 그 사이트들은 구글이 연관성 있고 영향력이 있다고 느끼는 사이트인가? 아니면 '링크 연결'로 연결된 사이트인가?
- 당신의 사이트는 어떻게 만들어졌는가? 당신은 표준을 준수하는 'clean HTML'을 사용하는가? 또는 브라우저 상에서 이상 없이 작동하는 것처럼 보이는 조잡한 코드를 사용하는가?
- 당신의 사이트는 얼마나 자주 업데이트되는가? 지난 구글의 방문 이후 새로운 컨텐츠를 업데이트하였는가? 아니면 바뀌지 않고 그대로인가?

일반적으로 다른 블로거들은 흥미 있는 컨텐츠를 보유하고 있다면 링크로 연결하려고 하고, 실제 모든 블로깅 소프트웨어는 구글이 인정하는 HTML을 사용한다. 그리고 모든 블로깅 엔진은 쉬운 컨텐츠 등록을 위해 CMS를 사용한다.

또한, 서버 로그는 당신의 사이트를 구글이 어떻게 보는지에 대해 가치있는 정보를 줄 수 있다. 요즘 사용 중인 대부분의 웹 분석 프로그램들은 사람들이 당신의 사이트를 찾기 위해 어떤 검색 항목을 사용하는지 알려 줄 수 있다. 구글이 당신의 블로그와 관련 있는 항목을 아는 것은, 앞으로의 포스트 방향을 결정하는 데 가이드가 될 것이다.

■ 당신의 키워드를 이해하라

구글은 제목에 많은 가중치를 두기 때문에, 고객이 검색할 것이라고 생각하는 키워드와, 인기 검색어를 제목에 넣어 재치 있게 만들도록 노력해야 한다. 사람들이 검색할 때, 구글이 이러한 검색어들과 당신의 제목을 대조할 것이다. 그러므로 당신의 포스트 제목에 가능한 한 많은 관련 검색 어구들을 포함하게 하라. 또한 동일한 검색 키워드를 포스트의 첫 구문, 150개 단어 이내에 골고루 넣도록 노력하라.

여기서 신중해야 한다. 예를 들어, 브리트니 스피어스에 대하여 포스팅했을 때 많은 방문자를 얻을 수도 있을 것이다. 그러나, 만약 특별한 독자에게 '사려 깊은 리더십'의 이미지를 투영하는 것이 당신의 목적이라면, 당신은 번지수를 잘못 찾은 것이다. 중요한 것은 관련성과 인기 있는 키워드를 고르게 배치시켜 흥미를 가진 다양한 독자층을 얻을 수 있는 것이다.

당신은 어떻게 수많은 방문자를 당신의 사이트로 가장 많이 끌어올 수 있는 키워드를 결정할 수 있을까? 서버 로그와 다른 트래픽 분석 시스템은 어떤 검색어로 사람들이 당신의 사이트를 방문하는지를 알려 줄 수 있지만, 당신의 시장에서 고객들이 사용하는 다른 키워드들은 알려 주지 않는다.

잠재적인 방문자들이 사용할지도 모를 검색어에 대한 브레인스토밍은 하나의 접근 방법이 될 수 있다. 만약 마우이Maui 관광 협회를 위해 블로깅을 하고 '마우이 콘도 임대'와 같은 검색어를 통해 이미 많은 클릭을 얻고 있다면, 당신은 검색어의 확장을 고려할 것이다. 만약 시장 조사에서 모든 마우이 방문자의 28%가 첫 번째 여행지로 하와이를 선택한다면, '하와이 휴가 패키지'는 타깃 고객을 위한 좋은 검색 확장어일 수 있다. 당신이 독자를 잘 알수록, 그들의 흥미를 끄는 구문들이 무엇인지 더욱 잘 알 수 있을 것이다.

당신이 생각하는 합당한 검색 항목들에 우선 순위를 붙이고, 확장하는 것에 도움을 줄 수 있는 몇 개의 무료 온라인 도구을 이용한다. 구글과 야후 모두 이를 지원하고 그들의 광고 서비스애드워즈(AdWords)와 오버츄어(Overture)와 연관된 온라인 유틸리티를 제공한다. 두 유틸리티 모두 구글과 야후 검색에서 'Keyword Selector Tool'을 검색하면 쉽게 찾을 수 있다.

만약 구글의 애드워드 키워드 툴AdWords Keyword Tool에 검색어를 입력하면 '더 구체적이고, 유사한' 키워드의 확장 그룹을 알려 줄 것이다. 예를 들면, 마우이를 입력하면 마우이 해변 휴양 클럽을 포함한 131개의 더 구체적인 검색 어구가 나타나고 카우아이Kauai를 포함한 총 172개의 유사어구를 만들어 낸다.

역자의 댓글

국내에서는 네이버, 다음 등과 같은 검색엔진에서 제공하는 연관 검색어 서비스를 참조하여 키워드를 확장할 수 있다.

오버추어의 Keyword Selector Tool은 구글만큼 훌륭하지는 않지만, 관련된 검색이 얼마나 인기 있는가에 대한 결과를 제공한다. 예를 들어 오버추어의 유틸리티에 마우이를 입력하였을 때, 전월 야후 검색에서 마우이란 특정 검색어로 96,343회의 검색 조회가 있었음을 알려주는 것이다. 또한 마우이 쉐라톤Maui Sheraton이 7,053회의 검색 조회로 호텔 분야 검색어에서 가장 많았음을 알려 주었다. 예상 외로 마우이 웨딩Maui Wedding이란 검색어가 모든 호텔이나 콘도와 관련된 어떤 검색어보다 조회수가 많았으며, 심지어 골프와 관련된 검색어보다도 상위 랭크가 되었다는 점이다. 이러한 정보를 바탕으로 당신의 블로그 포스팅의 타깃은 신혼부부로 바뀔지도 모르는 것이다. 예를 들어 '마우이 웨딩 비너스: 북부 해안의 또 다른 선택'이라고 포스트 제목을 정하는 것은 어떨까?

■ 링크를 유도하라

우리는 이미 다른 블로그들과 웹사이트의 인바운드 링크 연결이 검색엔진에서의 상위 노출에 중요하다는 것을 알고 있다. 그러나, 이러한 인바운드 링크 연결을 얻기 위해 선행되어야 할 일은 무엇일까?

분명한 것은 당신의 포스트가 더욱 흥미롭고, 블로고스피어에 참여하기 위해 당신이 더욱 노력할수록 더 많은 사람들이 링크로 연결하게 될 것이라는 점이다. 이런 선상에서 당신의 노력을 더 집중할 필요가 있다. 인바운드 링크 연결의 기회를 향상할 수 있는 다른 몇 가지의 전술을 살펴보도록 하자.

대부분의 프로 블로거들은 '저에게 링크로 연결해 주시겠습니까?'라고 질문하는 이메일을 좋아하지 않지만, 흥미 있는 최근의 포스트에 관하여 단순히 다른 블로거에게 통지하는 식의 개인적인 이메일은 인바운드 링크 연결로 발전될 가능성이 있다.

이러한 전략의 핵심은 링크의 양이 아니라 질에 집중하는 것이다. 페이지 랭크PageRank 상위의 사이트들과 링크되는 것이 페이지 랭크가 낮은 사이트와 더 많이 연결되는 것보다 훨씬 유리하다. 만일 당신의 포스트들에 대하여 다른 사람들에게 이메일을 보내려고 한다면, 당신의 사이트보다 높은 페이지 랭크의 블로그에 집중해야 한다. 당신이 방문하는 어떤 사이트라도 페이지 랭크를 알려 줄 수 있는 구글 툴바 브라우저 플러그인을 다운 받아 설치하자페이지 랭크는 구글의 기능이며, 제8장 '블로그의 운영과 모니터링'에서 설명할 것이다.

또한 오픈 디렉토리 프로젝트Open Directory Project(http://dmoz.org)와 같은 여러 가지 웹 디렉터리 중의 하나에 리스트 되면 구글이 중요하게 여기는 인바운드 링크를 얻을 수 있게 된다. 당신의 블로그를 그들의 카테고리 리스트 중 하나에 신청할 수 있고, 승인 처리된다면 당신은 꽤 많은 구글 주스를 얻게 될 것이다.

낯선 사람으로부터 '저에게 링크를 연결하여 주면. 저도 당신을 링크로 연결하겠습니다'라는 링크 교환 스팸 메일을 받는다면 답하지 말라. 왜 나하면 구글은 이러한 방식을 잘 알고 있으며 만일 당신이 무작위 링크 교환 사이트와 함께 한다는 것을 알게 되면 당신의 블로그에도 제재를 가할지도 모르기 때문이다.

구글에게 당신의 블로그가 페이지 상위 랭크 사이트와 연관이 있는 것처럼 위장하는 링크 연결을 돈을 받고 중개하는 새로운 서비스도 등장했다. 이런 서비스들이 효과가 있을 것이라고 생각할지도 모른다. 그러나, 구글이 이런 서비스에 대해 강력하게 대처하기 때문에 이러한 접근 방식은 위험하다. 가능한 부정직한 서비스의 이용은 피해야 한다. 부디 도박을 하지 않기를 바란다. 그보다는 당신의 예산을 포스트를 위해 훌륭한 작가를 얻는 것에 사용하기를 권하고 싶다.

마지막 상식적인 충고로 당신의 아웃바운드 링크 연결에 관대해져라. 블로거들은 당신이 링크로 연결됐음을 알게 되면 종종 다시 당신을 링크로 연결할 것이다.

검색엔진 최적화의 실행이 관심을 끌 수 있는 주제일지라도, 당신의 사이트와 포스트들을 대상 독자들과 교감하기 위해 재치 있게 만드는 것은 중요한 요소이다. 결과적으로 링크 연결은 당신의 블로그를 찾기 쉽게 만들 것이고 많은 새로운 독자들을 얻게 할 것이다. 블로그는 처음부터 검색엔진 최적화에 적합하게 만들어진 것임을 명심하라.

05. 포스팅만으로는 충분하지 않다

수많은 뛰어난 블로거들은 기업의 '메시지'를 전달하기 위한 전통적인 방식들이 블로깅 때문에 점점 사양길에 들어서고 있다고 주장한다. 당연히 이 새로운 미디어 형식 중의 대부분은 블로그를 현재의 고객들 그리고 앞으로의 잠재적인 고객들과 의사소통하기 위한 가장 중요한 수단으로써 환영하고 있다.

우리는 블로그, 팟캐스트, 그리고 다른 새로운 기술 매체들이 전통 미디어의 세계를 바꾸고 있다는 것에 동의하지만, 오래된 마케팅 도구를 활용해도 블로거들이특히 블로그를 론칭할 때 독자층을 확장할 수 있다는 사실을 부인할 수 없다. 지금 현 단계에서 몬티 파이튼Monty Python의 시구 '나는 아직 죽지 않았다I'm not dead yet.'가 이 상황에 꼭 들어맞는다고 생각한다.

우리는 지금까지 성공적인 블로그들이 어떻게 '사라져가고 있는' 기존의 다양한 전통 프로모션 매체를 활용했는지 주의 깊게 지켜보아 왔다. 우리가 알아낸 효과적이면서 저비용인 몇 개의 채널들을 소개하도록 하겠다.

■ 보도자료는 아직 죽지 않았다

'보도자료는 죽었다'라는 구절을 검색하면, 이 구절은 웹 초기 이후 다양한 전문가에 의해 온라인 상에 쓰여 졌음을 발견하게 될 것이다. 심지어 블로깅 초기에 우리도 같은 내용의 포스트를 작성했었다.

그러나, 더 많은 연구 후에그리고 우리 스스로도 보도자료를 발표한 후에 우리는 보도자료가 이전처럼 많은 홈런을 치는 정도는 아니지만 아직도 베이스까지는 인도할 수 있다는 것을 깨달았다.

비록 당신이 블로그의 강력한 옹호자라고 해도, 보도자료가 효과적인 몇 가지 이유가 있다. 보도 자료의 유효성을 테스트 한 후에, 우리는 진보적인 뉴스와이어 서비스가 주요한 몇 개의 RSS 주류에 당신의 '뉴스'를 전파하는 데 매우 효과적이고, 블로고스피어에서 인지도를 높일 수 있다는 것을 발견했다. 또한 당신이 작성한 글을 다른 블로거들 또는 저널리스트들이 선택해서 직접 그 글에 대한 또 다른 글을 쓸 확률이 높아지기도 한다. 게다가 보도자료는 많은 인바운드 링크를 가져올 수 있다. 뉴스와이어가 가지고 있는 채널 덕분에, 보도 자료는 웹 전역에 걸쳐 복제되고 이를 통한 어떤 링크도 구글에게는 긍정적인 링크 연결 활동으로 보이게 된다. 결론적으로 보도 자료를 배포한 블로그 포스트는 그렇지 않은 경우보다 더 많은 관심을 얻게 된다.

많은 블로거들은 일반적으로 보도 자료가 지나치게 마케팅 관점에서 작성되기 때문에 싫어한다. 채널과 컨텐츠를 혼동하지 마라. 당신은 그런 스타일로 작성할 필요가 없다. 현재 많은 보도 자료는 대화체이며, 요즘 사람들의 커뮤니케이션 방법을 더 잘 반영하기 때문이다.

■ 온라인 광고 집행: 독자를 구입하기

우리는 온라인 광고를 하는 것이 초기 블로그에 관심을 모으고 또 운영 중인 블로그에 트래픽을 증가시킬 수 있는 훌륭한 방법임을 알아냈다. 효과적인 광고들을 실행하는 것은 쉬우며, 캠페인은 예산에 맞춰 설계가 가능하다. 독자층을 확대하기 위해 현재 이러한 방법을 사용하는 블로거는 거의 없기 때문에 감시와 경쟁이 심한 세상에서 당신에게 우위권을 제공할 수 있다. 또한 기업은 장기적으로 블로그를 그들의 광고에 사용함으로써 이득을 볼 수 있다.

우리는 대부분 구글의 애드워즈 시스템과 야후의 오버츄어 네트워크를 통해 광고를 구입한다. 왜냐하면 이러한 광고들은 사람들이 우리의 구절과 관계있는 검색 항목을 입력할 때 검색엔진 결과로 화면 상에 나타나고, 또한 이런 항목과 일치하는 구글과 야후 관계사 사이트들에 나타나기 때문이다.

온라인 광고를 시작하는 가장 손쉬운 방법은 구글 애드워즈에 계정을 만드는 것이다. 당신에게 필요한 것은 충전카드와 온라인 입력 양식을 작성할 약 5분의 시간뿐이다. 5달러의 설정 비용으로 당신은 설정 후 바로 시작할 수 있다. 구글로 가서 프로세스를 시작하기 위해 '광고 프로그램Advertising Programs' 링크를 클릭하라. 당신의 첫 번째 광고가 게시되기 위해 필요한 단계를 시작하게 될 것이다. 누군가가 광고를 클릭할 때에만 비용을 지불하게 되므로, 당신은 트래픽을 생성하지 않는 광고에 대한 비용을 지불하지 않아도 된다.

또한 우리는 다양한 사이트들의 그래픽 배너 광고 영역을 구입했다. 이런 형식의 광고를 구입하는 것은 검색 텍스트 광고를 구입하는 것보다 조금 더 복잡하지만 효과적인 결과를 얻을 수 있다. 도로변의 야외 광고판처럼, 많은 배너 광고의 배치는 당신이 얼마나 많은 클릭을 얻었는지와는 상관없이 비용을 지불해야 한다. 그래서, 우리는 고객들에게 그들이 비용 대비 얻고 싶은 트래픽 양에 대한 감을 얻기 위해 초기에는 단순한 텍스트 광고로 시작할 것을 권한다. 검색 광고를 통한 약간의 경험을 얻고 난 후에 배너 광고 구입을 검토해 보도록 하라.

■ 언론과 함께 작업하기

대형 블로그들 중 다수는 괄목할 성장을 하여, 주요 언론에 보도되기도 했다. 블로고스피어의 작은 비밀 중 하나는 이러한 '대중 매체' 혁명의 많은 스타들이 잡지, 신문과 텔레비전 보도를 주선한 마케팅 회사의 도움으로 명성을 얻었다는 것이다.

그렇다면 당신에게 마음대로 활용할 마케팅과 PR 전문가 팀이 없다면, 당신은 어떻게 영향력을 얻을 수 있을까? 보도자료를 내는 것 이외의 다른 무엇을 할 수 있을까?

당신의 집필 내용과 같은 영역을 공유하는 저널리스트와 접촉하는 것이 하나의 아이디어일 것이다. 언론은 항상 좋은 이야기를 찾고 있고 그들에게 흥미 있는 실마리를 제공할 수 있는 사람에게 고마워한다. 어쩌면 당신은 과거에 당신의 비즈니스를 취재한 저널리스트와 이미 알고 있을지도 모른다. 당신의 새로운 블로그와 관련하여 미리 연락을 시도해보라.

블로그가 최근에 뜨거운 화제이기 때문에, 그들이 어쩌면 당신의 일에 대해 쓰고 싶어할지도 모른다. 또는, 기존의 전통적인 언론에서 운영하는 블로그를 목표로 하는 것도 효과를 거둘 수 있다. 그들의 블로그에서 만든 주안점을 강화하거나, 논박하는 포스트를 만든다면 그들과 링크로 연결되고 그들의 관심을 얻을 수 있을 것이다.

마케팅 업무를 하는 일부 친구들에게 도움을 청하는 것 또한 좋은 전략일 수 있다. 우리는 메시지 전파를 위해 마케팅 팀을 가진 다른 회사들과 협력하여 보도할 만한 포스트를 만들 수 있었다. 이것은 우리가 주요 언론에 보도되기 위해 사용한 방법이었다. 하나의 사례로, 비행 중 인터넷 서비스를 보여 주고자 많은 블로거들을 이 특별한 비행에 초대하기 위해 보잉사와 파트너십을 가졌을 때이다. 그 이벤트는 여러 포스트로 전해졌고 그 결과 월 스트리트 저널과 NPRNational Public Radio에서 보도되기도 했다.

블로고스피어의 99퍼센트는 보도자료를 송부하고, 온라인 광고 영역을 구입하지만, 직접적으로 주요 언론에 보도되는 것은 좋아하지 않는다. 이런 작업은 많은 이들에게 우위를 줄 것이다. 우리는 우리 자신뿐만 아니라 고객사의 경우에도 이 같은 홍보 방법들로 효과를 톡톡히 보았다.

웹에서 당신의 블로그가 알려지는 것은 끊임없는 도전이며 힘든 작업 그리고, 현명한 실천을 요구한다. 물론 블로그가 일반적인 웹사이트보다 많은 이익을 제공하지만, 우리는 당신의 블로그가 좀 더 돋보이기 위해 활용 가능한 모든 방법을 실행해 보기를 권하고 싶다.

흥미 있게 만들어라, 대화를 위해 노력하라, 구글에 상위 노출하라. 그리고, 입소문을 전파하기 위해 블로그적이지 않은 방법들을 사용하는 것을 두려워하지 마라.

역자의 트랙백 #7

비즈니스 포스팅의 소셜 미디어 최적화

지금까지 비즈니스 포스트를 기획하고 제작하고 검색엔진에 최적화하는 방법에 대해 알아보았다.

대부분의 기업 블로거들은 이 단계까지 진행하고 나면 거의 포스팅에 대한 작업은 끝이 났다고 생각할지도 모른다. 그러나, 요즘들어 더욱 중요해지고 있는 소셜 웹, 소셜 미디어 상에 비즈니스 포스트를 노출 확산하는 중요한 작업이 남아 있다.

이번 장에서는 제작된 비즈니스 포스트를 소셜 미디어 상에 많은 독자들에게 노출하고 확산하는 방법에 대해 살펴보자.

▪ 메타 블로그의 최적화

메타 블로그는 쉽게 이야기하면 블로그들의 포스트들을 모아 놓은 블로그들의 포탈이라 할 수 있다. 메타 블로그는 많은 블로거들이 서로의 포스트를 공유하며 소통하는 공간이므로 기업 블로그도 여기에 반드시 참여하여 소통을 이끌어 내야 한다. 기업 블로그로 이러한 소통의 장 메타 블로그에 최적화하기 위해서는 다음과 같은 2가지를 진행하여야 한다.

1. 메타 블로그의 등록

일반적으로 웹사이트를 개설하게 되면 제일 먼저 해야 하는 일들 중의 하나가 바로 검색엔진의 사이트 등록이라면 이와 마찬가지로 블로그를 개설한 후 제일 먼저 해야 할 일은 바로 메타 블로그에 개설된 블로그를 등록하는 것이다.

메타 블로그에 비즈니스 블로그를 등록하는 작업이 바로 메타 블로그 최적화의 기본이다. 현재 국내에는 많은 메타 블로그들이 운영 중이다. 다음의 표를 참조해 보자.

메타 블로그 사이트명	주　소
이올린	http://www.eolin.com/
올블로그	http://www.allblog.net/
오픈블로그	http://www.openblog.com
블로그 플러스	http://blogplus.joins.com/
믹시	http://mixsh.com/
다음 뷰	http://v.daum.net
매일경제 브레인N	http://mkblog.mk.co.kr/news.jsp
블로그와이드	http://www.blogwide.kr
스마트 쇼핑저널 버즈	http://www.ebuzz.co.kr/
블로그 나와	http://www.blognawa.com/
콜콜넷	http://www.colcol.net/
위드 블로그	http://www.withblog.net/
블로그 미르	http://blogmir.com/

이 밖에도 현재 운영 중이거나 신규로 개설되는 메타 블로그를 리스트로 정리하여 빠지지 않고 비즈니스 블로그를 등록해야 한다. 등록 과정은 예상 외로 간단하며 비용도 들지 않지만 한번 블로그를 등록하면 이후 포스트 발행 시 자동으로 등록된 메타 블로그에도 포스트가 노출되는 효과를 얻을 수 있으므로 블로그를 개설하면 반드시 메타 블로그의 등록 후 포스트를 발행토록 하자.

2. 메타 블로그의 포스트 발행 시 최적화

메타 블로그에서 많은 블로그들의 소개 방법은 발행시간 순과 독자 추천 순이 중심적이다. 따라서, 메타 블로그에 여러분의 블로그를 등록을 모두 마쳤다고 하여도 더 많은 트래픽을 유도할 상위 노출을 위해 포스트 발행 시마다 고민해야 할 작업들은 여전히 남아 있음을 명심하라.

- 포스트의 발행시간을 고려하라

포스트가 발행되면 빠르면 몇 분 안에 메타 블로그에도 포스트가 노출되게 된다. 메타 블로그의 많은 포스트 중 여러분의 포스트가 독자들의 주목을 받기 위해서는 독자들이 새로운 포스트를 많이 있는 시간에 발행하는 것이 좋다. 메타 블로그에 독자들이 많이 모이는 시간을 경험적으로 살펴보면 오전 8시에서 9시 사이 그리고, 오후 12시부터 1시 사이이다. 물론 블로그 포스트의 분류나 발행 요일에 따라 이 시간은 달라질 수 있으니 많은 시행착오를 거쳐 여러분의 블로그에 맞는 발행 시간을 찾아 규칙적으로 발행토록 하자.

– 포스트의 발행 카테고리를 확인하라

국내 대부분의 메타 블로그는 포스트를 카테고리로 분류 게시하고 다음 뷰와 같은 일부 메타 블로그는 발행시점에 카테고리를 발행자가 설정하거나 일단 자동적으로 카테고리 분류되고 이후 발행자가 확인, 수정하는 방법을 적용하고 있다. 카테고리별로 조회수가 달라질 수 있으므로 독자들이 많이 모이는 인기 카테고리에 포스트를 발행하는 것이 중요하다. 물론 여러분의 블로그와 관련있는 카테고리를 중심으로 또 많은 시행착오를 거쳐 여러분의 블로그에 맞는 인기 카테고리를 알아내야 할 것이다.

– 독자의 추천을 유도하라

메타 블로그의 상위 노출과 인기 포스트로의 노출에 중요한 역할을 하는 독자들의 추천을 받는 것은 매우 중요하다. 일부 메타 블로그는 블로그에 적용할 수 있는 추천 플러그인을 제공 중이다.

미래과학 로봇대전 – 도봉구청에 가면 태권브이를 만
TheTaekwonV 구독+   조회 23   추천평

Daum view

그림 1   로보트태권브이연구소 블로그에 적용된 다음 뷰의 추천 플러그인

이러한 플러그인들을 포스트에 적절히 배치하여 독자들이 쉽게 추천할 수 있도록 하라. 그리고, 블로거들이 자주 사용하는 '이 포스트가 마음에 드셨다면 손가락을 꾸욱 눌러주세요'라는 문구를 여러분의 블로그에 맞게 수정하여 적용하는 방법과 여러 메타 블로그의 플러그인을 보기 좋게 정렬하는 방법도 고민해 보라

－ 메타 블로그가 제공하는 서비스를 잘 활용하라

일부 메타블로그는 올블로그의 RUBY 서비스와 같은 블로거들의 포스트를 스스로 소개하는 서비스를 제공 중이다. 블로그를 등록한 메타 블로그의 서비스들을 지속적으로 모니터링하고 적용하는 것을 게을리 하지 말자.

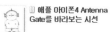

그림 2　올블로그에서 제공 중인 RUBY 서비스

■ 비즈니스 포스트 작성시 공유 서비스 활용을 통한 최적화

이제 다시 비즈니스 포스트 작성 시의 소셜미디어 최적화 방안을 살펴보도록 하자. 국내 블로그의 특성 중 하나는 포스트에 리치 미디어들을 많이 활용한다는 점이다. 이러한 리치 미디어를 비즈니스 포스팅에 적용할 경우, 현재 등장한 소셜 미디어의 다양한 공유 서비스를 활용한다면 독자와 접점을 확장하고 포스트를 더욱 확산시킬 수 있다. 활용 가능한 대표적인 소셜 공유 서비스를 다음과 같이 살펴보자.

1. 동영상 공유 서비스의 활용

포스팅 시에 관련 동영상을 삽입하는 경우, 대부분 이용 중인 블로그 서비스에서 제공하는 동영상 서비스를 활용하는 경우가 많다. 그러나, 현재 운영되고 있는 동영상 공유 서비스를 활용하게 되면 더욱 효과적으로 동영상을 확산시키고 블로그로 방문자를 유입시킬 수 있다.

유투브 사이트에 포스팅에 필요한 동영상을 먼저 업로드한 후, 업로드된 동영상을 포스트에 퍼오는 방식으로 동영상을 활용해 보라.

이러한 동영상 공유 서비스 사이트는 유투브 이외에도 다음 TV팟, 판도라TV, 태그스토리, vimeo 등이 있으므로, 여러분의 타겟 고객이 많이 이용하는 서비스, 검색결과에 우위를 가지는 서비스, 제공 동영상의 종류에 따라 적합한 서비스를 선택 적용하는 것이 좋다.

교육 휴식시간, 앞으로 운전하게 될 지엠대우 자동차를 직접 구경하기 위해 차량이 전시되어 있는 홀로 많은 크리에이터분이 나와주셨는데요. 이때를 놓칠 지엠대우톡이 아니죠~ 현장에서 크리에이터분들을 섭외해 즉석 인터뷰가 이뤄졌습니다. ^^

인터뷰에 참여해 주신 모든 크리에이터분들의 얼굴에 미소가 떠나지 않으셨는데요. 경인년 새해, 이렇게 환한 미소를 영상으로 담을 수 있어서 지엠대우톡 역시 매우 흐뭇했습니다. 흔쾌히 인터뷰 요청을 수락해 주신 크리에이터분들에게 다시 한 번 감사의 말씀을 전합니다. 그리고 앞으로 1년간 사랑하는 가족 또는 연인과 함께 도로를 달릴 크리에이터분들의 안전하고 행복한 드라이빙을 지엠대우톡에서 기원하겠습니다.

그림 3 한국지엠 톡 블로그의 YouTube 활용 포스팅 사례:
http://blog.gm-korea.co.kr/403

포스트별로 동영상 서비스를 활용함과 동시에 사용중인 동영상 공유 서비스 사이트에 여러분의 계정을 마련하는 것도 좋은 방법이다.

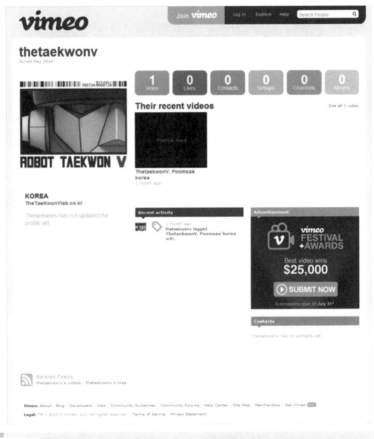

그림 4   로보트태권브이연구소 블로그의 Vimeo 동영상 계정:
http://vimeo.com/user3892334

2. 이미지 공유 서비스의 활용

사진의 경우도 마찬가지이다. 이미 잘 알려진 사진 공유 서비스 플리커를 활용하여 포스팅에 반영하는 것이 좋다. 그러나, 동영상 활용 방법과 달리 사진은 포스팅에 많이 자주 사용되므로 매번 사진 공유 서비스에 먼저 업로드하고 다시 포스트에 가져오는 것은 번거로울 수 있다.

그림 5	한국지엠 톡 블로그의 플리커활 용 화보집: *http://blog.gm-korea.co.kr/55*

이러한 경우 한국지엠 톡 블로그의 플리커를 활용한 화보집 *http://blog.gm-korea.co.kr/55* 사례를 참조해보라. 슬라이드쇼 기능으로 정리된 사진들은 사진 공유 서비스 플리커가 제공하는 공유기능으로 많은 사람들에게 확산될 수 있다.

또한, 제품 사진을 독자들에게 제공하고 싶은 경우라면 '소니, 스타일을 말하다'의 플리커 계정을 활용한 블로그 위젯 적용을 참조해보자.

📷 소니 스타일 갤러리   전체보기

그림 6   소니 블로그의 플리커 위젯 활용 제품 갤러리: *http://www.stylezineblog.com/*

3. 문서 공유 서비스의 활용

자료집 또는 카탈로그를 포스팅에 첨부하는 경우, 파일첨부 방식대신 독자가 파일을 다운받아 열어보지 않더라도 포스트에서 바로 내용을 볼 수 있는 문서 공유 서비스를 활용하라.

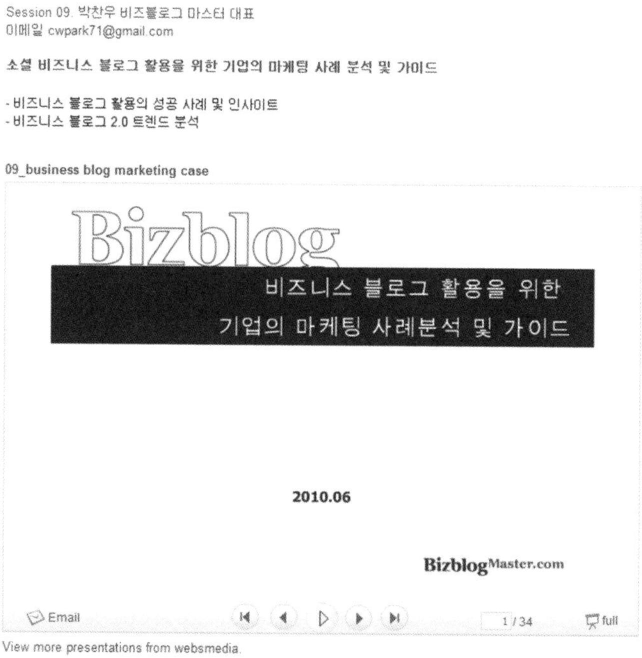

Session 09. 박찬우 비즈블로그 마스터 대표
이메일 cwpark71@gmail.com

소셜 비즈니스 블로그 활용을 위한 기업의 마케팅 사례 분석 및 가이드

- 비즈니스 블로그 활용의 성공 사례 및 인사이트
- 비즈니스 블로그 2.0 트렌드 분석

09_business blog marketing case

Bizblog

비즈니스 블로그 활용을 위한
기업의 마케팅 사례분석 및 가이드

2010.06

BizblogMaster.com

Email ⏮ ◀ ▷ ▶ ⏭ 1 / 34 full

View more presentations from websmedia.

그림 7   아이엠그라운드의 소셜 미디어 컨퍼런스 자료집 공개:
http://www.imblog.co.kr/971

독자들은 자료의 내용을 쉽게 훑어보고 다운로드하거나 공유할 것
이다.

4. 투표 공유 서비스의 활용

이번에는 소셜 공유 서비스를 활용하여 비즈니스 포스트에 새로움
을 줄 수 있는 활용법을 살펴보자. 독자들에게 간단하게 의견을 묻는
투표나 설문을 공유하는 서비스를 포스팅에 적용하는 방법이다.

내가 선택한 마티즈 크리에이티브는 바로 이것!

여러분이 선택한 마티즈 크리에이티브는 어떤 색상인가요? 투표해 보세요~!

WISIA 최고를 찾아가는 사람들　　http://www.wisia.com

100인의추천 | BEST 5　이 차트의 테마: **문화·예술,레저,취미**

지엠대우 마티즈 크리에이티브 중 가장 맘에 드는 색상은?　토비토커

⬇투표하기

1위	아이슬란드 블루	**6.8**점 (64명)
2위	프라하 블랙	**6.8**점 (39명)
3위	산토리아 블루	**6.7**점 (43명)
4위	하바나 그린	**6.5**점 (35명)
5위	벨기에 브라운	**6.3**점 (49명)
-위	맨하탄 실버	**6.2**점 (31명)
-위	캘리포니아 오렌지	**6.2**점 (30명)
-위	바르셀로나 레드	**6.1**점 (36명)
-위	삿포로 화이트	**6.0**점 (32명)

참여 144 | 조회수 3061 | 아이템 9

차트퍼가기 | 전체순위보기

그림 8 　한국지엠 톡의 마티즈 크리에이티브 선호 색상 투표:
　　　　　http://blog.gm-korea.co.kr/59

　한국지엠 톡 블로그에서 마티즈 크리에이티브의 색상들을 소개한 비즈니스 포스트에서 위지아의 투표 공유 위젯을 삽입하여 포스트를 읽고 있는 독자들의 의견을 받은 사례를 참조하라.

　이러한 서비스를 활용하게 되면 마티즈 크리에이티브의 선호 색상에 대한 투표는 한국지엠 톡 블로그와 투표 공유 서비스 위지아 사이트에서 동시에 진행된다는 점을 주목하라.

5. 기타 공유 서비스의 활용

이 외에도 소셜 미디어에는 많은 공유 사이트 들이 있다. 포스팅에 사용하는 차트를 공유할 수 있는 엑스차트와 플래쉬 게임을 공유할 수 있는 Pictogame을 살펴보자.

차트 공유 서비스 엑스차트의 활용법은 위의 다른 서비스 활용법과 같다. 먼저 엑스차트 사이트에 새로운 차트를 업데이트하고 블로그 포스트로 가져오는 방법으로 활용한다.

그림 9 다양한 차트를 공유할 수 있는 엑스차트: *http://www.xchart.net*

플래쉬 게임을 공유할 수 있는 Pictogame은 기존에 사이트에서 제공하는 플래쉬 게임에 사진을 활용하여 여러분의 블로그에 맞는 게임으로 최적화하여 포스트에 적용하는 방법이다. 듀오 애피소드의 적용 사례 *http://duoepisode.com/26* 를 참조해 보자.

자 포쓰 신님의 얼굴이 보이신다면...이제 부터 정신 바짝 차려주세요^^

날아오는 화살표와 동일한 키보드상의 화살표를 화면상에 위치가 교차하는 순간에 누르시면....

용의주도 포쓰 신님의 용의 주도 하신 댄스를 구경하실 수 있답니다.^^

자..그럼 잠도 깨시고 포쓰 신님의 멋진 댄스로 활력를 재 출전하시길...

그림 10   사진을 활용한 플래쉬 게임을 적용한 듀오 애피소드 사례: *http://duoepisode.com/26*

지금까지 다양한 소셜 미디어의 공유 서비스를 활용하여 비즈니스 포스트를 확산할 수 있는 방법에 대해 살펴보았다. 포스트에 사용되는 컨텐츠를 잘게 쪼개어 더 많은 독자들과 공유하는 방식을 습관처럼 몸에 익히자.

■ 소셜 네트워트 서비스로의 포스트 노출 및 확산

마지막으로 최근 트렌드로 자리잡은 소셜 네트워크 서비스에 제작된 포스트를 확산하는 방법을 알아보자. 일반적으로 기업이 개설한 소셜 네트워크 서비스의 계정에 대한 위젯을 블로그에 설치하여 소셜 네트워크 서비스 상의 기업 메시지를 블로그 상에서 공유하거나 블로그의 포스트를 소셜 네트워크 상에 전파하여 이용하고 있는데 다음 두 가지 방법에 대해서도 고민을 해보자.

1. 포스트 링크를 소셜 네트워크 서비스에 확산

요즘 블로그나 웹사이트에서 종종 소셜 네트워크 서비스 아이콘들을 만나볼 수 있다.

이 포스트를 TWITTER ME2DAY FACEBOOK E-MAIL BOOKMARK 으로 공유하기

| 그림 11 | 한국지엠 톡 블로그의 소셜 네트워크 서비스 공유 아이콘: *http://blog.gm-korea.co.kr/884* |

아이콘을 클릭하면 독자들의 개인 소셜 네트워크 서비스에 해당 포스트 또는 페이지의 주소가 복사되는 서비스이다. 즉, 이 서비스를 이용하게 되면 여러분의 포스트를 독자들이 쉽게 퍼 갈수 있어 소셜 네트워크 서비스에 여러분의 메시지를 독자들을 통해 전파할 수 있다. 물론 중요한 것은 독자들이 링크로 자신의 소셜 네트워크 서비스에 포스트를 소개할 마음이 생기는 양질의 컨텐츠를 제작하는 것이다.

2. 포스트의 댓글을 소셜 네트워크 서비스에 확산

또, 다른 방법은 독자들의 댓글로 소셜 네트워크 서비스와 연결하는 방법이다.

단 한 번만 로그인하시고, 글을쓰세요 그리고 원하시는 곳으로 전송하시면되요.

자주쓰는 ID로
로그인   Re 🗨 🇪 f 8 ♪   비회원   이름
                                        글쓰기   비밀번호

Social Reply
LiveRe 🔳   ┌─────────────────────────────┐   ┌────┐
              │   │   │ 입력 │
              └─────────────────────────────┘   └────┘

총 댓글 수 (1)

🪂   🇪 jsh061   2010-07-21 20:09:42   댓글달기 삭제 공감 (0) 신고
❤️🎿   요즘 보령많이가더라구요

그림 12	도란도란 놀이터 블로그의 소셜 댓글 기능: *http://culturenori.tistory.com/1113*

이른바 소셜 댓글 서비스로 포스트에 대한 댓글을 독자들의 개인 소셜 네트워크 서비스에 동시에 개제하는 방식이다. 일부 국내 기업 블로그에서도 적용 중이긴 하나 대부분의 기업 블로그들이 부정적 댓글에 대한 부담감을 떨쳐버릴 수 있다면 소셜 네트워크 서비스와 연결하는 좋은 방법이 될 수 있다.

　여기에 조금만 아이디어를 추가하여 활용한다면 소셜 네트워크 서비스를 활용한 좋은 캠페인이 될 수 있다는 점을 한국지엠 '소셜로 말하다' 이벤트에서 참조해 보자.

그림 13	한국지엠 톡 블로그 이벤트 '알페온, 소셜로 말하다'

지금까지 비즈니스 포스트를 소셜 미디어에 최적화하여 확산하는 방법을 살펴보았다. 다음 장에서는 고객과 관계를 만들어 내는 비즈니스 포스팅 방법에 대해 살펴보기로 하자.

BUSINESS BLOG

Chapter **08**

블로그의 운영과 모니터링

블로그의 운영과 모니터링

블 로그를 개설한 후 정기적인 포스팅에 익숙해지고 나면, 일상적인 작업 프로세스에 추가적으로 덧붙일 작업이 있다. 파워블로거와 블로그를 운영하는 기업들은 매일 그들의 트래픽, 독자층, 그리고 그들이 유발한 토론을 살펴볼 수 있는 도구와 서비스들을 모니터링하는데 많은 시간을 투자한다.

이번 장에서는 당신의 블로그 성능을 모니터링할 수 있는 몇 가지 중요한 방법들을 소개할 것이고 당신의 포스트 내 대화에서 항상 우위를 유지할 수 있는 방법에 대해 제안하도록 하겠다.

01. 트래픽 살펴보기

벤치마킹과 정확한 측정은 성공하는 비즈니스의 특징이며 블로깅도 예외가 아니다. 전설적인 경영 지도자 에드워즈 데밍W. Edwards Deming과 피터 드러커Peter Drucker는 '왜 그리고 어떻게 비즈니스 실적을 측정해야 하는가'에 관한 책을 저술했다. 데밍과 드러커의 신봉자들은 '측정할 수 있으면 실행할 수 있다what gets measured, gets done'는 말에 모두 동의한다.

다행히도, 네트워크 시스템과 강력한 컴퓨터가 있는 현 시대 덕분에, 우리는 사이트의 실적 추적이 가능한 웹 분석 도구를 많이 가지고 있다. 어떤 경우 이 도구들은 경쟁자들이 잘하고 있는지 살짝 엿볼 수 있게 해 주기도 한다. 이런 도구들은 이미 당신의 서버에 설치되어 있을지도 모른다. 만약 없다면 바로 서버 관리자에게 당신의 블로그에 통계 프로그램의 추가를 부탁하고 결과를 얻도록 하자.

2006년, 비즈니스 블로거로 오랫동안 활동한 대런 로우즈Darren Rowse(www.problogger.net)는 독자들에게 그들의 분석 리포트 중에서 가장 원하는 분석은 무엇인가를 물었고 많은 블로거들이 다음과 같이 대답했다. 중요도에 따라 네 가지의 카테고리로 나눠서 소개하겠다.

- 얼마나 많은 사람들이 내 블로그를 찾고 있는가?
- 나의 독자는 어느 정도의 규모인가? 그리고, 점차 증가하고 있는가?
- 나의 블로그에서 방문자들이 좋아하는 것과 좋아하지 않는 것은 무엇인가?
- 광고를 통해 내가 벌어들이는 수익은 얼마인가?

이번 섹션에서는 이러한 질문들에 대한 대답을 얻기 위해 사용 가능한 측정 방법과 당신과 다른 사람의 사이트를 측정하는 데 사용 가능한 도구와 서비스에 대해 알아볼 것이다.

■ 도구

많은 블로그 서비스들과 엔진들이 트래픽과 방문자의 활동을 분석하기 위한 도구들을 내장하고 있지만, 대부분 전문적인 블로거와 기업들이 원하는 수준에는 못 미친다. 만약 자세한 방문자 활동 보고를 원한다면 외부의 분석 서비스 또는 시스템과 통합해야 할 필요가 있다. 이러한 조사는 단지 사이트 활동을 알고 싶어 하는 매니아를 위한 것만은 아니다.

이것은 포스트들과 캠페인들이 독자들에게 어떤 반응을 얻고 있는지 알고 싶어하는 운영자나 혹은 상사들에게 블로그 활동에 대해 보고해야 하는 관리자들에게 상당히 유용하다.

정확히 말하면, 대부분의 사이트 관리자나 블로거들은 다음 사항이 담긴 보고서를 원한다.

- 유입 사이트 정보Referral information: 내 블로그로 방문하기 위해 방문객은 어떤 링크를 클릭하였는가? 누가 나에게 트래픽을 보내고 있는가?
- 순방문자 수Unique visitors: 일정 기간 동안 얼마나 많은 사람들이

내 블로그를 방문하였는가?

- 페이지 뷰Page views: 사람들이 블로그 방문 시 얼마나 많은 블로그의 포스트를 보았는가?

- 검색어Search terms: 내 블로그를 찾기 위해 사람들은 어떠한 검색어를 사용하였는가?

사실 블로그 데이터를 수집하고 분석할 수 있는 소프트웨어 프로그램과 서비스가 수십 개나 있어서 최선의 것을 선택하는 것은 상당한 도전이 될 수 있다. 대부분은 앞에 리스트 된 정보들을 손쉽게 제공해서 '완벽한' 프로그램이 없어도 훌륭하게 운영할 수 있다. 게다가 언제든 새로운 분석 서비스를 추가할 수 있고, 또한 추가된 서비스는 이미 사용 중인 것들과 충돌하지 않는다.

히트 수는 잊어라

경험이 풍부한 블로거들은 '히트 수(hits)'에 관해 별로 관심을 갖지 않는다. 히트 수는 사이트 트래픽을 설명할 때 페이지뷰나 순방문자 수만큼 유용하지 않다. 히트 수는 사용자가 얼마나 많은 페이지 상의 파일들을 다운로드 했는지를 의미한다. 페이지 상의 이미지는 각각의 히트 수로 카운트된다. 따라서, 한 명의 방문자가 한 번의 방문으로 쉽게 수십 번의 히트를 남길 수 있다. 또 각각의 페이지나 포스트는 다른 파일의 수를 가질 수 있다. 히트 수 카운트에 의한 트래픽 측정은 구름 수를 카운트함으로써 얼마나 오래 비행기를 탔는지를 설명하는 것과 유사하다. 그러므로, 당신의 주의를 기울여야 할 측정 데이터는 순방문자 수이다.

당신이 측정기준 방법을 쉽게 다룰 수 있다 하더라도, 이러한 프로그램들이 어떻게 작동하는지 알고 그들 사이의 주요한 차이점들을 이해하는 것이 좋다. 그렇게 해야 당신의 블로그에 적합한 하나를 선택하여 제대로 시작할 수 있고 혜택을 누릴 수 있기 때문이다.

블로그 분석을 위한 두 가지 방법이 있다. 두 가지 모두 각각의 독특한 장점과 단점을 가지고 있다. 만약 가입형 블로그 서비스예컨대 타이프패드, 블로거 또는 블로그하버를 이용하고 있다면 웹 상의 어디에서나 추적 서비스를 통해 트래픽 정보를 보내 주는 간단한 자바스크립트 코드를 당신의 페이지에 쉽게 설치할 수 있다. 그런 다음, 당신은 그 서비스의 웹사이트에서 통계를 구하기만 하면 된다. 대부분의 개인적인 블로거들이 이 방법을 사용한다.

역자의 댓글

불행하게도 네이버, 다음, 파란 등 국내 포탈업체가 제공하는 가입형 블로그 서비스는 자바스크립트 소스 삽입이 불가능하다. 대신 각 블로그 서비스에서는 자체적으로 방문자, 인기페이지 등을 살펴볼 수 있는 서비스를 제공한다.

만약 당신이 블로그가 호스팅 되어 있는 서버에 접근할 수 있다면예를 들어, 만약 기업 웹사이트와 연결된 블로그라면 당신은 서버 로그 파일들을 분석하는 소프트웨어를 설치할 수 있다. 서버는 방문자들과 당신의 사이트 간에 생긴 모든 상호 작용에 대한 이력을 기록한다. 그리고, 다양한 프로그램들은 여과되지 않은 로그정보들을 분석하고 유용한 리포트를 생성할 수 있다. 기업이 자신의 서버를 운영한다면 의심할 여지없이 이미 분석 소프트웨어가 설치되어 있고 사용 중일 것이다. 이러한 정보를 얻기 위해서는 웹마스터에게 요청할 필요가 있다.

이런 종류의 서버 로그 분석 프로그램들은 아날로그Analog, 웹얼라이저Webalizer, AWStats, 어친Urchin, 넷트랙커NetTracker, 웹트렌즈WebTrends, 그리고 클릭트랙스ClickTracks 등이 있고, 위의 프로그램들은 당신의 서버가 생성하는 데이터를 고속으로 처리할 것이며, 앞에 소개된 질문에 대한 대답을 담은 보고서를 만들어 낼 것이다. 이러한 프로그램들을 사용할 때의 이점은 방문자의 브라우저에 어떠한 부담도 주지 않고 많은 정보를 수집할 수 있다는 것이다. 반면 단점은 블로거들이 통계 프로그램의 접근을 허락하지 않을 수도 있고 실제 방문자와 관련되지 않는 데이터예컨대 로봇과 검색엔진에 의한 방문가 너무 많다고 불평하는 사람도 있다.

자바스크립트 기반의 서비스들은 구글 애널리틱스Google Analytics, 스테이트카운터StatCounter, 사이트 미터Site Meter, 애드프리스테이드AddFreeStats, 원스테이트OneStat 등이 있다. 이러한 서비스들에 당신의 계정을 만들고 나면, 당신의 페이지에 삽입할 코드를 제공받는다. 그 코드를 삽입하고 난 후에, 해당 서비스 사이트에 로그인하면 사이트 활동에 관한 보고서를 볼 수 있다. 이 서비스들의 장점은 방문자에 초점을 맞춘 보고서를 얻을 수 있다는 점과 대부분의 블로거들이 설치할 수 있고 사용할 수 있다는 점이다. 단점은 자바스크립트가 당신의 페이지에 부하를 줄 수 있다는 것과 만약 분석 서비스가 기술적인 문제를 가지고 있다면 당신의 페이지가 로드되지 않을 가능성도 있다는 것이다. 또한 사용자들 중 일부는 자바스크립트 기능을 사용하지 않아 그들의 행동들은 기록에 남아 있지 않을 수도 있다.

> **Tip** 메쥬어 맵(Measure Map(*www.measuremap.com*))과 민트는 시각적인 배치와 외양 부문에서 최고로 평가받는 분석 서비스를 제공한다. 디자인 전문가는 이런 서비스들이 제공하는 방문자 리포팅 방식을 좋아한다. 만약 당신이 이해하기 쉽고 감각적인 스타일로 보고받기를 원하는 비주얼 중시형 사람이라면, 이 두 가지 옵션을 살펴보라고 권하고 싶다.

우리의 경험과 파워 블로거들의 의견을 기반으로 제안을 정리한다면 먼저, 당신의 서버에서 생성되는 리포팅을 리뷰하는 것으로 시작하여서버에 대한 접근권을 가지고 있는 경우 스테이트 카운터StatCounter 또는 구글 애널리틱스의두 서비스 모두 무료임 추적 코드를 당신의 페이지에 설치하는 것이다. 구글 애널리틱스는 광고 수입과 실적을 추적할 수 있기 때문에, 구글의 애드워즈 또는 애드센스를 사용하고 있는 블로거들에게 이상적이다. 그러나, 이것은 컴퓨터에 익숙하지 않은 사람들이나 화면 가득한 그래프들과 표에 압도되는 사람들에게는 적합하지 않다. 단지 사실만을 원하는 사람들에게는 스테이트 카운터를 이용하는 것이 좋은 방법일 것이다. 대부분의 관리자들은 이 두 가지 서비스 모두 그들이 원하는 정보를 손쉽게 얻을 수 있다는 사실을 알게 될 것이다.

■ 피드 구독자 수

사이트의 트래픽은 즉시 측정되고 분석되는 반면, 피드 구독자 수를 측정하는 것은 전혀 다른 이야기이다. 우리가 제 4 장 '독자를 위한 블로그 설계'에서 언급한 것처럼, 당신을 위해 피드를 발행하고 현재 제공되고 있는 어느 블로깅 도구들 보다 더 상세한 리포트를 제공하는 피드버너FeedBurner라고 불리는 서비스를 사용할 수 있다. 피드 버너의 보고서는 당신의 블로그에 얼마나 많은 구독 신청자들이 있는지, 당신의 구독 신청자들은 어떤 종류의 RSS 리더를 사용하고 있는지 그리고 시간별 독자 수에 대한 정보도 담고 있다.

일부 블로거들은 이미 사용중인 RSS 피드 서비스를 '중지해야' 되는 것과 향후 피드 버너의 서비스를 중지할 경우 기존 피드 버너를 통한 구독 신청자들을 잃어버리지 않을까 두려워 서비스 사용을 주저한다. 다행히도, 피드 버너는 당신이 서비스를 이용하지 않기로 결정하면, 대부분의 구독 신청자들을 쉽게 당신의 피드로 재조정되도록 하는 전환 서비스를 제공하고 있다.

■ 트래픽 비교하기

재무관리자는 많은 시간을 회계사들이 제공하는 수치와 산업 및 경쟁사의 벤치마크 자료를 비교하는 데 사용한다. 많은 고위 간부들의 경우, 어떤 경쟁률에 맞추거나 추월하는 능력은 그들의 연봉에 직접적인 영향을 미친다. 대부분의 주요 산업과 직업에서 당신의 파트너와 경쟁자가 무엇을 달성하고 있는지 아는 것은 매우 중요하다.

블로고스피어에서의 경쟁환경도 이와 다르지 않다. 당신의 사이트가 가시성과 트래픽 방면에서의 어떤 실적을 올리고 있는지 아는 것도 중요하지만 다른 블로그, 특히 경쟁자가 운영하는 블로그와 비교하는 것도 매우 중요하다. 사실 이런 종류의 분석은 까다롭다. 주식회사들은 그들의 주요 재무수치를 공개적으로 제공하는 반면 서버 로그 파일들을 제공하는 경우는 거의 없다.

그러나, 다행히도 경쟁자의 데이터들을 볼 수 있고 다른 웹사이트들과 블로그들을 따라잡을 수 있는 좋은 아이디어를 제공하는 도구들이 있다.

▷ 알렉사(Alexa)

알렉사*www.alexa.com*는 가장 많이 사용되고 있는 사이트 비교 도구이다. 수백만 웹 서퍼들은 알렉사는 정확한 수치를 공개하지는 않는다 그들의 브라우저 내에 알렉사의 툴바를 설치했다. 이 확장 브라우저는 사용자가 방문하는 모든 사이트를 추적한다. 추적한 데이터들은 알렉사로 전송되고 방문자가 무료로 볼 수 있는 보고서를 만든다.

알렉사가 제공하는 중요한 수치는 어느 사이트가 다른 사이트들과 비교하여 어디에 위치하는지를 나타내는 top 10, top 100, top 1000 등 사이트의 '트래픽 랭킹'이다. 만일 당신이 알렉사닷컴을 방문한다면, 당신은 트래픽 이력 그래프 Traffic History Graph에 최고 5개의 URL을 입력할 수 있으며, 입력한 사이트는 최고 1년까지의 순위 이력을 일단위로 볼 수 있다.

그러나, 알렉사의 서비스가 완벽하다고 볼 수는 없다. 단지 윈도우와 인터넷 익스플로러를 사용하고 있는 서퍼들만을 대상으로 하고 애플과 리눅스 컴퓨터 사용자로부터의 정보는 반영되지 않는다. 또한, 파이어폭스나 다른 브라우저로 서핑을 하는 사람들은 무시된다.

일부 사람들은 이러한 점들이 서비스를 적합하지 않게 만든다고 불평하지만 우리는 그렇게 생각하지 않는다. 물론 이로 인해 사이트의 결과가 다소 왜곡될 수는 있지만 여전히 유사한 속성을 가진 2개의 사이트를 비교하는 데 적합한 방법이라고 생각한다. 아무리 결함이 있는 자라도 어느 물건이 더 긴지는 측정할 수 있으니까 말이다.

▷ 사이트 미터(SiteMeter)

블로거들이 자신의 트래픽 통계를 측정하는 방법 중 하나는 사이트 미터이다. 이 소프트웨어를 활용하면 잠재적인 광고주에게 제공할 수 있는 참조사항인 사이트의 통계 공표 항목 옵션을 가질 수 있다. 이 통계 공표 자료를 통해 광고주들은 당신의 블로그가 어느 정도의 인기가 있는지 알 수 있다.

또한 경쟁자 또는 관심 있는 다른 사이트가 그들의 통계 공표를 만들었을지도 모르기 때문에 이 사이트를 이용해 볼 만하다. The Truth Laid Bear *http://truthlaidbear.com* 라는 사이트는 수백 개 사이트의 사이트미터 통계 공표 데이터를 편집한다. 따라서, 당신이 알고 싶은 다른 블로그들을 살펴볼 수도 있는 것이다.

▷ 인바운드 링크(Inbound Links)

페이지랭크PageRank는 구글이 당신의 사이트가 얼마나 관련성이 있는지를 기준으로 인바운드 링크를 참조한다. 이것은 1 ~ 10가장 적은 관련성은 1, 가장 많은 관련성은 10까지의 단계로 구분된다. 구글 툴바 유틸리티는 당신이 방문하는 모든 사이트의 페이지랭크를 알려 줄 것이며. 그리고, 대부분의 브라우저에 쉽게 설치할 수 있다. 또한 페이지 랭크를 검사하기 위해 URL을 통한 방문이 가능한 몇 개의 웹사이트도 있다. 페이지랭크는 진정한 의미에서의 트래픽 수치를 나타내지는 않는다. 그러나, 당신의 사이트가 구글의 친화성 부문에서 다른 블로그들과 어떻게 비교되는지 알 수 있는 방법은 될 수 있다.

페이지랭크와 인바운드 링크 수가 거의 같은 의미로 받아들여지는 동안, 당신은 구글의 인바운드 경로 검색을 활용하여 더욱 정밀하게 인바운드 경로를 카운트할 수 있다. 또한, 만약 테크노라티를 지향한다면, URL을 통해 사이트를 방문할 수 있고 테크노라티는 그 사이트에 얼마나 많은 블로그들이 링크로 연결되었는지를 알려 줄 것이다. 이 서비스는 특정 포스트의 인바운드 링크 숫자를 추적 가능하게 한다. 블로거들은 테크노라티를 선호하며 이 프로그램에 의해 측정된 인바운드 링크 숫자를 자주 참조한다.

Tip 구글에서 인바운드 링크를 탐색하기 위해 다음과 같이 검색창에 입력하라. Link:http://검색한 웹사이트 주소(예: 네이버의 인바운드 링크 검색 시 - link: http://www.naver.com)

■ 숫자보다 더욱 중요한 것

우리가 알고 있는 일부 블로거들은 자신의 통계를 보는 데 몰두하고, 그들의 리퍼러 로그referrer log[1]와 유입 경로 모니터링에 열중하는 데 시간을 쓴다고 고백했다.

물론, 숫자가 중요하지만 지나치게 거기에만 매달리지는 않도록 하라. 유명한 기업들은 자신들을 알리고 싶고 그들의 고객에게 알려 주고 싶은 무엇인가를 가지고 있기 때문에 블로그를 개설했다. 그들도 어떤 개개의 포스트로는 트래픽에 영향을 주기 어렵다는 것을 깨닫고 있으며, 그 대신 더욱 장기적인 접근 방식을 선택한다.

통찰력 있게 자주 포스팅하라. 그리고 누가 포스트를 보는지 알기 위해 당신의 트래픽을 주기적으로 확인하라. 무엇보다 쓰는 것에 집중하라. 그러면 나머지는 잘 돌아갈 것이다.

02. 트랜드 발견하기

노련한 블로거는 클릭 수와 페이지뷰에 대한 밋밋한 통계 수치만을 모니터하지 않는다. 더 많은 블로고스피어의 흥미 있는 정보들은 대화

---

1 리퍼러는 웹 브라우저로 웹을 서핑할 때, 하이퍼링크를 통해서 각각의 사이트로 방문 시 남는 흔적을 말한다.
예를 들어 A라는 웹 페이지에 B 사이트로 이동하는 하이퍼링크가 존재한다고 하자. 이때 웹 사이트 이용자가 이 하이퍼링크를 클릭하게 되면 웹 브라우저에서 B 사이트로 참조 주소(리퍼러)를 전송하게 된다. B 사이트의 관리자는 이 전송된 리퍼러를 보고 방문객이 A 사이트를 통해 자신의 사이트에 방문한 사실을 알 수 있다. 웹 사이트의 서버 관리자가 사이트 방문객이 어떤 경로로 자신의 사이트에 방문했는지 알아볼 때 유용하게 사용된다.(출처: 위키피디아)

내용과 관련된다.

누가 당신의 블로그에 대해 무엇을 말하고 있는지 알아보라. 또한 경쟁 사이트에서 흥미 있는 다른 블로그에 대해 언급하는 블로거들을 눈여겨 보아라. 그런 대화에서 주도적인 위치에 놓이게 되면 아주 흥미 있고 적절한 포스트를 쓸 수 있게 될 것이다.

■ 입소문 내기

아마 당신은 블로고스피어나, 심지어 블로고스피어 내 당신의 작은 영역조차도 속속들이 알아볼 시간이 없을 것이다. 그러나, 지금껏 우리가 강조했던 이유만이 아니더라도 당신의 블로그를 넘어 세상에서 무슨 일이 일어나고 있는지 이해하는 것은 매우 중요하다. 그리고, 잘 사용만 하면 많은 시간의 투자 없이도 좋은 정보를 얻게 해 주는 도구가 많이 있다.

▷ 테크노라티(Technorati)

블로거들에게 누가 링크로 연결하고 있는지 빨리 알고 싶을 때, 어떤 사이트를 기본적으로 사용하는지 묻는다면, 테크노라티라고 말할 것이다.

테크노라티는 누가 무엇을 말하고 누가 누구를 참조하고 있는지에 대한 분석을 실시간으로 제공할 목적으로 수백만의 사이트와 10억 이상의 링크를 모니터링하는 블로그 검색엔진이다. 그들이 제공하는 거의 모든 리포트와 검색은 당신의 RSS 리더에서 볼 수 있도록 연관된

RSS 피드와 함께 '와치리스트watchlist'로 저장할 수 있다.

또, 현재의 링크 연결과 포스팅 활동을 보여 주는 그들의 핵심 서비스를 넘어, 가장 많은 권한authority[2]을 갖고 있는 블로거에 관한 데이터를 제공하고, 포스트들을 카테고리로 분류하며 블로그들을 주제별로 분류함으로써 더욱 쉽게 업계의 입소문을 추적하는 서비스를 제공 중이다.

블로고스피어에서 테크노라티는 인기와 폭발적인 성장세를 보였으나, 간헐적인 서비스의 중단 사고와 속도 저하로 인해 많은 사용자들이 실망하기도 했다. '사실은 변하지 않지만 통계는 변한다'고 마크 트웨인Mark Twain이 말했듯이 반드시 모든 통계 프로그램과 검색엔진들이 진리이고 완벽한 것은 아니라는 사실을 염두에 두어야 한다.

▷ 블로그펄스(BlogPulse)

인텔리시크Intelliseek는 수년 간 인터넷 토론과 댓글을 추적해 왔던 기업이다. 그들은 마케팅 담당자들과 다른 연구원들을 위한 보고서를 만들기 위해 온라인 '입소문word-of-mouth' 정보의 수집을 시도한 최초의 조직이었다.

블로깅이 중요한 온라인 대화의 수단으로 등장하였을 때, 인텔리시크는 특별히 블로고스피어를 모니터링하기 위해 몇 개의 입소문 추적 도구를 만들었다. 이 블로그펄스 도구들은 어떤 블로그이든 화제나 블

---

2 지난 6개월 동안 해당 블로그에 연결된 순수 블로그 링크 수.

로그 포스트에 대하여 얼마나 많은 토론이 진행되고 있는지를 시각적
으로 보여주고, 끊임없이 업데이트한다.

인텔리시크 서비스의 기업 가입자는 리포팅 도구의 전체 세트를 사
용하기 위해 많은 돈을 지불해야 한다. 그러나, 유용한 리포트 세트를
블로그펄스닷컴*www.blogpulse.com*에서 무료로 이용할 수도 있다. 그 외
유용한 리포트는 다음과 같다.

- 트렌드 검색*Trend Search*은 그림 8.1과 같이 당신이 어떤 검색 항
  목을 입력해도 그 항목에 대한 입소문 현황을 시각적으로 나타
  낸다. 2005년 가을, 하버드 비즈니스 스쿨의 Working Knowledge
  Newsletter의 편집자는 그들이 좋아하는 블로그펄스의 제공 서
  비스 중 하나로 트렌드 검색을 꼽았다. '이 정보는 웹 상에서 생
  성되는 당신의 제품에 관한 특정한 컨텐츠 경로를 제공할 뿐만
  아니라, 무엇이 당신의 제품이나 회사에 대한 관심을 가지도록
  하는지에 대한 견해를 제공하기도 할 것이다'라는 그들의 평가
  에 우리도 동의한다.
  예를 들어, 당신이 신제품을 론칭하고 그와 연관된 토론에 어떤
  변화가 있는지 알고 싶거나, 또는 경쟁자가 새로운 제품을 내놓
  고 그것이 미치는 영향을 알고 싶다고 해보자. 이때 트렌드 검
  색은 당신에게 그 대화상의 변화추이를 보여 줄 수 있다.

Trend Results

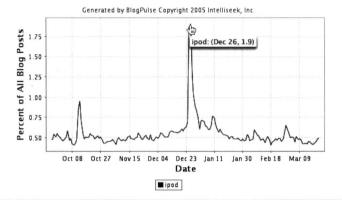

Generated by BlogPulse Copyright 2005 Intelliseek, Inc.

그림 8.1	2005년 12월 26일에 아이팟과 관련된 포스트들이 급증한 것을 주목하라. 클릭 횟수는 마치 산타가 트리 아래 선물로 무엇을 두었는지[3] 논의하는 많은 블로거들을 나타내는 것과 같다.

- 대화 추적기Conversation Tracker는 사용자들이 당신또는 다른 사람들이 만든 포스트들을 근거로 대화들을 상세히 관찰할 수 있게 한다. 이것은 모든 화제에 대한 토론의 양상을 살펴보는 데 편리하다.
- 블로그펄스의 프로파일BlogPulse's Profiles은 특정한 블로그와 블로그 필자들에 대한 상세 정보를 제공한다. 이것은 파트너와 경쟁자의 블로깅 활동에 대한 정보를 모으는 데 유용하다. 포스팅 습성, 링크 연결의 활동, 영향 측정, 필자 정보가 수집되고 업데이트된다.

---

3 시장에 선보인 신제품을 비유하는 표현.

▷ 구글(Google)

구글은 웹을 색인화하고 모든 종류의 컨텐츠에 대해 검색 서비스를 제공하는 것으로 잘 알려져 있다. 또한 구글은 많이 알려져 있지는 않지만 블로그 사이트들만 집중적으로 다루는 검색 능력도 가지고 있다. 다른 블로그 전용 검색 포털과 같이 구글 블로그 검색은 당신이 검색하는그러나, 일반적인 구글 검색에는 아직도 어떠한 RSS 피드도 제공되지 않는다 모든 블로그 검색 결과에 RSS 피드를 제공한다. 그래서, 새로운 주제의 관련 포스트가 업데이트되어 구글 검색엔진이 발견하면 당신의 RSS 리더를 통해 업데이트가 가능하다.

구글 블로그 검색은 입소문 추적 방면에서 다른 어떤 도구보다도 뛰어나다. 그 중 하나는 구글의 검색 도구를 뒷받침하는 막대한 컴퓨팅 파워가 빠른 검색 결과를 제공한다는 것이다. 또 다른 이점은 구글의 검색 결과에 관련 있는 페이지랭크를 적용할 수 있다는 것이다. 대부분의 다른 검색엔진은 날짜를 기준으로 하여 검색 결과를 분류한다구글에서도 가능하다. 그러나, 연관성에 의한 분류는 영향력이 큰 블로거들이 무엇을 말하고 있는지 쉽게 알 수 있게 해 준다.

또한 구글은 필자, 날짜, 그리고 URL에 의해 블로그들을 검색할 수 있는 고급 검색 옵션을 가지고 있다. 이것은 당신이 특정한 블로그들로부터 키워드로 여과된 피드를 취할 수 있음을 의미한다. 더욱이 이것은 키워드에 맞추어진 검색 결과를 얻고 블로거에 있는 모든 포스트를 구독해야 하는 것을 막아 주는 하나의 방법이다. 이러한 결과를 얻기 위해 당신은 추적하고 싶어하는 블로그의 일부 키워드와 URL을 입력하기만 하면 된다. 그러면 구글은 특정한 조건에 일치하는 결과를 보기 위해 피드를 만들어 낼 것이다.

▷ 입소문(Buzz), 밈스(Memes), 그리고 블로고스피리아(Blogospheria)

대부분의 블로그 포스트는 마치 수면 중인 것 같은 조용한 상태를 유지한다. 처음 포스트가 등록되면, 몇몇이 클릭하고, 몇 개의 인바운드 링크가 연결될 수도 있다. 그런 다음 새로운 누군가가 방문하여 읽어 주기를 끈기 있게 기다린다. 물론 어떤 포스트는 큰 히트를 치기도 한다. 그러면 방문자들의 강한 호응을 얻어 수많은 댓글과, 링크 그리고, 트래픽이 생긴다. 드문 경우지만 포스트 또는 포스트의 일부분은 밈이 되어 급속하게 복제가 될 것이고, 그것은 또 다른 생명을 얻게 된다.

밈은 재미있고 솔직한 타이틀과 함께, 사무엘 L 잭슨 영화의 영감을 받은 '스네이크 온 어 플레인Snakes on a Plane'과 같은 캐치프레이즈를 포함하고, 또 버드와이저 광고에서 시작된 'WazzzzupWhat's up'과 같이 오래 가는 것도 있다.

두 가지 모두 세상에 알려져 있지 않다가 어느날 갑자기 온라인 토론에서는 일반적으로 쓰이는 말이 되었다. 블로깅의 범주에서 밈이란 단어는 광범위하게 논의되는 정보 덩어리를 의미하게 되었다. 많은 입소문 속에서 정보의 조각은 종종 밈워시meme-worthy(밈적인 가치가 있는)라고 불린다.

Tip　밈에 대해 더 자세한 정보를 원한다면, 위키피디아의 포괄적인 글을 참
조하라. *http://en.wikipedia.org/wiki/Meme*

포스트, 뉴스와 다른 사건들을 논의하는 블로거들이 만든 지속적인
잡담은 종종 블로고스피리아라고 불리고 여기에는 밈이 자리 잡고 있
다.

많은 밈들이 의도하지 않게 만들어지는 반면에, 의도적으로 삽시간
에 퍼질 수도 있다. 집잽JibJab의 정치적인 만화 또는, 버거킹에서 당신
이 명령을 내리면 닭 의상을 입은 사람이 그 명령에 복종하는 '복종하
는 닭 사이트'는 성공적인 밈 만들기meme-making의 사례이다. 우리는 작
은 밈을 만들어 퍼그블로그Pugblog(*http://www.pugblog.com*)에 트래픽을 만들
었다. 우리는 록음악의 강한 비트에 맞춰 짖는 캡틴이 등장하는 '퍼그
캐스트pugcasts'를 만들어 풍자적인 팟캐스팅을 하였다. 이 오디오 팟캐
스트는 유행하여 블로그화 되었으며 결국 아이튠즈 팟캐스트의 새로
운 디렉터리를 만들었다. 중요한 온라인 현상은 아니었지만 트래픽은
상당히 증가하였다.

하지만, 때로는 밈 만들기가 부작용을 가져올 때도 있다. 예를 들어
닥터페퍼, 세븐업의 실패작인 레이징카우 블로그Raging Cow blog가 있다.
조용히 블로거들의 환심을 사서 새로운 맛의 우유 제품을 홍보하려던
홍보사의 노력은 기대에 어긋났고, 오히려 블로고스피어로부터 부정적
인 반응만 초래했다.

만일 당신 포스트 중의 하나가 유행했을 때, 결과적인 입소문의 긍

정적이고 부정적인 반응 모두를 측정할 수 있는 다양한 서비스를 사용해 모니터링할 수 있다. 당연히 최신 밈들의 선두에 서는 것은 좋은일이며 만일 당신의 포스트가 이러한 방식으로 유행하기 시작한다면더욱 각별히 신경 쓸 필요가 있다.

▷ **밈 추적기**(Memetrackers)
트랜드를 감시하는 블로거들에게 밈 추적이 더욱 더 중요해졌다. 새로운 것을 발견하고, 진부한 것은 무시하는 과정이 자동화된 사이트들을 등장시켰다. 블로고스피어에서 입소문을 전문적으로 분석 리포팅하는 것으로 가장 인기가 있는 세 개의 사이트는 디그Digg(www.digg.com), 메모랜덤Memeorandum(www.memeorandum.com) 그리고, 테일랭크Tailrank(www.tailrank.com) 이다.

블로고스피리아의 다른 관련 소스들은 테크노라티의 인기 페이지 www.technorati.com/pop/ 와 데이팝Daypop의 TOP 40 Links www.daypop.com/top/ 가 있다. 여기에는 최신 블로거들의 소소한 대화들이 저장된다.

이런 사이트들은 영향력이 있는 블로거들이 자주 참조하는 포스트들을 자세하게 모니터하고 리뷰하기 위해 분석하고, 분류하고, 그리고 리포트한다. 분석된 화제 이내에서 검색할 수 있고, 당신의 검색 결과를 RSS 피드로 저장할 수 있다.

테일랭크는 심지어 당신이 현재 구독하고 있는 피드의 전체 구성을 간편하게 가져올 수 있게 지원하고 또한, 랭킹 알고리즘을 당신이 좋아하는 블로그들에 적용할 수 있다. 이러한 방법으로 당신의 흥미와 관련된 가장 유망한 주제를 확인할 수 있다.

03. 댓글 그리고 상호 작용

블로깅이 상호 작용을 유도하는 매체이고 많은 기업들이 그들의 제품과 회사를 홍보하기 위해 블로그를 사용하고 있기 때문에, 블로그들은 여러 가지 토론과 논쟁에 적절한 장소이다.

전문적인 블로거들은 대화를 유지하고, 그들의 비즈니스 관심뿐만 아니라 방문자들을 응대하는 것을 돕기 위해 여러 가지 기술들을 사용한다.

■ 대화의 정의

대화를 촉진하는 것이 블로그 존재의 이유 중의 하나라면 블로거들이 토론을 정의하고, 대화를 일정한 방향으로 이끄는 능력을 가지고 있다고 인정해야 한다. 최소한 그들 자신의 블로그에서는 말이다. 더 나아가 그들이 온라인 대화에서 가치를 부여하고 식견을 제공함으로써 독자에게 기여할 책임이 있다는 주장도 가능하다.

모든 사람이 댓글의 완화와 필터링에 동의하지는 않는다. 일부는 토론을 '검열하는' 것은 블로고스피어의 정신에 위배되는 것이라고 생각한다. 우리는 그들의 이상주의에 박수를 보내지만 절제되지 않은 토론이 일반적으로 비즈니스 블로그에 적합한 전략이 아니라는 것은 알고 있다. 블로그가 여과되지 않은 비판이나 반대의 장이 될 수 있다는 것을 알고도 블로그에 참여할 기업이 있을까? 우리는 회사 대표와 많은 회담을 통해 완전히 개방되고 구속이 없으며 누구나 참가할 수 있어야 한다는 원칙에 대해 언급했으나 그런 생각이 받아들여질 수 없다는 것은 확실하다.

개방형 회의를 개최하는 가상 회의 공간으로 당신의 블로그를 활용하는 것도 한가지 방법이다. 그 설정에서 어느 정도의 정중함, 관련성, 지혜와 에티켓은 필요하다. 주제를 가지고 회의를 주관하는 게스트는 출석한 다른 참석자를 존중해야 한다.

이것이 우리가 모든 댓글이 블로그에 공개되기 전에 미리 검열하는 시스템을 갖추고자 하는 이유이다. 블로그에서 다수의 댓글은 공개가 되고 일부는 공개되지 않는다. 만약 사람들이 낙서를 하고 싶다면, 그들은 우리 회의 공간보다는 다른 곳을 찾아야 한다고 생각한다. 만일 당신의 블로그 시스템이 사전 승인을 지원하지 않는다면, 두 번째 선택은 원치 않는 댓글이 달리면 삭제하는 것이다.

독자들에게 댓글 정책을 공표하게 되면 대화의 성격을 결정짓기 쉽고 나아가 처음부터 부적절한 활동을 방지할 수 있다. 구글에서 '블로그 댓글 정책blog comment policy'을 검색하면 블로그 정책을 수립하는 데에 도움이 될만한 것들이 많이 있다. 당신은 우리의 모든 블로그들에서 우리의 정책을 읽을 수 있다. 이러한 정책을 통해 실행하는 공통 스레드threads[4]의 일부는 댓글이 주제에 관한 것일 것, 인신공격이나 모욕을

---

4 인터넷의 토론 그룹의 멤버들이 쓴 메시지가 일련으로 링크되는 것을 말한다.

금지하는 것과 신성모독의 내용을 금지하는 의무를 포함한다. 경우에 따라서는 익명으로 댓글을 다는 것도 허락하지 않는다.

우리의 고객과 파트너는 주로 부정적인 댓글을 어떻게 다뤄야 하는지 관심이 많다.

심지어 테레사 수녀조차도 그녀에 대한 험담을 퍼뜨리는 사람이 있었다는 사실로 미루어보아, 이익을 추구하는 홍보 블로그가 일부 독자들로부터 다소 부정적인 의견을 받지 않는다는 것은 있을 수 없는 일이다. 그렇기 때문에 문제는, 당신이 칭찬과 동떨어진 댓글을 받았을 때 어떻게 대처해야 하는가이다.

우선, 우리는 비평이 반드시 무슨 수를 써서라도 피해야 하는 나쁜 것이라고는 생각하지 않는다. 블로그는 기업에 인간적 측면을 덧씌워 주기 때문에, 유능한 블로거가 비평가 역할을 떠맡게 될 경우 잘못하면 집중 세례를 받을 수 있는 부정적 부분까지 담당하는 기능을 한다. 이것은 피뢰침과 약간 유사하다. 다른 구조들과 비교해서 피뢰침이 설치된 건물은 번개를 맞을 확률이 높기도 하지만 피뢰침 덕분에 다른 곳 같으면 치명적일 수도 있는 벼락이 비켜나가서 발산되기 때문이다.

건설적인 비평은 다루기 쉽다. ― 보잉사가 부정적인 댓글에 대응하여 그들의 블로그를 얼마나 빨리 개선했는지 기억해보라. '당신 회사의 매뉴얼 글자가 너무 작아서 읽기 힘들어요'와 같은 의견은 감사히 받아들이고 개선을 통해 긍정적인 변화를 불러 올 수도 있다. 도움

될 것이 없는 무분별한 모욕 발언 또한 다루는 법이 있다. '메가콥스 Megacorp는 사기꾼!' 같은 표현은 블로그에 결코 보여지지 않을 댓글 사례이다.

기업의 단점을 정확하게 지적하는 난처한 비판 댓글을 다루는 것은 조금 더 많은 노력과 전략이 필요하다. 이런 경우 정직하고 솔직하게 상황을 평가하고 대처하면 오히려 승리할 수도 있다. 대부분의 직원 블로거들은 기업의 존재 그 자체가 아니기 때문에, 기업 비평의 공격으로부터 어느 정도 거리를 둘 수가 있다. 질 높은 제품을 생산하기 위해 당신과 직원들이 많은 시간을 쏟아 부어 열심히 일하고 있다는 점을 강조하면 기업이 잘 하고 있는 좋은 측면으로 대화를 이끌어 나갈 수 있을 것이다.

차분하고, 예의 있고, 평화적인 태도는 대화를 이끌어 나가는 데 필수 요소이다. 이 요소는 당신이 토론에 질질 끌려 다니지 않게 하며 오히려 다른 독자가 개입하여 당신을 대신해 댓글을 달면서 당신을 방어해 줄 확률을 높여 준다.

다른 블로그의 포스트에서 당신의 비평을 접한다면 어떻게 대처해야 할 것인가? 다른 사람의 블로그에서 분명히 당신은 권한이 적지만, 당신은 그곳에 댓글을 달고 또는 당신의 응답 포스트를 링크로 연결하길 원할 것이다. 당신의 개인적인 이야기를 강조하는 차분하고 정직한 접근은 더 긍정적인 방향으로 조정할 수 있다. 다른 블로거들이 내 글에 링크로 연결하는지, 또는 끼어들기 전에 다른 댓글들이 나타나기 시작하는지 지켜보는 것도 좋은 생각이다. 이런 방법으로 대처하면 비판적인 포스트가 알려지지 않거나, 전파되지 않을 가능성도 있다.

■ 기다림의 미학

대화를 안정적으로 유지하고 이끄는 것이 블로깅의 필수적인 부분이고 많은 이슈가 저절로 해결되게 한다는 것을 당신은 알 수 있을 것이다. 만약 당신을 지원하는 활동적인 독자들의 커뮤니티를 갖고 있다면, 그들은 종종 달려와 당신이 대응해야 할 필요가 있다고 판단되는 댓글에 당신을 대신해 대응할 것이다. 이러한 이유 때문에, 우리는 부정적 화제의 소동에 뛰어들기 전에 조금 자제하고 대화가 전개되는 상황을 지켜보는 것이 필요하다고 생각한다.

2005년 초기, 우리는 블로고스피어에서 인지도를 올리려는 목적 하에 기업 고객과 파트너가 되어 꽤 중요한 프로모션을 추진했었다. 우리는 블로거들이 이런 종류의 프로모션에 대해 민감하다는 것을 알았기 때문에 토론에 긍정적인 기여를 해야 한다는 마음으로 매우 노력했다. 실제로 프로모션이 시작되었을 때, 어떤 말들이 응답으로 오고 가는지 알기 위해 우리는 테크노라티와 다른 블로그 모니터링 사이트를 주의 깊게 감시하며 며칠 동안을 모니터 앞에 앉아 있었다. 댓글 결과는 압도적으로 긍정적이었다. 그러나, 우리가 전파되지 않길 바라는 부정적인 댓글 하나가 결국 나타났다. 우리는 부정적인 면을 부드럽게 논박한 댓글로 즉시 대응했다. 상투적으로 문제를 해결하겠다는 댓글 대신에, 우리도 염려하고 있다는 신호를 보냈고 그 즉시 받아들여졌다. 다행히도 부정적인 댓글은 어디에도 전파되지 않았다. 여기서 우리는 타이밍이 중요하다는 교훈을 배웠다.

이런 경우, 다른 댓글이나 포스트에 의해 부정적 의견이 강화되는지 아니면, 논박되는지 어느 정도 기다리며 지켜보는 것이 좋을 것이다. 만약 아무도 관심을 가지지 않는다면, 우리는 대화에 끼어들 필요가 없는 것이다. 만일 이 프로젝트를 방어하기 위해 긍정적인 댓글로 누군가가 끼어들었다면 이 또한, 우리가 나설 필요가 없었을 것이다. 그러나, 누군가가 블로그 상에서 비평의 수위를 한층 높였다면 그 때는 우리 스스로가 적극적으로 대응을 해야 할 때인 것이다.

기다림을 통해 당신은 더 사려 깊고 설득력 있고 감정적이지 않은 대응책을 모색할 수 있다. 아마 당신이 이메일의 전송 버튼을 클릭하기 전에 24시간 동안 기다리는 것이 결과적으로 현명한 결정이었을 때가 있었을 것이다. 이 같은 전략은 다른 블로거가 말한 것에 포스트나 댓글을 달 때 유용하다.

지금까지 블로고스피어에서 커뮤니케이션하는 방법, 당신의 블로그에 누가 방문하는지 그리고, 당신의 포스트들에 대한 댓글을 모니터하는 방법을 배웠다. 이러한 모든 블로깅들이 현재 어디로 향해 가는지에 대해 제 9 장 '블로그를 넘어'에서 살펴보도록 하자.

비즈니스 포스팅으로 관계 구축

대부분의 비즈니스 블로그 운영자들은 방문자 수, 트래픽을 효과 측정의 지수로 사용하고 있다. 그래서, 일 방문자 수나 주간 방문자 수, 누적 방문자 수에 의해 비즈니스 블로그의 성공 여부를 가늠하기도 하는 것이 현실이다.

그러나, 비즈니스 블로그의 효과를 트래픽의 기준으로만 살펴본다면 여러 가지 문제를 야기할 수 있다. 결국 비즈니스 블로그를 통한 소셜웹 커뮤니케이션의 중심은 소통하고 관계를 형성하는 것이 아닐까? 지금까지 비즈니스 포스트를 기획하고 제작하고 검색엔진 그리고 소셜웹에 최적화하는 방법에 대해 알아보았다. 이번에는 이러한 고객과 독자와의 관계를 구축하는 비즈니스 포스팅의 방법을 살펴보기로 하자.

1. 블로그의 기본 속성인 트랙백과 댓글을 활용하여 관계 구축
- 블로그는 섬, 트랙백으로 다리를 놓아라

다른 블로그들과 관계를 구축하는 가장 쉬운 방법 중 하나는 바로 블로그의 특징 중 하나인 트랙백을 이용하는 방법이다. 비즈니스 포스트를 발행한 후, 포스트에 해당하는 키워드로 검색엔진, 메타 블로그를 검색하여 관련 포스트를 찾아 트랙백으로 연결하는 것을 습관적으로 실행하라. 해당 블로그와 관계뿐만 아니라 트랙백으로 연결된 블로그의 독자와의 연결고리를 가져다 줄 것이다.

또한, 다른 블로거가 여러분의 비즈니스 블로그에 트랙백으로 연결한다면 해당 블로그에게 마찬가지로 트랙백으로 다시 연결해 주자. 방문한 김에 댓글로 가벼운 인사를 남겨주는 것도 좋은 방법이다.

- 댓글에 빠르고 재치있게 답하라

요즈음은 실시간으로 고객들과 소통할 수 있다는 장점에 많은 기업들이 트위터나 미투데이 같은 마이크로 블로깅 서비스를 많이 활용하는 추세이다. 그러나, 생각을 달리하여 보면 비즈니스 블로그의 댓글을 보다 빠르게 실시간적으로 대응한다면 이와 유사한 효과를 거둘수 있지 않을까?

비즈니스 블로그 상에 댓글은 대응이 빠르면 빠를수록 대화에 가깝게 된다. 따라서, 비즈니스 블로그 운영자는 댓글에 항상 예의 주시하며 관심을 쏟아야 한다.

또한, 비즈니스 블로그 개설 초기에 댓글 운영 가이드를 미리 마련해 두어 참여하는 운영자들이 쉽게 댓글에 대응할 수 있도록 하자.

기본적으로 댓글에 응대할 때는 감정을 자제하도록 하는 것이 좋다. 비판의 글일수록 더욱 감정의 자제는 중요하다. 고객이나 독자의 댓글에 재치있는 답변은 블로그의 활력이 됨을 잊지 말자.

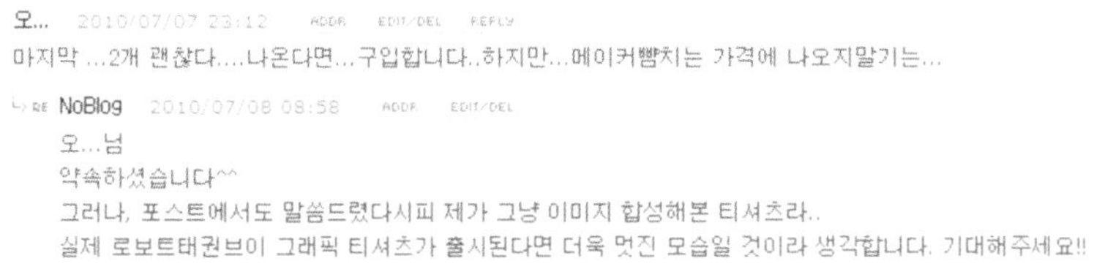

오... 2010/07/07 23:12 ADDR EDIT/DEL REPLY
마지막 ...2개 괜찮다....나온다면...구입합니다..하지만...메이커빵치는 가격에 나오지말기를...

ㄴ RE NoBlog 2010/07/08 08:58 ADDR EDIT/DEL
오...님
약속하셨습니다^^
그러나, 포스트에서도 말씀드렸다시피 제가 그냥 이미지 합성해본 티셔츠라..
실제 로보트태권브이 그래픽 티셔츠가 출시된다면 더욱 멋진 모습일 것이라 생각합니다. 기대해주세요!!

그림 1 로보트태권브이 연구소의 댓글 대응
http://www.thetaekwonvlab.co.kr/71#comment1853317

2. 모니터링을 통하여 관심을 나누어주자

- 방문자 유입경로 모니터링을 통해 관심을 나누어 주어라

다시 로그 분석을 통한 방문자 모니터링이 필요한 시점이다. 실시간 적으로 방문자의 유입 경로를 모니터링하여 다른 블로그에서 여러분의 비즈니스 블로그를 소개하는지 모니터링하자. 만약 비즈니스 블로그를 티스토리 서비스를 활용하여 운영한다면 굳이 로그 분석에 로그인하여 실시간 적으로 방문 경로를 체크할 필요 없이 제공되는 플러그인을 사용하면 된다.

모니터링을 통해 여러분의 비즈니스 블로그나 포스트를 링크로 언급하는 블로그를 찾았다면 방문하여 관심이 담긴 댓글을 남겨 주어라. 그들에게 당신이 관심을 가지고 이야기를 듣고 있다는 신뢰 주는 것은 매우 중요한 일이다.

› 유입 경로

방문자가 블로그를 방문하게 된 경로와 관련 키워드를 날짜 및 순위별로 확인할 수 있습니다.

순위 보기

순위	유입경로
1	search.naver.com (415275)
2	v.daum.net (336902)
3	search.daum.net (181822)
4	cafeblog.search.nave.. (77221)
5	www.google.co.kr (19578)
6	image.search.daum.net (16912)
7	kr.yahoo.com (13562)
8	kr.search.yahoo.com (11882)
9	cafe.naver.com (11642)
10	www.cgv.co.kr (10651)
11	m.search.naver.com (9893)
12	valley.egloos.com (9869)
13	socrates.gm.com (7349)
14	forus.gmdat.com (7254)
15	www.google.com (6245)
16	m.kr.yahoo.com (5711)
17	search.nate.com (5444)
18	clien.career.co.kr (3740)
19	k.daum.net (3346)
20	gwmailbb.gmdat.com (3257)

로그 보기

날짜	주소
2010/08/16	**[자동차 적성검사]** search.naver.com/search.naver?where=nexearch&que..
2010/08/16	**[토스카 익스클루시브]** image.search.daum.net/dsa/search?w=imgviewer..
2010/08/16	**[알페온]** search.daum.net/search?w=tot&t__nil_searchbox=btn&q=알페온
2010/08/16	**[창원 공장 홈페이지]** search.naver.com/search.naver?where=nexearch&..
2010/08/16	**[마티즈크리에이티브]** search.naver.com/search.naver?sm=tab_hty&wher..
2010/08/16	**[라세티프리미어 디젤]** search.naver.com/search.naver?sm=tab_sug.pre..
2010/08/16	**[마티즈크리에이티브 start]** search.naver.com/search.naver?sm=tab_ht..
2010/08/16	**[마티즈크리에이티브 핑크]** search.naver.com/search.naver?where=nexe..
2010/08/16	**[강남역 주차]** search.naver.com/search.naver?where=nexearch&sm=ies_..
2010/08/16	**[운전면허갱신]** search.naver.com/search.naver?sm=tab_sug.suf&where=..
2010/08/16	**[자동차세금]** search.naver.com/search.naver?where=nexearch&query=자..
2010/08/16	**[운전습관]** search.naver.com/search.naver?where=nexearch&query=운전..
2010/08/16	**[터보차저]** search.naver.com/search.naver?sm=tab_hty&where=nexearch..
2010/08/16	**[라세티프리미어 시승]** search.naver.com/search.naver?sm=tab_hty&whe..
2010/08/16	**[자동차부품 체크리스트]** search.naver.com/search.naver?sm=tab_hty&w..
2010/08/16	**[알페온]** search.daum.net/search?nil_suggest=btn&nil_ch=&rtupcoll=&..
2010/08/16	**[자동차소음]** search.naver.com/search.naver?where=nexearch&query=자..
2010/08/16	**[다자녀 구조변경]** search.daum.net/search?w=tot&t__nil_searchbox=bt..
2010/08/16	www.tistory.com/new/category/리뷰/5
2010/08/16	**[여민정 정경호]** search.naver.com/search.naver?where=nexearch&query..
2010/08/16	**[선착순이벤트]** cafeblog.search.naver.com/search.naver?where=post&s..
2010/08/16	**[피해자 사고 신고 접수방법]** search.naver.com/search.naver?where=ne..
2010/08/16	**[자동차과태료체납압류통지서]** search.naver.com/search.naver?where=n..
2010/08/16	**[경차혜택]** search.naver.com/search.naver?where=nexearch&query=경차..
2010/08/16	socialreply.gmalpheon.co.kr/img/gmdaewoo_sr_top.swf
2010/08/16	**[경차혜택]** search.naver.com/search.naver?where=nexearch&query=경차..
2010/08/16	**[타이어 교체시기]** search.daum.net/search?w=tot&t__nil_searchbox=su..
2010/08/16	**[충남 성안]** search.naver.com/search.naver?where=nexearch&query=충..
2010/08/16	www.cgv.co.kr/theater/special/Default.aspx?theaterCode=09&onlyO..
2010/08/16	place.daum.net/place/Top.do?confirmid=8485371

[1][2][3][4][5] … [1746]   30 ▾

그림 2 티스토리의 플러그인 유입 경로 서비스 화면

실제로 '소니, 스타일을 말하다' 블로그에서 이벤트 진행 당시, 한 블로거가 이벤트를 소개하는 포스트를 찾아 소니 블로그에서 포스트로 다시 해당 블로거의 포스트를 소개하여 좋은 반응을 얻은 사례가 있다.

그림 3 소니, 스타일을 말하다 블로그의 방문자 유입 경로 분석 대응 사례

– 블로고스피어를 모니터링하여 관심을 나누어 주어라

조금 더 나아가 블로고스피어에서 여러분의 비즈니스 블로그, 기업, 서비스에 대한 이야기를 모니터링하자. 모니터링해서 여러분의 기업에 대한 포스팅을 찾았다면 댓글로 아니면 다른 서비스로 블로거들에게 그들의 이야기에 귀기울이고 있음을 보여주어라.

이런 관점에서 '소니, 스타일을 말하다'의 '소니 블로거 히어로즈' 서비스는 잘 기획된 서비스이다.

그림 4 '소니, 스타일을 말하다'의 소니 블로거 히어로즈 배지

블로고스피어에서 소니나 소니의 제품 등에 대해 소개하는 블로거들을 모니터링하여 격주초기엔 매주마다 블로거를 선정, 소니 블로거 히어로즈로 명명하고 배지와 기념품을 제공하는 서비스로 많은 블로거들의 호응을 받고 있다. 이러한 서비스를 참조하여 여러분 기업만의 서비스로 만들어 보자.

3. 비즈니스 포스팅 발행을 활용한 관계 구축

비즈니스 포스팅의 발행을 활용하여 다른 매체나 소셜웹 상의 커뮤니케이션에도 참여할 수가 있다. 이러한 비즈니스 블로그의 적극적인 참여는 긍정적 관계를 구축하는 데에 도움이 될 수 있다. 다음과 같은 사례를 통해 살펴보도록 하자.

- 댓글에 대응한 비즈니스 포스팅

비즈니스 블로그 상의 독자들의 댓글에 댓글로 빠르게 대응하는 것이 정석이지만 댓글의 사안에 따라 포스팅으로 확대하여 대응하는 방법도 있다.

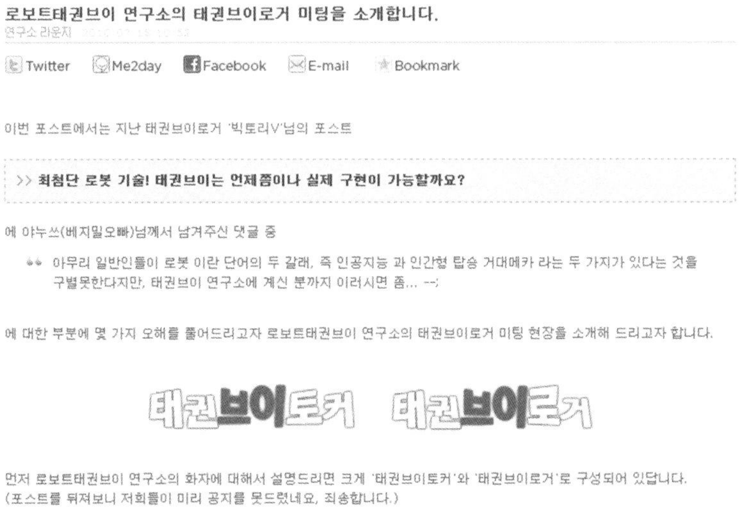

로보트태권브이 연구소의 태권브이로거 미팅을 소개합니다.
연구소 라운지

t Twitter   Me2day   f Facebook   E-mail   ★ Bookmark

이번 포스트에서는 지난 태권브이로거 '빅토리V'님의 포스트

>> 최첨단 로봇 기술! 태권브이는 언제쯤이나 실제 구현이 가능할까요?

에 야누쓰(베지밀오빠)님께서 남겨주신 댓글 중

아무리 일반인들이 로봇 이란 단어의 두 갈래, 즉 인공지능 과 인간형 탑승 거대메카 라는 두 가지가 있다는 것을
구별못한다지만, 태권브이 연구소에 계신 분까지 이러시면 좀... --;

에 대한 부분에 몇 가지 오해를 풀어드리고자 로보트태권브이 연구소의 태권브이로거 미팅 현장을 소개해 드리고자 합니다.

태권브이로커   태권브이로거

먼저 로보트태권브이 연구소의 화자에 대해서 설명드리면 크게 '태권브이로커'와 '태권브이로거'로 구성되어 있답니다.
(포스트를 뒤져보니 저희들이 미리 공지를 못드렸네요. 죄송합니다.)

그림 5 로보트태권브이 연구소의 댓글에 대응한 비즈니스 포스팅
http://thetaekwonvlab.co.kr/92

'로보트태권브이 연구소' 블로그의 댓글에 대한 대응 포스트 *http://thetaekwonvlab.co.kr/92*의 사례를 참조하라. 좀 더 구체적으로 설명할 필요가 있거나 댓글을 계기로 전체 독자들에게 공지해야 되는 사항이라면 이러한 방법을 사용해 보자. 댓글을 단 독자에게 관심을 주고 이를 다른독자들에게 알릴 수 있는 좋은 방법이다.

‒ 게시판에 대응한 비즈니스 포스팅

외부 게시판 상의 여러분의 기업에 대한 게시글에 대응이 필요할 때도 비즈니스 포스팅은 유효하다. 트랙백 기능이 지원되는 게시판이라면 포스트와 트랙백으로 연결하고 지원이 되지 않는 게시판이라면 댓글로 포스트의 링크를 남겨놓자.

'도미노의 크리에이티브한 이야기' 블로그의 '도미노피자에게 속았다… 과연 그럴까요?? *http://dominostory.co.kr/10*는 다음 아고라 게시판에 등록된 부정적 게시물에 대한 공식 대응의 사례이다.

도미노피자에게 속았다… 과연 그럴까요??
시시콜콜 도미노/도미노 뒷이야기 2008/08/01 07:31

인터넷을 돌아다니다가 도미노피자 제품이 광고사진과 다르다고 '도미노피자에게 속았다' 라고 글을 남긴 것을 보았습니다. 댓글을 보니 어떤 분은 광고랑 제품이랑 저렇게 차이가 나게 만들면 되느냐~ 라고 화를 내시는 분들도 있고 어떤 분들은 어떻게 광고랑 제품이랑 똑같을 수가 있느냐~~ 라는 반응을 보이시는 분들도 있었습니다. 또한 도미노피자를 비롯한 다른 회사의 제품들도 광고사진과 실제 제품엔 차이가 있다는 내용 등, 다양한 반응들이 오가고 있었습니다.

저도 그 포스트에 올린 제품사진과 저희 홈페이지에 있는 사진을 비교해보니 실제제품과 광고사진에는 분명 차이가 있었습니다. 피자는 공장에서 기계로 동일하게 생산되는 것이 아니라, 사람의 손으로 일일이 하나하나 만드는 요리입니다. 그 렇기에 각 매장마다, 피자메이커 마다 약간의 차이가 있을 수는 있습니다. 하지만 온라인에 올라온 그 제품은 저희가 보기에도 좀 심하다고 느껴졌습니다. 그 글을 발견하고 본사에서는 전국 매장의 실태를 점검하고, 다시는 그 같은 피자가 고객분들에게 제공되지 않도록 매장운영 전반을 점검하는 좋은 계기가 되었습니다.

그림 6 '도미노의 크리에이티브한 이야기'의 아고라 게시글 대응 포스트 사례
http://dominostory.co.kr/10

- 언론매체에 대응한 비즈니스 포스팅

　기존 언론매체에 비즈니스 포스팅으로 대화를 할 수도 있다. 이러한 경우 언론매체의 컨텐츠를 퍼가는 블로그도 추적하여 트랙백이나 댓글로 연결해 주어야 함을 명심하라.

　'한국지엠 톡' 블로그의 '지엠대우 로고를 시보레로 바꿀 계획이 없습니다'*http://blog.gmdaewoo.co.kr/158* 포스트는 언론의 오보에 대한 대응으로 포스트 발행 후 컨텐츠를 퍼간 블로거들을 탐색하여 트랙백으로 연결, 잘못된 정보 확산을 막는 적극적 대응으로 많은 블로거들의 호응을 얻게 된 경우이다.

그림 7	'한국지엠 톡' 블로그의 언론매체에 대응한 비즈니스 포스팅 사례 *http://blog.gm-korea.co.kr/158*

– 트위터에 대응한 비즈니스 포스팅

트위터의 경우도 마찬가지로 대응할 수 있다. 트위터를 모니터링하여 대응이 필요한 경우가 생기면 관련 비즈니스 포스팅을 발행함으로써 트위터리안들과도 관계를 구축할 수 있다.

그림 8 '로보트태권브이 연구소' 블로그의 트위터에 대응 포스팅 사례
http://thetaekwonvlab.co.kr/98

'로보트태권브이 연구소' 블로그에서 태권브이 일본 개봉에 앞서 한 트위터리안의 '지금 필요한 건 태권브이 일본 개봉판 일본어 전단지. 과연 어떻게 써 놨을지 상상하는 것만으로 웃긴다. 나왔다 한국의 로보트 총천연색 만화영화'를 일본어 직역해서 써 놨으면 어쩐다지? 크크크'라는 메시지에 발빠르게 일본 전단지를 구해 공개하여 포스팅으로 대응한 사례*http://www.thetaekwonvlab.co.kr/98*를 참조하라.

4. 먼저 관심을 가져주어라

지금까지 살펴본 비즈니스 포스팅으로 관계를 구축하는 방법의 공통점은 항상 잘 살피고 먼저 관심을 가져주는 것이다. 모든 관계가 그러하듯 관심이 지속적으로 오고가면 든든한 관계가 구축되기 마련이다. 비즈니스 블로그가 이벤트를 통해 경품을 많이 나누어 주어 먼저 독자나 고객의 관심을 얻으려 하는 것보다는 정성이 담긴, 신뢰가 담긴 댓글 하나가 진정한 관계 구축의 밑거름이 됨을 기억하자.

BUSINESS BLOG

Chapter **09**

블로그를 넘어

블로그를 넘어

비 즈니스 블로거 스티브는 사람들에게 자신을 소개할 때 "안녕하세요, 전 미래에서 왔습니다"라고 한다.

우습게 들릴지도 모르지만, 이 이야기는 사실이다. 많은 비즈니스와 출판 비즈니스에게 블로깅은 미래이다. 블로깅은 단지 홍보 마케팅 블로그만을 의미하지 않고 블로그를 개설하고, 발행하며 사용자와 친화적이 될 수 있게 돕는 여러 가지 모든 기술들을 의미한다. 생각해 보면 우리가 지금껏 이 책에서 얘기한 것들은 블로그만이 아닌 블로그 그 너머까지 포함된 것이었다. 사실 우리는 오랫동안 웹과 관련된 일에 종사해 왔고 처음 1990년대에 출현한 이래 이렇다 할 흥미 있는 사건을 보지 못했다.

이 장에서 우리는 - 그리고 다른 많은 재능을 가진 사람들 - 블로그를 너머 앞으로의 전개 방향에 대해 알아 보도록 하자. 우리는 블로그가 비즈니스와 고객을 더욱 가깝게 할 협업의 공간으로서 계속적으로 성장할 것이라고 믿고 있다.

01. 어디에서나 블로깅

당신이 여기까지 왔다면, 아마도 블로깅에 대한 신봉자가 되어 블로깅이 당신의 비즈니스에 큰 도움이 될 것이라는 믿음을 갖고 있을 것이다. 혹은 이것을 통해 무엇을 할지 또한 얼마나 쉽게 시작할 수 있는지에 흥분하게 될 것이다. 그러나, 이것은 당신 혼자만의 생각은 아니다. 매일 수천 개의 기업들은 블로그를 개설하고 있고, 블로고스피어에서의 이익을 거두어 들이기 시작했기 때문이다.

블로그와 블로거들의 수가 증가함에 따라, 비즈니스 블로그가 더욱더 많아질 것은 확실하다. 앞으로는 블로그와 그들을 매우 강력하게 만드는 기능들이 도처에 있을 것이다. 게다가, 우리가 이 책에서 말한 블로깅의 기술들은 일반적인 웹사이트에도 점차 확산 적용될 것이다. 블로그는 단지 현재의 모습으로 존재하는 것이 아니라, 당신이 보는 모든 웹사이트 구조의 한 부분이 될 것이다.

■ 사활이 걸린 신디케이트(Syndicate)

신디케이션Syndication 기술은 실제로 블로그와 함께 성장했지만 블로그든 아니든 모든 사이트들은 신디케이션에 편승하고 있는 추세이다. 모든 최신 웹 브라우저와 차세대의 운영 체계가 신디케이션RSS와 Atom

운영 기술을 강력하게 지원한다는 것을 고려한다면, 피드를 제공하는 것은 모든 웹사이트에 중요한 이익을 가져다 주게 될 것이 명백하다.

파워 블로거들 사이에서는 비非 신디케이션 사이트에 대한 불만이 점점 쌓이고 있다. 새로운 연관 정보가 등장할 때마다 당신에게 직접 배달이 된다면 굳이 새로운 정보들을 찾기 위해 시간을 쓰게 될까? 사람들이 새로운 컨텐츠가 등록되었음을 알려 주는 시스템에 익숙해짐에 따라, 아직도 신디케이션을 지원하지 않는 사이트는 치명적으로 독자 수가 감소할 것이다. 결국, 독립적인 카탈로그 성격의 사이트들은 완전히 사라질 수도 있다.

제 7 장 '블로그의 시작 그리고 홍보'에서 설명한 것처럼 RSS 피드를 갖고 있지 않는 사이트에 RSS 피드를 만들어 주고, 심지어 블로그가 아닌 사이트들도 할 수 있는그리고, 해야 하는 사이트 내의 컨텐츠에 신디케이션 기능을 제공하는 몇몇의 서비스가 있음을 고려해야 한다. 대부분의 신문들은 이 서비스를 사용하고 있으며 보통 그들의 사이트는 최소한 헤드라인의 RSS 피드는 제공하고 있다.

이제 신디케이션이 대부분의 웹사이트의 표준 기능이 된다는 것을 예상할 수 있으며, 블로거들은 이 중요한 플랫폼의 적용을 계속적으로 선도해 갈 것이다.

어떻게 RSS가 사이트에서도 성공을 이끌어 냈는지에 대한 좋은 예로 프랑스 여행(The Tour de France)에 초점을 맞춘 TDF 블로그*(www.tdfblog.com)* 의 사례를 들 수 있다.

처음 시작했을 때, TDF 블로그는 웹 상에서 유일하게 RSS를 제공하는 자전거 경기 관련 사이트였다. 이 블로그의 경쟁자들은 모두 흥미있는 컨텐츠를 제공하지만 독자들에게 업데이트를 알려 주는 RSS 서비스를 제공하지는 않는 전통적인 웹사이트였다.

2005년 7월, TDF 블로그는 경쟁자들의 트래픽이 대폭 감소하는 동안 800,000 페이지뷰를 기록했다.

사례에서 살펴볼 수 있듯이 블로그를 따라가기 위해서 기존의 전통적인 웹 사이트도 RSS 피드를 준비할 필요가 있다. 사용자는 신디케이션에 익숙해져 있고, 블로그든 그 외 어떤 것이든 신디케이션을 제공하지 않는 사이트를 이용할 때마다 느끼는 불편함을 싫어한다.

■ 이 사이트가 블로그?

블로깅 도구들은 더욱 더 정교해지고 있다. 그리고 그들이 제공하는 기능들이 고가의 컨텐츠 관리 시스템content management system과 경쟁하기 시작함에 따라, 블로그 사이트들은 이제 개인의 일기형식의 사이트와는 달라졌다. 앞으로는 블로그 소프트웨어에 의해 전문적으로 디자인된 정교하고 복잡한 웹사이트들을 만나게 될 것이다.

MSNBC의 폐허에서 일어나기Rising from Ruin 블로그*http://risingfromruin. msnbc.com* 는 전형적인 블로그 사이트처럼 보이지는 않는다. 그렇기 때문에 허리케인 카트리나가 휩쓸고 간 미시시피 지역에 대한 감동적인 묘사가 가능했을지도 모른다. 자연스럽게 당신은 이 사이트를 일기 형식으로 인식하지 않게 된다. 따라서 당신은 이 사이트에서 앞으로 발견하게 될 것에 대해 어떠한 선입견도 없이 컨텐츠를 보게 된다.

블로그 답지 않은 디자인임에도 불구하고그림 9.1 참조 폐허에서 일어나기는 전통 웹사이트와 구분되는 블로그의 모든 특징을 가지고 있다. RSS 피드, 아카이브 그리고 댓글 기능도 있다. 심지어 카테고리도 있다. 또한 각각의 구성은 유연하고 유기적인 배치로 구성되어 있다.

향후 많은 블로그들이 외관상 현재의 일반 웹사이트와 닮아가고 심지어 동일한 기능을 수행할 것이다. 컨텐츠를 생성하는 블로거들이 많이 있듯이 컨텐츠를 구성하는 다른 방법도 많이 있을 것이다. 미학적 매력은 유지하면서 전통적인 웹사이트보다 블로그를 더욱 강력하게

그림
9.1
허리케인 카트리나Katrina가 휩쓸고 간 미시시피Mississipp i지역의 포스트를 포함하고 있는 MSNBC의 블로그는 블로그의 모든 특성을 가지고 있으나, 블로그처럼 보이지 않는 게 특징이다.

하는 핵심적인 차이점은 내면 속에 숨겨져 있을 것이다.

■ 내부 블로그(Internal Blogs)와 위키(Wikis)

대부분의 비즈니스 블로그들은 대중을 위한 것이며 이 '외부' 블로그external blogs는 매우 중요하다. 그러나 내부와 팀 사이의 커뮤니케이션을 촉진하기 위해 설계된 '내부' 블로그internal blogs도 일반적인 것이 되고 있다. 내부 블로그는 직접 소속되어 있고, 권한을 부여 받은 사람들에게만 공개된다. 그들은 전통 블로그 소프트웨어와 형식을 강력한 협업 도구로 만들기 위해 사용한다.

웹을 활용한 내부 커뮤니케이션은 신중을 기해야 한다. 적절하게 관리하면 온라인 작업의 흐름은 놀랍도록 생산적이며, 만족스러울 것이다. 그러나, 종종 잘 계획된 조직적인 프로젝트를 지연시킬 수 있는 이메일과 첨부의 홍수라는 덫에 빠질 수가 있다.

그러나, 내부 블로그를 적절하게 사용한다면 당신을 그러한 혼란에서 구할 수 있다. 그들 고유의 조직적인 속성은 분류와 교차 분류를 쉽게 할 수 있게 하고, 전국 또는 전세계에 퍼져 있는 팀 동료들 사이에 토론을 가능케 한다. 이 시스템의 특권 중의 하나는 팀에 새로운 팀원이 참여하게 되었을 때, 단지 포스트를 읽는 것만으로 큰 어려움 없이 다른 팀원의 속도를 따라잡을 수 있다는 점이다. 블로깅이 계속적으로 인기를 끌게 되면 더 많은 기업들이 프로젝트를 편성하고 커뮤니케이션을 하기 위해 팀 블로그물론 외부 보안이 철저하게 유지된를 사용하기 시작할 것이다.

많은 블로거들이 사용하는 또 다른 웹 상의 협업도구는 위키wiki[1]이다. 블로그와 위키의 근본적인 기술은 유사하며 일부는 서로 관련되어 있다. 위키는 다수의 저자가 관리할 수 있는 웹사이트이다. 예를 들어 주방에서 다수의 요리사가 함께 작업하는 것을 상상해보자.

한 사람은 토마토를 또 한 사람은 치즈를, 그리고 다른 한 사람은 고기를 손질한다. 모든 재료를 넣은 후 요리하기 전에, 요리사는 비록 자신의 요리법이 아니더라도 좀 더 매운 양념을 추가하거나, 약간의 치즈를 덜어 내는 등 최고의 요리를 만들기 위해 필요하다고 느끼는 일이라면 주저하지 않고 실행해 볼 것이다. 즉, 모두가 파일에 접근이 가능하며, 그들의 입력을 반영하여 변경할 수 있다는 것이다. 비즈니스에서 위키를 사용하는 많은 상황 중의 하나는 복잡한 문서들을 개발할 때이다.

프로젝트의 커뮤니케이션과 관련 파일을 관리하기 위해 많은 블로거들은 위키와 유사하고 블로그 기반의 도구인 37Signals사의 베이스캠프Basecamp를 사용한다. 베이스캠프 *www.basecamphq.com* 는 기본적으로 포스트, 댓글과 파일 관리 기능이 있는 개인적인 그룹 블로그이다. 이것은 이메일 트래픽을 감소시키고 문서들을 업로드 하고 아이디어를 포스트하여 프로젝트를 논의가 가능한 단순하고 사용하기 쉬운 시스템이다. 그리고, 블로그와 같이 팀 구성원들은 RSS 피드를 이용하여 업데이트 정보를 수신할 수 있다.

---

1 위키는 하이퍼텍스트(Hypertext) 글의 한 가지, 또는 그런 글을 쓰는 협력 소프트웨어이다(출처: 위키백과).

공공의 블로고스피어가 비즈니스와 소비자를 위한 소통의 공간으로 계속 성장하는 동안, 우리는 개별적인 블로고스피어 또한 빨리 성장할 것이라 기대한다. 심지어 공공의 블로그를 진행하지 않기로 결정한 기업들도 개인적이고 내부적인 블로그와 위키가 커뮤니케이션과 프로젝트를 완료시키고 더욱 효율적으로 목표를 달성할 수 있도록 돕는 핵심임을 발견하게 될 것이다.

02. 어디서든지 블로깅

기술적인 변화의 빠른 대응으로 웹과 상호 작용하는특히 끊임없이 활동하는 도구들 덕분에 블로그들이 점점 세련되어지고 있다. 분명히 이 트렌드는 앞으로도 계속될 것이다. 트렌드가 계속 됨에 따라, 사용자들은 더욱더 전통 웹 브라우저 이외의 다른 장치를 통해 웹 컨텐츠를 보게 되고 제작하게 될 것이다. 만약 늘어나고 있는 고객의 요구에 뒤떨어지지 않고 싶다면 이러한 변화를 계속 주시해야 할 필요가 있을 것이다.

■ 맞춤 컨텐츠(Content on Demand)

만약 당신이 휴대폰으로 이메일을 수신하거나, PDA를 통해 웹사이트를 본 적이 있다면, 당신은 디버전스divergence를 벌써 경험했을 것이다. 일부는 다기능의 디바이스를 위해 컨텐츠 컨버전스convergence[2] 능

---

2 네트워크나 단말기의 종류에 관계없이 언제 어디서나 자유롭게 접속하고 동일한 컨텐츠를 공유할 수 있다.

력을 보유하길 요구받지만 디버전스는 컨텐츠를 여러 포맷에 걸쳐 경험하는 것을 의미하기 때문에 좀 더 정확한 용어일지도 모른다.

표준 기반의 기술을 홍보하는 웹 전문가는 컨텐츠가 다른 수많은 장치를 통해 제공될 것이고 만들어질 것이라고 수년 전부터 예상했다. 그리고, 지금 우리에게 그 날이 다가왔다. 우리는 사람들에게 어디에서 어떻게 컨텐츠를 경험하길 원하는지 그리고, 어떤 방식으로 세상과 그것을 공유할 것 인가에 대해 끊임없는 선택을 제공하는 것이 트렌드로써 지속될 것이라고 전망한다.

사람들은 자신이 이용하는 어떠한 장치에도 사용할 수 있는 컨텐츠에 친숙해지고 있다. 이러한 이유로 아이튠즈 뮤직 스토어iTunes Music Store와 같은 서비스의 수익이 부쩍 높아지고 있다. 소비자들은 더욱 더 그들의 음악과 비디오를 컴퓨터, 텔레비전, 휴대용 장치 또는 그 때마다 적절한 플랫폼에서 사용할 수 있길 바란다. 예를 들면, 인기가 있는 소셜 네트워킹 사이트인 마이스페이스MySpace는 힐리오Helio사의 최신 핸드폰 2개의 모델에서 이용할 수 있게 되었다. 이러한 사실이 기업인들에게 시사하는 바가 있다. 만약 당신이 다양한 종류의 컨텐츠를 제공한다면, 사람들은 더욱더 자신들에게 맞는 가장 편리한 포맷으로 그것을 보고 싶어하게 될 것이다. 반대로 당신이 이러한 유연성을 제공하지 않는다면, 사람들은 당신의 경쟁사를 선택하게 될 것이다.

퓨리나Purina는 컨텐츠를 몇 개의 포맷과 다양한 장치들에 제공하는 선두주자였다. 그들은 팟캐스트를 통한 동물 정보, 사용자의 핸드폰을 위한 벨소리와 배경 화면, 애완동물 팁에 대한 문자 메시지를 제공함

으로써 그들의 브랜드를 확장했다. 그들은 신뢰를 형성하고 브랜드 로
열티를 강화시키는 주목할 만한 컨텐츠를 제공함으로써 애완동물을
기르는 사람들에게 서비스할 수 있는 다양한 방법을 발견하였다. 만일
이러한 컨텐츠들이 단지 그들의 웹사이트를 통해서만 제공되었다면,
고객의 일부에게만 전달되고 말았을 것이다.

소셜 네트워크 Social Networks

사람들은 마이스페이스나 페이스북과 같은 소셜 네트워크가 말 그대로 단지
사람들에게(대부분 학생들이나 젊은 전문가들) 친구들과 링크로 연결될 수 있고, 사진
을 공유할 수 있고, 연락이 끊긴 다른 사람들을 추적할 수 있는 사이트라고만
생각한다. 그러나, 소셜 네트워크를 그렇게 단순하게 볼 수만은 없다.

소셜 네트워킹이 비즈니스 관계자에게 중요한 몇 가지 이유가 있다. 첫 번째,
소셜 네트워킹 플랫폼의 얼리어답터(Early adaptor)[3]는 다른 기술에 대해서도 얼
리어답터인 경향이 있다라는 점이다. 소셜 네트워킹의 트렌드 경향을 계속 살
피게 되면 웹 상의 새로운 것뿐만 아니라 인구 통계학적 행동과 관심 요인에
대해 추적할 수도 있다. 그리고, 당신이 이러한 사이트가 어떻게 서비스되는지
와 어떤 특징을 제공하는가에 대해 이해하였을 때, 고객들이 원하고 좋아하는
컨텐츠를 제공하기 위해 준비할 수 있을 것이다.

또한, 이러한 사이트들이 장기적인 가능성을 가진 광범위하고 보다 인간적인
이유가 있다. 소셜 네트워킹은 블로깅이 호감을 산 것과 마찬가지로 똑같이 호
감을 받는다. 우리는 타인에게 모두 알려지길 원하며 사회로부터 인정받길 원
한다. 소셜 네트워크는 사용자에게 '멋진 내 자신'이란 프로필을 멀티미디어
요소들의 환경으로 조합할 수 있게 한다. 이러한 개념은 너무나 매력적이며 지
금 이 책의 저술 시점에서 가장 인기 있는 소셜 네트워크 사이트인 마이스페이
스는 최근 트래픽 부문에서 MSN을 능가하였고, 다음 몇 개월 안에 웹 상의

---

3 제품이 출시될 때 가장 먼저 구입해 평가를 내린 뒤 주위에 제품의 정보를 알려주는
   성향을 가진 소비자군을 말함.

최고 사이트인 야후를 능가하기 위해 달려가고 있는 중이다.

소셜 네트워킹을 제공하는 사이트들이 계속적으로 개선되고 확장됨에 따라 이러한 커뮤니케이션의 방식은 이메일만큼이나 널리 사용되게 될 것이다. 조만간, 대부분의 웹 기능과 잘 통합하게 될 것이고, 웹 트렌드를 이해하고 고객의 요구에 가깝게 도달하기 위한 비즈니스의 중요한 방법이 될 것이다.

■ 모블로깅(Moblogging)

디버전스란 어떤 장치에서도 컨텐츠를 다운로드할 수 있고 경험하는 것을 넘어, 사람들이 컨텐츠를 어느 곳에서도 만들고 배포할 수 있는 것을 의미한다. 오늘날 블로거들은 이러한 작업들을 모블로깅moblogging 또는 모바일 블로깅mobile blogging을 통해 수행한다.

모블로깅과 더불어, 다른 많은 형식의 미디어음성, 비디오, 이미지들과 텍스트는 핸드폰과 다른 휴대용의 디바이스를 사용하여 이동전화 네트워크를 통해 블로그에 즉시 포스트될 수 있다. 이것은 블로거들이 개인 컴퓨터에 접속하거나 표준 웹 접속 없이도 바로 컨텐츠를 만들 수 있음을 의미한다.

이것을 좀 더 쉽게 만들어 주는 다양한 모바일 기술들이 있다. 하나의 예로 사용자들이 그들의 휴대폰으로 바로 녹음하여 팟캐스트로 포스트할 수 있는 서비스를 제공하는 오디오 블로그AudioBlog(www.audioblog.com)이다. 이 회사는 블로거 전문가이자 팟캐스터인 에릭라이스Eric Rice에 의해 설립되었다. 2005년 11월에 오디오블로그는 캐스텔라Castella(www.castella.jp)라고 불리는 일본 기업에 유사한 서비스를 인가했다.

'미국은 PC 기반의 사회이다. 반면 일본은 이동 전화를 더 많이 선호한다. 그들은 모바일 부분에 앞서 있기 때문에 어디에서든 즉시 팟캐스트를 할 수 있으면 잘 될 것이라고 생각했다' 라고 라이스는 말했다.

세계의 다양한 곳에서 특히 일본에서, 기업은 현장에서 찍은 사진들과 데이터들을 다른 곳에 떨어져 있는 핵심 관리자에게 전송하는 것에 모블로깅 기술을 사용하고 있다. 모블로깅의 개척자인 미에 야기누마 Mie Yaginuma(*www.kokochi.com)* 는 '일본에서 기업들은 그들의 공장, 개발 중인 제품에 대해 모블로깅하고 이것을 통해 고객들은 제품을 사용한다. 향후, 우리는 전세계 기업들이 엑스포 또는 무역 박람회장에서 모블로깅하는 것과 그들의 모블로그 엔트리들이 시각적인 홍보 자료로 사용되길 기대한다'라고 말했다.

선진국에서 커뮤니케이션의 주요 수단은 핸드폰이다. 이러한 기술은 특히 웹과 블로그를 미개척된 많은 고객들에게 더욱 쉽게 접근할 수 있도록 만들어 줄 것이다.

■ 오디오와 비디오

요즘은 극히 일부의 고객만이 다이얼－업 모뎀 연결을 통해 웹에 접속한다. 광대역 연결성의 보급과 더불어, 대부분의 방문자들이 당신의 블로그의 비디오와 오디오 컨텐츠를 온라인으로 쉽게 접속할 수 있다는 것은 확실하다.

과거 몇 년 동안, 우리는 사이트에서 대용량의 미디어 파일을 제공하는 블로거들이 급증하는 것을 보았다. 파일을 녹음하고, 편집하고,

포스팅하기 위해 사용되는 도구들의 가격이 저렴해지고 사용하기 쉬 어져서 이런 현상은 앞으로도 상당히 증가할 것이다.

애플과 다른 회사들은 블로거들의 녹음, 촬영, 편집 그리고 팟캐스 트와 비디오캐스트 등에 업로드 작업 등을 돕기 위한 특별한 제품들을 만들었다. 이것은 컨텐츠 제작자가 아이튠즈 스토어의 방대한 라이브 러리에 그들의 비디오와 오디오 제작물을 포함시키는 것을 쉽게 해준 다. 곧 컨텐츠 작성자들에게 그들의 독자층을 넓힐 수 있는 작업이 수 월해지는 것을 의미한다.

리치 미디어 지향적인 트렌드는 계속될 것이다. 그렇기 때문에 우리 는 모든 비즈니스 블로거들에게 포스트 일부에 비디오 또는 오디오를 삽입하여 조합할 것을 권장한다.

■ 끊임없는 판매 활동

제 4 장 '독자를 위한 블로그 설계'에서 우리는 페리선의 갑판에서 PDA를 이용하여 클립앤씰 제품을 구입한 고객에 대해 이야기 했었다. 이러한 판매는 빙산의 일각이다. 텍스트페이미TextPayMe와 유사한 휴대 폰결제pay-by-cell-phone서비스가 점점 주류가 됨에 따라, 더 많은 상품들 과 서비스들을 모바일 지불 시스템을 통해 이용할 수 있을 것이다.

비즈니스에서 사용자들이 맞춤 컨텐츠를 원한다는 것을 인지해야 하는 것처럼, 사용자들이 컨텐츠, 상품, 그리고 서비스에 대한 비용을 지불하는 방법에도 유연성이 있어야 할 것이다. 그러므로, 사람들이 컨텐츠를 경험한 동일한 디바이스에서 사용에 대한 지불을 할 수 있게 보장해 주어야 한다.

웹이 더욱 접근이 쉬워지고 협업적으로 됨에 따라, 비즈니스에서는 고객이 사용하는 온라인 커뮤니케이션을 위해 기존의 일반적인 도구를 초월하는 방법들로 커뮤니케이션할 방법을 찾아야 할 필요가 있을 것이다.

이 새로운 세계에서는 다양한 자원을 통해 제공하는 다채로운 컨텐츠로 고객을 이해하고, 응답하는 비즈니스가 많은 고객을 얻게 될 것이다.

03. 작은 팀으로 큰 성공을

우리가 이 책에 서술한 블로그의 특별한 장점 중의 하나는 유연성이다.

표준에 기반을 둔 설계에 의해 제공된 다양함과 더불어 유연성은 이 새로운 기술을 잘 활용하여 비즈니스에 경쟁 우위를 선사할 것이다.

감시자 The Watchdog

2006년 초에, 워싱턴 주에서 4개월 된 강아지가 산성물질에 끔찍하게 타 죽은 사건이 발생했다. 조사 전에 킹카운티 동물 관리국(King County Animal Control)은 강아지 사체를 소각하였고, 이 사건은 아직도 미해결 상태이다. 파사도의 안식처(Pasado Safe Haven)란 동물보호단체는 이 사건에 대한 법 집행을 감시하는 블로그를 개설하였다(http://pasado.typepad.com/the_watchdog/). 며칠 뒤, 블로그에 그들의 분노를 표명하고자 하는 사람들이 100개 이상의 댓글을 등록하

우리가 자주 언급한 것처럼, 블로그는 당신이 외부 정보를 빠르게 얻을 수 있도록 한다. 기획에서부터 개설까지, 블로그는 제작이 상당히 쉽고 업데이트하는 방법도 단순하다. 따라서, 많은 조직들이 블로그를 개설할 것이고, 우리는 위기 관리와 같은 세분화된 주제와 이슈를 다루기 위해 설계된 특화되고 집중적인 블로그들을 보게 될 것이다. 기업은 랜디스저널Randy's Journal로 보잉사가 배웠던 것처럼 블로고스피어가 이제까지 그들이 보지 못했던 온라인 상의 민첩함 역시 배울 것이다. 블로그는 2년마다 업데이트되는 획일적인 웹사이트가 아니므로, 앞으로 우리는 더욱 많은 제품 개발과 상품과 서비스를 더 자주 더 빠른 개정 주기로 보게 될 것이다.

앞으로 우리는 더욱 블로깅의 창조적인그리고, 잠시 반짝했다 사라지는 사용, 특히 젊은 독자를 타깃으로 하고, 새로운 트렌드를 포함하는 블로그들을 보게 될 것이다. 기업들은 대학 입학에서부터 익스트림 스포츠까지 요즘 젊은이들이 관심 가질 만한 주제를 집중적으로 다루는 블로그라면 앞다투어 후원하고 직접 운영하려 들 것이다. 우리는 영화배우이자 뮤지션인 잭 블랙Jack Black이 그의 영화 '나쵸 리브레Nacho Libre(www. nacholibre.com)'를 위해 그리고, 영화감독 피터 잭슨Peter Jackson이 그의 영화 '킹콩King Kong(www.kongisking.net)'을 위해 했던 것처럼, 유명인사들이 그들의 최신 영화, 음반, 또는 관광여행을 홍보하기 위해 기획하고 시작한 블로그와 팟캐스트들의 숫자는 계속 증가 추세를 보일 것이다.

블로거인 데니스 마호니Dennis Mahoney는 블로거들에게 '무언가 새로운 것을 제공할 것'을 주장한다www.alistapart.com/articles/writebetter/. 블로고스피어가 폭발적으로 성장함에 따라, 성공적인 비즈니스 블로거는 블로고스피어에 독창적인 것을 기여하기 위해 더욱 열심히 노력해야 할 것이다. 목표를 가진 컨텐츠와 더불어 선두자가 될 수 있는 작고 빠른 팀으로 이러한 상황에서 비교우위를 가질 수 있게 된다.

■ 마이크로포맷(Microformats)

블로그는 사람들이 편하게 읽을 수 있고, 이해할 수 있는 정보를 제공하는 데 아주 적합하다. 요즘 블로그들과 웹 페이지들이 컴퓨터와 다른 사이트들에서 쉽게 읽을 수 있고, 이해할 수 있게 하는 방법으로 형식화 될 가능성을 둘러싸고 논의가 활발히 진행되고 있다.

많은 전문가들은 이러한 가능성이 기업과 사람들에게 품목, 제품 가격 결정, 또는 결혼 선물 리스트와 같은 데이터를 역동적으로 쉽게 교환하는 방법을 제공하는 마이크로포맷http://microformats.org 그림 9.2 참조을 사용함으로써 실현되었다고 생각한다.

예를 들어, 품목에 대한 정보에 마이크로포맷을 적용하면, 다른 컴퓨터들은 웹 상에서 쉽게 이것을 인식할 수 있다. 이러한 가능성은 끝이 없으며, 이제 막 실현되기 시작했다.

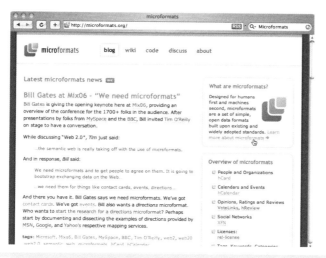

그림
9.2 마이크로포맷 블로그는 웹에서 데이터를 바라보는 혁신적인 방법인 마
이크로포맷에 대한 뉴스, 코드 정보, 그리고 토론을 제공한다.

우리가 제 4 장에서 논의한 표준 기반 설계의 수용은, 단순하고 이해
하기 쉬운 방식으로 구성된 웹 컨텐츠의 사용 확산을 초래했다. 컴퓨
터는 이러한 논리적인 양식으로 제작된 웹 페이지들을 이해한다. 표준
기반의 페이지들은 클린 코드로 제작되기 때문에 페이지 코드 상에
'이것은 재고 품목이다'와 같은, 컴퓨터가 쉽게 이해할 수 있는 설명
정보를 포함하여 제작할 수 있다. 많은 전문가들은 이제 텍스트 구조
의 논리와 세부 사항에 대한 전반적인 합의에 이르게 되면 새롭고 유
용한 수많은 데이터 교환방법을 만들 수 있다고 믿는다.

예를 들어 당신이 레스토랑을 운영하고 있고 당신의 블로그에 신규
추가된 와인 목록을 포스트했다고 가정하자. 이것은 우연히 당신의 블

로그를 방문해서 흥미를 느끼는 웹서퍼들에게는 좋을 지도 모른다. 그러나 만약 와인 애호가들에게 컴퓨터 또는 스마트폰을 통해서 그들이 선호하는 와인이 바로 근처에 입고되었음을 통지할 수 있다면 더욱 좋지 않을까? 이것이 바로 RSS 전달과 결합된 마이크로포맷의 규약이다. 새로운 와인에 대한 설명이 '와인 항목 리스트' 포맷을 적용하여 제공하면 이러한 일이 가능해지는 것이다.

> **Note** 마이크로소프트는 hCard와 hCal 주소록과 일정 정보를 위한 마이크로 포맷에 대해 많은 관심을 보이고 있고, 웹사이트와 테스크탑 어플리케이션 사이에서 구조적 데이터를 공유하는 라이브 클립보드Live Clipboard라는 어플리케이션에서 이러한 것들을 시연하고 있다.

어떻게? 만약 널리 인정되고 협정된 '와인 리스트 목록'에 마이크로포맷이 적용되면 고객들이 좋아하는 와인이 근처 가게에 입고될 때 고객에게 정보를 미리 알려 주기가 쉬워질 것이다. 흥미를 가진 고객들은 컴퓨터, 휴대폰 또는 스마트폰으로 근처 레스토랑의 '와인 항목 목록'을 RSS 피드로 모니터링하고 특별히 베츠가의 포도양조장Betz Family Winery의 2003 Pere de Famille가 목록에 나타날 때 알려 줄 수 있도록 설정할 수도 있다. 또 다른 방법은 테크노라티 또는 구글에 어느 특정 지역번호를 가진 레스토랑에 칠레산 카베르네Chilean Cabernets가 포함된 '와인 리스트 목록'을 제공하는지를 검색하는 방법이다.

빌 게이츠는 마이크로포맷에 대해 "그들은 웹 상에서 데이터 교환을 시작하고 있고, 우리는 마이크로포맷이 연락처, 행사, 주소록과 같은 것을 위해 필요하다"고 언급했다. 우리는 이 말에 전적으로 동의한다. 전자상거래와 온라인 쇼핑몰을 위한 가능성은 무궁무진하다. 기업은 동적으로 공급자들의 컴퓨터에서 읽을 수 있는 품목 리스트를 작성할 수 있으며 공급자들은 필요에 따라 더욱 많은 품목을 자동적으로 기업에 보낼 수 있다.

■ 매쉬업(Mashup)

매쉬업이란 용어는 원래 DJ가 하나의 음악에 보컬 트랙을 취하고 다른 음악에서 연주 트랙을 조합하여 전적으로 새로운 음악을 만들어 내는 것을 의미하였다.

DJ가 창조적으로 음악들을 섞는 것처럼, 컴퓨터 전문가들도 웹 기반의 어플리케이션들을 조합하는 영감을 받는다. 시애틀에 기반을 둔 웹 기업가 크리스 스모크Chris Smoak의 버스 몬스터Bus Monster(www.busmonster.com) 는 유용한 매쉬업의 하나이다. 그는 사용자가 원하던 버스 도착을 알려주는 실시간 버스 위치 추적 서비스를 제작하기 위해 구글 맵스와 지역 대중 교통시스템에 의한 스케줄 어플리케이션과 조합하였다. 그림 9.3은 또 다른 매쉬업 사례이다.

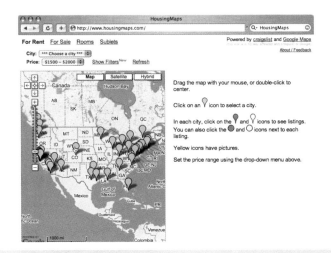

그림
9.3
하우징맵닷컴Housingmaps.com은 사용자들에게 새롭게 등록된 아파트 리스트에 관한 지리적인 정보를 제공하기 위해 구글맵스와 크레이그리스트Craigslist의 데이터를 조합하였다.

　　가까운 미래에, 기업들은 그들의 사이트가 가진 가치를 높여 줄 매쉬업을 제작함으로써 트래픽을 상승시킬 수 있다는 것을 알게 될 것이다. 그리고, 흥미 있는 포스트와 컨텐츠가 관심과 토론을 형성할 수 있는 것처럼, 다른 사이트들로부터 제공된 데이터와의 흥미 있는 조합은 사이트의 방문자를 증가시킬 수 있을 것이다. 게다가 고객에게 유용하고 인기가 있는 매쉬업을 제공하는 기업은 웹 상에서 그 자체로도 상당한 호감을 사게 될 것이다.

　　예를 들어, 노드스트롬Nordstroms을 살펴보자. 그들의 여성 구두 담당 부서는 TV, 잡지, 그리고 패션쇼에 등장한 구두의 스타일과 브랜드를 지역적 정보와 상호 참조할 수 있었다. 사용자는 그녀가 좋아한 구두를 볼 수 있고, 매쉬업을 통해 얼마에, 어디에서 구입할 수 있는지 즉시 알 수 있었다.

당신이 아마존, 구글, 이베이 같은 웹사이트와 사이트의 모든 데이터를 매쉬업으로 활용할 가능성을 지닌 수백 개의 다른 사이트들을 검토해 보면, 당신은 창조적인 컴퓨터 전문가가 활용할 수 있는 어플리케이션이 수천 개나 있다는 것을 알게 될 것이다.

진보의 과정에서 흔히 있는 일이지만, 예외는 결국 규칙으로 진화한다. 웹으로 뛰어들어 그들의 블로그와 웹사이트를 이해관계자들과의 창조적인 상호 작용을 위해 사용하면서 얼리어답터가 되는 조직은 항상 주도적이며 그들의 경쟁자보다 앞서 있다. 고객은 이러한 기업의 유연성, 신속한 대처 그리고 커뮤니티 정신에 종종 놀라고 기뻐한다.

결국 사람들은 이러한 상위 레벨의 커뮤니케이션과 유연성을 앞으로 더욱 기대하게 될 것이다. 블로깅과 그와 관련된 웹 기술이 더욱 일반화되고 강력해짐에 따라, 이것에 전혀 참여하지 않기로 결정한 기업이 시대에 뒤떨어지는 것은 피할 수 없을 것이다.

04. 주류에 순응하고 몰두하라

앞으로 유행하게 될 특정 기술을 예측하거나, 향후에 어떤 기술 표준이 넓게 받아들여지게 될 것인지 예측하는 것은 매우 어려운 일이다. 만일 우리가 컴퓨터 산업 전문가 그룹을 한자리에 소집한다면, 그들은 미래가 어떻게 될 것인지에 대해 끝없이 논쟁할 것이다. 불과 몇

해 전만해도 블로그가 이렇게 유행이 되리라고는 어느 누구도 예측하지 못했을 것이다. 게다가 아이팟의 전세계적인 성공은 많은 사람들을 놀라게 했다.

이러한 불확실성에도 불구하고, 모든 전문가가 동의한 한 가지가 있다. 그것은 색다른 모든 신기술은 결국 평범한 상품이 된다는 것이다. 우리가 이메일, 하드 드라이브, 심지어 라디오와 같이 오늘날 당연한 것이라 생각하는 것들도그리고, 그다지 비싸지 않은 처음에는 드물고 값비싼 도구들로 시작했다.

아마 나이가 있는 사람들은 타임, 포춘, 비즈니스 위크, 그리고 피플 잡지의 표지에 지금은 무료이며 컴퓨터 사용자의 일상이 되어버린 웹브라우저의 경이로움을 크게 선전했던 1990년대 중반을 기억할 것이다.

우리는 이제 텔레비전, 이메일 또는 웹브라우저를 가능케 한 기술에 대해 더 이상 생각하지 않는다. 대신 우리는 그러한 기술을 통해 전달되고 있는 컨텐츠에 집중한다. 사람들은 '나는 넷스케이프를 사용한다', 또는 '인터넷을 확인하자'라고 얘기하곤 했다. 지금 그들은 방문하는 사이트에 집중하고 그 사이트에 도착하기 위해 사용된 기술에 치중하지 않는다.

블로그와 블로깅은 같은 과정을 거칠 것이고 일상적인 것이 될 것이다. 일반적인 웹과 마찬가지로 전문가적인 얼리어답터는 일찌감치 블로그에 뛰어들었고, 현재 모든 분야의 비즈니스 전문가들이 참여하고 있다는 점을 감안해보면 앞으로 더욱 많은 참여자를 갖게 될수록,

포럼의 희귀성 또한 떨어질 것이다.

　한때 혁신적이었던 다른 모든 것들과 마찬가지로 블로그는 결국 어제의 뉴스가 될 것이다. 이것은 그들이 사라진다는 것을 의미하는게 아니고 단지 그들이 평범해진다는 것을 의미하는 것이다. 그러나, 비즈니스 블로거의 개척자인 애닐 대쉬Anil Dash는 '지루함이 비즈니스에 나쁠 것은 없다. 은행은 지루하고 평범하다. 그러나 그들이 얼마나 잘하는지 보라'고 말했다

■ 발행하라 그리고 성공하라

　주의를 끌기 위한 경쟁이 블로고스피어에서 가열되는 동안, 그것은 얼마 동안 온라인 출판사의 이상적인 플랫폼 역할을 계속할 것이다. 우리가 이전에 말했던 것처럼, 블로그는 계속해서 가장 쉽고 가장 적은 비용으로 컨텐츠를 신디케이션하여 전달하는 방법이 될 것이다. 다음 몇 해 동안은 신디케이션 형식의 정보를 공유하는 배분 형태는 믿을 수 없을 정도로 보급되어 있게 될 것이고 RSS와 그와 유사한 형식의 발행이 의무적이 되어 갈 것이 명백해 보인다.

　블로그는 새로운 기술 덕분에 기업 및 개인이 고객과 의사소통하기 위한 효과적인 방법이 되었다. 블로깅의 주요한 장점쉽고, 적은 비용, 강력하고, 정보의 공유 및 배분과 이러한 도구를 사용하는 사업의 편익은 앞으로 몇 해 동안 가속화될 것이다. 블로깅의 지금 현주소와 미래 방향을 보건대 블로거들이 미래의 주인이 되는 것은 명백하다.

　우리가 블로깅에 대하여 기업인들과 얘기를 나누었을 때 그들 중의

대부분이 블로고스피어에 대해 실제로 두려움을 가지고 있다는 것을 발견하였다. '만약 사람들이 우리에 대한 나쁜 이야기를 한다면' 그리고 '만약 우리가 실수를 한다면' 이라고 그들은 물었다.

이러한 두려움의 대부분은 우리가 이 책에서 일부 공개했던 블로고스피어의 두려운 이야기로부터 온다. 그러나 현실적으로 블로고스피어에서 대실패를 경험하는 것은 매우 드문 일일 것이다. 왜냐하면, 블로거들은 비즈니스 블로그에 상당히 우호적이기 때문이다. 그들이 정말로 원하는 것은 당신의 견해를 공유하고, 그들과 공감하고, 비즈니스에 관한 그들의 생각과 느낌이 중요하다고 당신이 생각하는 것이다. 결국, 이것은 블로거든 아니든 대부분의 고객들이 진정 원하는 것이다. 그리고, 당신은 이러한 고객의 요구를 대응해 줄 수 있는 능력이 분명히 있다.

한번은 세미나 중에 한 참석자가 '내가 블로그를 두려워하는 것은 잘 알지 못하기 때문입니다'라고 말한 적이 있다. 우리는 이 책이 당신의 어둠에 빛을 비추었기를, 만일 당신이 진실되고 감성적인 자세로 주요 고객들과 교감할 준비가 되어 있다면 블로고스피어에서 아무것도 두려워할 것이 없다라는 것을 깨닫는 데 도움이 되기를 희망한다.

이제 블로그의 세계로 나가라, 블로그의 전문가가 되어라, 당신의 고객들을 만나라, 그들과 즐거운 시간을 보내라, 발행하라, 그리고 성공하라.

소셜 웹사이트로의 통합

블로그, 트위터, 페이스북, 유투브, 플리커, 라이브스트림 등 기업의 소셜 미디어 인프라가 증가함에 따라 자원의 효율적 운영과 통합적 커뮤니케이션을 위해 다양한 모습으로 통합을 진행하고 있다.

이런 소셜 미디어 인프라의 통합은 다음과 같은 3가지의 유형으로 크게 구분 지을 수 있을 것이다.

1. 새로운 통합사이트 등장

삼성전자의 소셜미디어룸_www.samsung.com/sec/socialmedia_과 한국지엠의 소셜 담벼락_owners.gmkoreatalk.co.kr/wall/_과 같이 기업이 운영 중인 소셜 미디어 인프라를 한눈에 볼 수 있도록, 전달될 수 있도록 별도의 페이지 구성된 통합사이트 방식이다. 이러한 방식은 단순히 실시간적으로 기업의 소셜 미디어 활동을 중계하는 서비스가 주로 이루어지므로 서비스가 단순해질 수 있다.

그림 1　한국지엠의 소셜 담벼락 *owners.gmkoreatalk.co.kr/wall/*

2. 기업 블로그를 중심으로 통합

버락오바마닷컴 *www.barackobama.com* 과 같이 운영 중인 블로그를 중심으로 다른 소셜 미디어의 정보를 통합하는 방식은 오래 전부터 있어 왔다. 각 소셜 미디어에서 서비스에서 제공하는 오픈 API기능을 활용, 위젯이나 플러그인의 형식으로 연결하는 단순한 연결에서 디자인이나 프로그램을 적용한 이베이잉크 *www.ebayinkblog.com* 나 상단의 네비게이션을 공유하여 여러 소셜 미디어를 연결한 델의 다이렉트투델 *www.direct2dell.com* 도 참조해 보자. 블로그를 중심으로 소셜 미디어를 통합하는 경우는 아무래도 컨텐츠나 서비스가 상대적으로 더 소셜한 분위기를 만들어 낼 수 있는 장점이 있다. 최근, 포드의 기업 블로그 더포드스토리가 포드소셜*social.ford.com*로 이름을 바꾸고 새로운 서비스들을 속속 선보이고 있다.

그림 2   포드소셜*social.ford.com*

3. 웹사이트를 중심으로 통합

네비게이션 공유나 링크 연결로 이루어지던 기업의 소셜미디어와 웹사이트의 연결은 전체 메뉴 구성과 화면 디자인을 새로 적용한 나이키의 웹사이트나이키러닝*(nikerunning.nike.com)*와 소셜 미디어의 컨텐츠를 전면 배치한 스키틀즈 *www.skittles.com/*와 같이 새로운 국면을 맞이하고 있다.

그림 3 삼성전자 웹사이트 *www.samsung.com/sec/*

삼성전자 *www.samsung.com/sec/*, KT 올레샵 *www.olleh.com*, 라끄베르 *www.lacvert.co.kr* 등 국내기업들의 웹사이트들도 이러한 추세를 반영하고 있다. 웹사이트를 중심으로 기업의 소셜미디어를 통합할 때에는 상대적으로 경직된 톤의 메시지가 중심이 되는 경우와 다른 소셜미디어의 컨텐츠를 단순 수집 게시하는 경우를 지양하는 것을 고려하자. 영화의 모든 서비스를 먼저 통합하고 이에 필요한 소셜미디어와 서비스를 구축한 CGV의 웹사이트 *www.cgv.co.kr* 를 참조하자.

최근 기업의 비즈니스 블로그를 기획하고 개설하는 과정에서 중요한 단계 중 하나로 떠오른 소셜 미디어의 통합 부분, 기술적인 통합 접근도 중요하지만 제대로 소셜을 즐길 수 있는 서비스나 컨텐츠의 통합 구성을 먼저 기획하는 것이 더욱 중요함을 명심하자.

[저 자]

DL 바이런   DL 바이런은 전문블로거, 디자이너, 상품개발자로서 클럽앤실을 개발하였
             고 보잉사의 블로그를 컨설팅하였으며 기업의 소셜미디어 전략을 수립하
             는 컨설턴트이다. 그리고, 자전거 문화를 주제로 하는 *www.bikehugger.
             com* 블로그의 운영자이기도 하다.

스티브 브로백   스티브 브로백은 the Blog Business Summit과 i3forum conference의 공
             동설립자이며 기업의 뉴미디어 에이전시 the Parnassus Group의 창업자
             이다. 보잉사를 비롯하여 많은 기업들의 소셜 미디어 및 블로그 활용 전략
             을 컨설팅하였다.

[역 자]

박 찬 우   왓이즈넥스트*(www.whatisnext.co.kr)* 대표 컨설턴트. 한국지엠, 한국마이크로소
             프트, 한국인삼공사, 삼성화재, 소니코리아, 불스원㈜, ㈜듀오정보, 현대캐피탈,
             푸르덴셜, 동아제약, G마켓, KT QOOK TV, 도미노피자, 경기도, 통일부 등의 다
             수 기업의 비즈니스 블로그 및 소셜 미디어 마케팅을 컨설팅하고 많은 기업과 단
             체를 대상으로 비즈니스 블로그 및 소셜 미디어 마케팅 강의를 진행하고 있다.

소셜 미디어 컨설턴트가 이야기 하는
비즈니스 블로그 기획에서 구축, 운영까지

발행일   2012년 3월 20일 초판인쇄
        2012년 3월 30일 초판발행

저 자   DL 바이런 · 스티브 브로백 공저
역 자   박 찬 우
발행인   황 인 욱
발행처   圖書出版 오래

주 소   서울특별시 용산구 한강로 2가 156-13
전 화   02-797-8786, 070-4109-9966
팩 스   02-797-9911
이메일   orebook@naver.com
홈페이지 www.orebook.com
출판신고번호   제302-2010-000029호.(2010. 3. 17)
ISBN   978-89-94707-57-0
가 격   15,000원